张廷银 刘应梅 整理

王伯祥日记

第十八册

中国近代人物日记丛书

中华书局

第十八册目录

1965年

1月1日[①](甲辰岁十一月大建丙子　丁亥朔　廿九日　乙卯)星期五

晴兼多云,颇寒。

晨六时半起。是日休会,竟日未出。

上午,蔡甥顺林偕其爱人周蔚华来,汉儿、镇孙、鉴孙、大璐、升基、翠英来。湜儿往文修家,升堉出访友。午与汉等共饭。饭后,濬儿,文权,预、颉、硕三孙及孙家鲁、孙永周、张桂本同来聚看电视《红色娘子军》。

夜与濬、汉一行共饭。大璐、翠英、元鉴,六时先饭,往虎坊桥北京市工人俱乐部看戏。元锴赶到已行,乃急饭奔赴之。夜饭后大家复看电视,升堉亦来。九时,濬、汉两家及堉、基等均去。予亦就寝。十时半,湜儿始归。予已入睡矣。

1月2日(十一月三十日　丙辰)星期六

阴寒。上下午都曾飘雪。

晨六时半起。八时一刻车来,过接子臧同赴政协礼堂出席大会。十二时十分散会。仍归午饭。与润、琴、湜、修、元、宜、燕同餐。

---

① 底本为:“习习盦日记第十九册”。原注:“一九六五年元旦至二月二十八日凡五十九天。乙巳四月晦日手装讫自署”。

饭后二时一刻,仍接子臧同出席政协大会,五时五十分散。知明日休会,乃与子臧同车东归。

到家,锴孙、镇孙在。入夜,遂与润、琴、湜、修、锴、镇、元、宜、燕同饭。九时文修、锴、镇各归去。予乃就寝。

1月3日(十二月大建丁丑　丁巳朔)**星期**

晴寒。

晨七时起。儿孙辈俱分别上班入学矣。连日开会,今得休息,独坐家中,转感岑寂。抽架得方田伯《古事比》阅之分类,此辑如穿珠,如合璧,类书中之别开生面者。午与润儿同饭。午后,宜孙无课早归。予曾就炉边小盹,孙归乃起。在收音机中听取人大代表大会选出国家领导人,各地欢腾情况。

夜与孙辈共饭。九时即寝。

1月4日(十二月初二日　戊午)**星期一**

晴寒。

晨六时半起。上午偕子臧出席政协大会。下午参加廿八组组会。四时五十分即车归。

夜与润、宜同饭。饭后,润、宜往版本图书馆看电视。七时后,元孙始归,则具餐。予独坐至九时即寝。九时半,润、宜先返。十时后,琴媳始归。

1月5日(十二月初三日　己未　小寒)**星期二**

晴寒。

晨六时半起。十时,老王驾车来,遂乘以过接子臧,同赴政协礼堂出席大会。由彭真主席,推举毛主席为本会名誉主席,并选举主席、副主席、秘书长及常务委员。十二时半散,仍与子臧偕乘归饭。润儿在家候予同饭。

下午三时车来,仍过接子臧同赴政协出席大会。由周总理主席,公布选举结果:周总理任主席,彭真等任副主席,平杰三任秘书长,及常务委员名单。四时半周总理讲话,五时宣告第一次会议闭幕。越半时放映电影,一、原子弹爆炸实况,二、毛主席等检阅部队(名曰《向毛主席汇报》),皆极精彩,震荡心胸久之,奋兴不止。六时半散。云彬附车至麟阁路,予仍与子臧偕乘东归。

七时与元、宜两孙同饭。九时就寝。润儿适归。十时,琴媳归。

此次大会时曾遗忘一小包在坐位上,经服务员查到,今日交还我。大会所发周总理政府工作报告,今日亦制取收条交还秘书处。本次会议于焉结束。接民进中央通知明日起将在民族饭店六楼开扩大常务会议三天至五天,是明日所中组会只得请假,乃写告吴赓舜,属为转达。(信交润儿明晨送去。)

1月6日(十二月初四日　庚申)**星期三**

晴间阴,颇寒。

晨六时半起。七时廿分,民族饭店即派车来,即乘以过接颉刚,因与近秋长谈。八时行,过南河沿接吴学蔺同赴民族饭店六楼,参加民进第五届中央常务委员会第六十二次扩大会议。予与圣陶、颉刚、建人、汉达、楚波、守义、志成等参加第二组,由徐伯昕、陈礼节为召集人。十时开会,十二时一刻散。三人均乘车各归饭。予与润儿同餐。

午后二时车复来，仍先后过接颉刚、学蔺，同赴民族饭店续会。六时散，予与学蔺同车送归。颉刚以须夜会，在彼晚餐，仍放车候之。

七时，与润、元、宜共饭。饭后，润再入馆赶工作。予九时就卧。琴媳九时三刻归。润归何时未之闻。

1月7日（十二月初五日　辛酉）**星期四**

晴间阴，仍寒。

晨六时起。八时车来，即乘以过接颉刚、学蔺同赴民族饭店，出席民进第二组会议。十二时散，仍车送各归。

午与润儿同饭。下午二时车来，仍接顾、吴二公同赴会所开会。予亦发言，谈此次参加政协大会观感，及自己参加学习改造问题，并听志成所谈下乡参加四清工作中三同的体会。六时十分散，仍车送各归。

晚与润儿、元孙、宜孙同饭。九时就寝。

1月8日（十二月初六日　壬戌）**星期五**

晴寒。

晨六时起。八时车来，仍顺接颉刚、学蔺同赴民族饭店开会。上午仍各开小组会，十二时散，车归。与润儿同饭。午后二时车来，仍过接顾、吴二公同赴民族饭店，在十楼东厅参加三组联合大会。由车向忱主席，听取陈礼节、杨建白、陈舜礼三人发言。六时散，仍车送归。

是夕，首都剧场本有话剧《南方来信》须看，予以疲累放弃之。七时，与元、宜两孙同饭。九时就寝。近十时，润儿、琴媳先后归。

十时后，湜儿归，予竟未之闻。

1月9日（十二月初七日　癸亥）**星期六**

晴寒。

晨六时起。七时半车来，即乘以过接顾、吴二公同赴民族饭店十楼，续开民进大会。八时半开，由周建人主席，先后由叶圣陶、吴研因、赵佩莹、葛志成、杨东莼发言。十二时半，主席宣告结束，遂车归。与润儿同饭。

午后二时半车来，仍过接顾、吴同赴民族宫，听中央统战部报告。三时半开会，平杰三主席，由徐冰作报告，宣布原统战部长李维汉有严重错误，副部长张执一主持俱乐部措施失当等行为，向大众解释。四时半即散，仍车送各归。

五时半，文修来。六时半，润、琴及元、宜、燕三孙皆归。七时，湜儿亦归。乃同进晚餐。九时就寝。文修归去。

1月10日（十二月初八日　甲子）**星期**

晴，湿寒。

晨六时半起。八时车来，仍过接顾、吴同赴民族饭店六楼，参加民进小组开会。讨论前昨大会及所听报告，决定下午延长一次，十二时散。学蔺以返长春早退。下午只接予及颉刚耳。

午与润、琴、元、宜、燕同饭。下午赴会归，汉儿及湜儿、文修俱在，遂共夜饭。饭后濬儿、文权至，相谈至八时，文修归去，湜送之即住其家，明晨即返八大处矣。

九时，濬、权、汉皆去。予即取汤洗身濯足，并由润儿为予擦背，然后易衷衣就寝。开会兼旬，勉力以赴，今晨匆促，竟污染小裤,故入晚不得不附火彻体洗濯也,可叹亦可笑。

1 月 11 日(十二月初九日　乙丑)**星期一**

晴寒。

五时起便旋,复睡,八时始起,破例矣。上午为赓舜写一条幅,录毛主席《咏梅 · 卜算子》词应之。午与润儿同饭。

下午为晓铃看所辑《西谛书跋》。伯恳见过,谈移时去。知伊本年起退休矣。

夜与润儿同饭。饭后,润入馆加班。元孙参加劳动,八时后始归饭。宜孙在人教社补习,九时始归。润、琴俱于十时后始归。予就寝久矣。

1 月 12 日(十二月初十日　丙寅)**星期二**

晴寒。

晨七时起。八时半出,步往文学所参加本组学习。到冠英、平伯、默存、子臧、绍基、晓铃、世德、白鸿、赓舜及一新同人(已忘其姓名)。九时开始,十二时散,与平伯、默存、冠英同车送归。

午与润儿同饭。午后,以腰背痛,默坐多时。四时后出骨牌打五关数盘。傍晚听广播新闻及曲艺,以破岑寂。

润儿以开会未归晚饭。宜孙仍留其母社中补课,亦未归饭。七时,与元孙同饭。饭后,灯下续阅《西谛书跋》,尽其第一封(凡六封)。晓铃拳拳师门,用心至此,深堪叹赏也。九时就寝。十时后润、琴始归。

1月13日(十二月十一日　丁卯)星期三

晴寒。

晨六时三刻起。八时,濬儿来,遂偕之同出,乘廿四路南转十路到大华路口下,走往北京医院门诊部就诊。熟大夫都未遇,由刘沈秋大夫接诊,颇仔细老到。量血压为八十至一百六十,尚见平复。其它咳喘、水泻等症,亦为斟酌下药。取药时晤研因,略谈即出。复与濬儿缓行往王府井,满拟稍事眺览,并购办饼饵,乃内急甚,即雇三轮先归,泻而后安。有顷,濬儿亦来,午乃与濬、润同饭。午后,本思与濬复出,而寒威逼人,未果。与濬闲谈至晚。汉儿、润儿、元孙、宜孙皆归,遂与同进晚餐。八时许,文权来。九时,濬、权、汉皆归去。予乃就寝。十时,琴媳亦归。

1月14日(十二月十二日　戊辰)星期

晴寒。

晨七时起。添下衣,欲求暖肚也,然而累坠甚矣。午前未出,元善见过,长谈移时。午与润儿共饭。午后二时半出,乘廿四路南转十路到中山公园,再转五路,往西华门走访乃乾,长谈。不见已将匝月矣。四时半行,乘五路到地安门转十一路无轨回东单,复换廿四路返禄米仓步以归。

夜与元、宜两孙同饭。八时半即寝。九时,琴媳归。十时,润儿乃归。

接漱儿十二日来信,知有猪油年糕将由韵启转带前来云。

1月15日(十二月十三日　己巳)**星期五**

晴寒。

晨六时半起。午前写信三封,分寄太原清儿、勷婿,上海漱儿及合肥滋儿(编本年京一号),各询近况,并告此间情形。

今日又腹泻多次,并带血,或内痔发欤?听之而已。午与润儿共饭。饭后炉边小盹。

四时半,濬儿来,为予购到大同酒家制广东点心数事。入晚,元孙、宜孙放学归,遂及濬同饭。饭已,润儿始归,再具餐。

七时半,濬儿归去。有顷,韵启来,谓适自前门饭店访友,取得漱所托带之年糕,特为送来,甚感之。长谈至九时一刻,乃辞去。予亦就寝。琴媳亦先已归来矣。

1月16日(十二月十四日　庚午)**星期六**

多云转晴。午前日下飘雪,即止。傍晚渐阴,有微雪。气不甚寒,殆将酿大雪乎?

晨七时起。九时,本有学部中心学习组开会,以事推迟,电话来止行。上下午均为《西谛书跋》致力,已尽三封矣。

午与润儿共饭。饭后曾于炉边打盹。五时半,湜儿归,知本周均在局中备课,一向住文修家云。傍晚,汉、润亦归,琴媳挈燕孙及元、宜两孙俱归。遂同进夜饭。

九时,汉归去。予亦就寝。

1月17日(十二月十五日　辛未)**星期**

阴寒。

晨六时三刻起。润儿挈宜孙出就浴。琴媳入社义务劳动。湜儿赴局有会，顺去文修家云。午与儿孙辈同饭。正饭时，其芳见过，问一事，匆匆立谈片晌即去。饭后与润儿挈宜孙同出，乘廿四路到东单，车中挤甚，左手吊环臂腕几脱，而车中颇男女青年安坐嬉笑者，勉至车站，亟挤下。祖孙一行过菜市买得青鱼一尾，由润提之行，扬长而北，在德昌厚买得果饵两事（润送其外舅者），徐步而归。虽觉脚累，然而较挤车好多矣。到家琴媳之表弟孔生在（在中关村科学院工作者），将乘春节探亲假返沪（果饵即托带）。遂留共夜饭。

饭后，正看电视转播广州部队文化团演出话剧《带兵的人》。濬儿、文权来，少坐便去。十时许，电视毕，湜儿始归。予亦就寝。

1月18日（十二月十六日　壬申）星期一

晴寒，多云。

晨六时半起。七时后，儿孙辈出，又剩下予一人矣。于是为晓铃看《西谛书跋》。竟日为之，抵暮毕第五封之半。午与润儿同饭。薄暮润儿及元、宜两孙皆归，遂与同饭。湜儿有电话来，谓顷局中决定派伊偕同人往辽宁省招生，晚上尚须开会，晚饭不归云。至九时归来，详告赴东北情形，后日下午即当首途也。

接澄儿黔信，又搬还五三栋四门二楼卅三号，今后通信当改云。

九时半就寝。琴媳亦归。

1月19日（十二月十七日　癸酉）星期二

晴寒。竟无雪。燥烈甚矣。

晨七时起。即看《西谛书跋》,至午后二时全部完毕,即致书晓铃云:

《西谛书跋》六封经已读过。西谛网罗文献,苦心搜讨之热忱情胥于是见,而先生笃旧情殷,为之整理排比,逐条加案,于书本之归宿,详注处所,有纠结处并为疏通证明,缀遗补阙,复多发明于题外,极佩!(案语:偶有未写完者,请再覆核。)原稿中偶有笔误处,就知见所及,辄擅为改定,然不能备也。汪蔚林先生所签各条皆精确,似可照改,其所提总意见一纸,鄙见亦复从同。关于罗振玉各条从删为宜,抑有进者稿中争书实状自见真挚,而对各坊书友颇多抑扬,甚且语气有轻蔑处,若此刻广为印布,则琐琐恩怨必招物议,似非。所以,为西谛身后恤,愚意此稿既经整理,已成完帙,姑什袭藏之,留待异日似无不可。不识尊见谓然否?仅将原件六封、汪君意见书一分,并西谛书目一册,别缄附缴。幸垂谅焉。

午与润儿共饭。下午四时,湜儿归自管理局,知车票已取到,明日下午五时即起程赴沈阳进行招生。旋出浴。文修五时来,湜亦归。元、宜亦随至。六时半即与湜、修、元、宜同饭。饭后,湜、修往访濬儿,予乃躬自洗砚,以砚为湜浇墨汁所胶,不得不涤而清之也。连日写字,笔秃不成样,胥坐此,故由此观之,人为墨汁之不如自然磨用之墨,显然明白矣。

九时就寝。十时许,湜、润、琴先后归。

1月20日(十二月十八日　甲戌　大寒)**星期三**

晴寒。

晨六时半起。七时,润儿上班,即以昨所书函交伊送文学所,俾早转晓铃。八时半,湜儿得局中电话,约令即赴局,谓须提前成行云。因亟携装前往。

十时,濬儿来,越半时,文修来,而湜儿电话适至,谓即归饭,已换得下午一时廿分车票,先偕两位同人去沈也。十一时半,湜归(仍携装),予即与濬、湜、修先饭。饭将毕,而润归,犹及共餐焉。十二时半,湜儿成行,修送之上车。有顷,润上班,濬亦归去。

二时,民进派车来,即乘以赴辛寺胡同本部。盖每周两次之学习又开始矣。予仍参加第一组。是日到伯昕、楚波、研因、却尘、纯夫、文藻、汉达、颉刚、景耀、广平及予,凡十一人。伯昕任组长,发言普遍,批评与自我批评之风逐渐展开矣。五时四十分散,予与纯夫、颉刚同车送归。

六时半,与元、宜两孙同饭。饭后,点毕《续通鉴》卷八十六。此事以连续开会学习废阁已累月矣。九时就寝。十时许,琴媳归。至润儿何时归竟未之闻也。

1月21日(十二月十九日　乙亥)**星期四**

晴寒,微有风,暵燥无雪,意殊不舒。

晨六时半起。点《续通鉴》卷八十七、八十八毕之。午与润儿同饭。三时后写信三通,分复太原清儿,贵阳澄儿,及合肥滋儿(京二号),五时始毕。元孙适自学归,乃令持出付邮。

夜与润儿及元、宜两孙同饭。饭后,润复入馆加班。八时,汉儿来。九时,润儿归,汉归去。予就寝。琴媳之归在何时,予已入睡乡矣。

1 月 22 日(十二月二十日　丙子)**星期五**

晴寒。

晨六时半起。早饭后即展点《续通鉴》卷八十九。逾时,平伯见过,长谈至十一时乃去。予接点毕之,已向午矣。午与润儿同饭。下午点毕《续通鉴》卷九十。晚接湜儿沈阳昨晨所发信,知已安抵,惟旅舍尚未定落,须第二、三批同人到时再商,现在候车室写此云。老怀终不免悬之也。

夜与元、宜两孙同饭。八时半,琴媳归。九时,润儿亦归。予乃取汤洗足,并命润为予擦背,然后易亵衣就寝。

1 月 23 日(十二月廿一日　丁丑)**星期六**

晴寒间多云。

晨六时半起。八时半出,乘廿四路南转十路,到南河沿文化俱乐部参加哲学社会科学学部中心学习组第五十二次学习会。张友渔主席,到钱琢如、顾颉刚、丁声树、陆志韦、黄文弼、郭宝钧、金岳霖、夏作铭、徐旭生、巫宝三、贺蔚云、王守礼、夏康农、傅懋节、翁独健、周新民、俞〔余〕冠英、吕叔湘、钱默存等。讨论周总理政府工作报告。十二时散,偕默存、冠英乘十路转廿四路各归。

午与润儿同饭。午后二时,民进车来,即乘以过接颉刚同赴辛寺胡同本部。参加第一组学习。伯昕主席。到纯夫、研因、文藻、景耀、汉达、楚波、颉刚、彬然等。五时半散,与纯夫、颉刚同车送归。

到家未久,润、琴及元、宜、燕三孙皆归,遂同进夜饭。八时半就寝。

1 月 24 日(十二月廿二日　戊寅)星期

晴寒。

晨六时即起。诸孙放寒假矣。九时半,文修来接,因与同乘廿四路北转一路无轨,到二里沟下,径诣其家访问其父母,谈至十一时半,孝达夫妇偕文修姊妹陪予同出,午饭于新疆餐厅。饭后,同游动物园,摄影多帧,四时一刻离园,同乘一路无轨行,孝达夫妇及其幼女在二里沟下,文修则送予径归。

接漱儿信,又带咸肉、米粉等来,润已往灯市口取回。又接佩媳青阳来信,谓本不放春节假,今忽得领导通知,放半月假,可以回合肥度岁矣。为之一慰。

夜与润、琴、文修及诸孙同饭。韵启来,遂拉与同饮。八时,文修归去。润儿、元孙为予出购物,托韵启带沪。

九时,濬儿、顯孙、小安来,顯、安昨日自青岛假归省亲,将于乙巳岁初返去。九时半,韵启、濬、顯、安等皆归去。予亦就寝。

1 月 25 日(十二月廿三日　己卯)星期一

晴寒。

晨六时半起。午前写信两通,一复漱儿,告托韵启带物,并属划款给其姑,一复佩媳(即寄合肥与滋儿共读,编京三号)。

午与润儿及元孙共饭。两孙都已放寒假,宜孙仍入活动学校补课。饭其母所(人教社)。元孙乃在家午饭也。下午点《续通鉴》卷九十一,毕之,并接点九十二卷十八页,垂暮矣。

夜与润、元、宜同饭。饭次,琴媳亦归与焉。九时就寝。傍晚接湜儿廿三日寄来第二信。知在沈安线桥头部队招待所进行招生工作,察其情势,颇流动,不识究能返京度岁否?

1月26日(十二月廿四日　庚辰)**星期二**

晴寒。近午风作,午后益扇拂空声吼。

晨七时起。午前点毕《续通鉴》卷九十二、九十三。午与润儿同饭。啖糟青鱼头,甚腴美。元、宜孙皆出赴人教社未同饭。饭后,本拟出散步,风声震响,未果行。

思欲写信与湜儿,而住处流动不能递达,只得听之。书友刘清源来,以荣宝斋印《中国版画选》见询。予以西谛所著《版画史图录》,早见贻未留下,仍属携去。五时半,锴孙及翠英来,翠英即将登程返南京省亲,因属沈姨煮面享两人,谈至六时半去。锴送翠英上车后径行归去云。

七时与元、宜两孙同饭。饭后看电视所播中国戏剧学院新疆民族班演出歌舞晚会,孙辈与两佣观之,予则默坐时多,偶一看之而已。九时,琴媳归,九时半电视毕演,予亦就寝。就寝有顷,润儿亦归。

晚接廿四日漱儿信,劝请乘韵启归沪之便,偕行南归,在沪度岁,并附曦孙及程家宗、盈小羚信,一致希望予成行。美意固可感,无如振不起兴,而且韵启亦既成行,何只得孤伊等之望矣。

1月27日(十二月廿五日　辛巳)**星期三**

晴寒。

晨六时半起。七时半写信复漱儿及三小孩,用航空寄出。免彼长望。

展阅《续通鉴》卷九十四,至午得十二页,仅及其半耳。午与润儿、元孙同饭。饭后，润儿上班，元孙去景山东街菜站劳动。

二时，民进车来，即乘以过接颉刚，同赴辛寺胡同参加学习。到楚波、汉达、景耀、却尘、研因、纯夫、彬然、颉刚及予。纯夫主席，二时半开，五时半罢。仍与纯夫、颉刚同车送归。

夜与润、元、宜同饭。汉儿及锴、鉴继至，亦与焉。饭后，润儿入馆听报告，予与汉等谈至九时，汉等三人归去。予亦就寝。润、琴不久亦相继归来。

1月28日（十二月廿六日　壬午）星期四

晴寒，不甚烈。气殊反常。

晨六时起。八时后，接点《续通鉴》卷九十四，至午毕之。是卷特长，凡卅四页。宋室不竞，金虏方嚣。读之气为之孛。

接章婿太原来信，知予十五日去信早到矣。告事忙无从谈回京探亲也。

午与润儿、元孙共饭。饭后，润儿上班，元孙出去。二时，予独出乘廿四路北行，车上遇许觉民。予到九条下车，走八条访圣陶，晤之。谈有顷，偕之同出，步往头条一号访介泉，与谈移时，其夫人出购物未之见。介泉久病，今日见愈，居然语言端详，不胜忻慰。四时半起行，介泉送由后门出三条，予与圣陶同行至东口，予雇三轮归，圣陶则徐行自回。

到家元孙犹未归，入晚始返。谓在西邻帮包包子云。有顷，宜孙亦归，遂同膳。膳次，琴媳归，犹及共餐焉。饭后，濬儿、顯孙来，正谈间，润儿归。九时，濬等去。润儿为予剪趾爪，然后就寝。

1月29日(十二月廿七日　癸未)**星期五**

晴寒。

晨六时起。上午阅纪删《帝京景物略》。纪氏好删削,如《史通削繁》等行世颇不少。此书北京出版社即据纪刊本排印。芟浮词而存精粹,固无不可。然凭一己之好恶,毅然奋笔以求合己,终未免削他人之足,而就我之履耳。西谛藏有明刻原印本,今已归北京图书馆,未能借以恣对,实为憾事。

午与润儿、元孙同饭。元孙上午出看电影,下午赴景山附近煤厂劳动。予二时许出,乘廿四路南转十一路无轨往汉花园大街(即双辇大道改名)美术馆,欲参观年画展览,乃须一月卅一日始开幕,(二月廿八日止)废然而罢。但已觉脚重心跳,惮于动作矣。适有三路无轨自西来,乃乘以至王府井,在美术服务社购得紫毫笔六枚,遂于门口雇三轮归家。

昨日出访圣陶、介泉,初觉气急,今乃益甚,是衰象大增也。奈之何哉!坐定,接所中电话,谓明日下午三时在历史所礼堂举行春节联欢会。又接湜儿沈阳长途电话,谓明夜动身返京,后天一早五时半便可到北京车站。连日无信,正因流动工作能回京度岁,老怀弥慰。

夜与润儿、元孙、宜孙同饭。饭后,润仍入馆加班。八时即寝。九时后,琴媳、润儿先后归。

1月30日(十二月廿八日　甲申)**星期六**

阴寒,欲雪未果。。

晨六时半起。七时展读刘同人《帝京景物略》,至有味。书跋于其后。午前所中送二月分工资至,并附来通知:今日下午三时学部中心学习组在政协礼堂举行第五十三次扩大学习会。下注:此会与本所联欢会时间上有冲突,请自己选择。予维今日联欢至要,为接待下放四清人员回来度春节,理应会晤,乃决定参加本所之会。并电民进中央,亦请假焉。

午与润儿、元孙同饭。二时半出,徐步往科学院学部。在历史所礼堂参加文学所、外国文学所春节联欢会,晤及其芳及新自安徽返京之冯至、毛星、李健吾、王平凡、张书铭、卞之琳、陈友琴、叶水夫、蔡仪诸人。三时开会,陈伟主席,由冯至、毛星讲四清工作体会,其芳讲三月来所中工作情况,五时后,同人作一大合唱。而散已六时许矣,仍走还,与健吾、友琴同行。至宝珠子胡同而别。

夜与润儿、元孙、宜孙共饭。饭后,润挈宜孙出就浴于浴塘。元孙开看电视,升堉农场放春节假,晚饭后来,宿于西屋。

润儿、宜孙就浴未果,以各处皆拥挤,须持号排队相候,今晚恐已轮不到也。八时半就寝。琴媳归已晚,未之闻。各机关工作之紧张于焉可想。夜半北风大吼,门窗振撼。

1月31日(十二月廿九日　乙酉)星期

风寒旋晴。

晨六时半起。明日起放春节假,故今日仍上班。儿孙辈皆照常出赴功。七时,湜儿大风中归来,盖沈阳来车到站误点也。为陈旅中情况,匆匆早餐后,仍赴局报到。堉孙八时三刻亦告出,谓赴六姨家看锴、镇兄弟也。

阅《帝京景物略》,颇为欣赏。午与润儿同饭。午后仍阅前书。

夜与润、琴、湜、修、元、宜、燕共饭。盖明日都在假咸归来也。饭后，湜、修往新侨饭店参加外文局晚会。九时，取汤洗濯，仍令润为予擦背，易亵衣就寝。十一时，湜始归。修亦径返其家矣。

2月1日（十二月三十日　丙戌　除夕）**星期一**

晴寒。

晨六时半起。高祖文来访，谈移时去。湜儿九时往濬、汉家，十一时半乃归。

午遂与润、琴、湜、元、宜、燕同饭。午后风又大作。润午睡。琴出购物。予默坐而已。料想明日来人必多，热闹过年当然好事，但酬酢往还亦必带来疲累。老去情怀固有为人所难于索解者。

六时，湜儿写信与滋、佩。七时，合家团坐吃年夜饭。仍取暖锅用之。未能忘俗，殆根性欤。饭后，予附笺湜信中，既而润、琴亦附笺焉。十时半就寝。四邻爆竹声喧，意义却迥殊往昔矣。

2月1日（乙巳岁正月小建戊寅　元旦　丁亥）**星期二**

晴寒。

晨六时半起。啖小圆子，去岁漱儿托人带来之水磨粉所制，滑糯可口，诚元旦俊品也。八时半偕润、湜两儿往章家拜年，少坐便归。九时半，雪村牵三外孙来回拜，张纪元亦至，皆略谈即行。十时半刚主来访，十一时一刻去。午前文权、濬儿、汉儿、顯孙、预孙、颉孙、硕孙、堉孙、基孙、锴孙、镇孙、鉴孙、大璐、小安及张桂本、孙永周俱集，湜儿亦去文修家拜年，偕同文修来，遂分设两席共饮，欢庆春节。饭次，所中同人邓绍基、乔象钟、刘世德、白鸿、吴赓舜等七位来访，未克畅谈，片晌即去，甚以为歉。

午后,各逞所能,尽情歌呼,老幼皆然,亦所谓革命化的度节矣。四时三刻,濬等皆去。琴媳挈宜孙出看电影,湜儿送文修归去,即在彼晚饭。七时,琴、宜归,乃开夜饭,与润、元、燕等共餐。八时三刻就寝。十时后,湜始归。

2月3日(正月初二日　戊子)**星期三**

晴寒。

晨六时半起。九时,振甫来访,谈至十一时去。十一时半,文修奉其父孝达先生及其弟文豪、文杰,妹文苹来,及午,遂与润、琴、湜合坐共饮。午后,润、琴出看电影,四时三刻归。孝达等一行辞去,湜儿伴之同去。五时,农祥来访,因留与共饮,润、琴、元、宜、燕同饭。八时半,农祥去。明道、慧英挈其女秋梨晚来访琴媳,九时去。予即就寝。十时后,湜儿始归。

清儿一月卅日信到。

2月4日(正月初三日　己丑　立春)**星期四**

初阴。晴寒。

晨五时三刻起。九时接满子电话,邀往午饮,以云彬在彼,望予趋谈也。十时,昌顯来辞行,今晚即启程还青岛矣。予以应叶家之约,即出门,行至禄米仓见冠英、友琴正来访予,予告之故,同行折回,甚以为歉。冠英且劝予雇三轮行,适有三轮来,乃别二位乘之以赴八条,径到叶家。晤圣陶、至善、满子、云彬及三午、大奎、小梅等,谈至午即留彼同饮。饭后,少坐,即偕圣陶、至善、云彬同出,步由钱粮胡同至隆福寺后门,穿东四人民市场而行。在古董摊购得朱箩庭(偁)画雀菊一轴(十元),挟以出隆福寺大街,在花木商店购得小盆景一长方，盆中块然一石，青苔及小草附之，苍润富生意，欣然持之，圣陶、云彬佐予觅得三轮，乃辞别，乘车径归。

到家，试将朱画悬挂，乃壁矮，不胜任，只得废然捲收之，别择张珏年青绿山水轴悬之。画有盆石，抬眼又见张画，居然室中生色矣。

元、宜、燕三孙去其小姨慧英家，湜儿去文修家。晚与润、琴同饭。夜九时，三孙归。予亦就寝。湜儿十时半乃归。

2月5日(正月初四日　庚寅)星期五

晴寒。

晨六时起。润、琴、湜皆上班，湜或须再出外招生云。上午，阅《天府广记》。午与润儿及元、宜、燕三孙同饭。饭后，炉边小盹。元孙应文修之妹文苹约，往游其家，将偕出溜冰云。四时后，宜、燕孙起，遂观小兄妹嬉戏。未几，为胡云翼《宋词选》作跋语。傍晚，文修来，取到去年湜儿生日时摄取影片之添印者。有顷，润、湜皆归。遂与润、湜、修、宜、燕同饭。九时，湜送修出，适元孙自北海归，便与同返。予即就卧。

沈姨昨晨假归，至今晚仍未返。琴媳何时归，未之闻，想已大晏矣。

2月6日(正月初五日　辛卯)星期六

晴寒。

晨六时起。九时，湜儿往北海候文修，以今日下午五时即起程赴辽省锦州一带继续招生也。

元孙挈燕孙去人教社省其母，顺在彼处盘桓也。午与润儿、宜孙同饭。饭后，润上班，宜去活动学校。

二时，民进车来，遂乘以过接颉刚，同驰辛寺胡同中央本部参加第一组学习会。到纯夫、研因、文藻、景耀、汉达、楚波、颉刚及予八人。纯夫主持之，漫谈国际问题。五时半散。仍偕纯夫、颉刚同车送归。

到家时，知锴、镇两孙俱来，已去濬家访问矣。薄暮，汉儿、润儿、琴媳及元、宜、燕三孙皆归，锴、镇亦至，遂同面。盖今日为元孙十五岁初度之辰耳。琐琐生日，本不足言，但老人心理总不能忘儿孙辈日以增长之意也。

夜九时，汉等皆去。予亦就寝。十时，沈姨始归来，假已三日矣。

2月7日(正月初六日　壬辰)星期

晴间多云，寒威大退矣。

晨六时半起。十时许，接云彬电话，约下午同晤乃乾家。予遂与乃乾联系，言二时到其家。午与润、琴、元、宜、燕同饭。

一时半出，以廿四路改线，暂不经由南小街(以拆路修水管故)，乃雇三轮径赴西华门，走晤乃乾。乃乾岁底小病，今始愈。坐久之，云彬始来，三人畅谈达暮，因留饮焉。饮次，孙助廉至，同饭焉。饭后，复笑语移时，八时起行。予与助廉同乘五路至北海，转九路到猪市大街下，走至隆福寺门前，始雇得三轮，别助廉东归。

到家润、琴亦方自外归也。是日，许妈假归未返。九时半就寝。以乃乾所贻清气化痰丸服之，未再服安乐神，竟未克安睡，数起便旋。

2月8日(正月初七日　癸巳)**星期一**

晴融,白昼嫌炉火矣。

晨七时起。燕孙由其母送托儿所,宜孙亦仍赴活动学校。

写信复京周(昨接其信知已来京矣)。阅高澹人《金鳌退食笔记》,此书大多据明刘若愚《酌中志》加考校,偏重三海西侧一带,以其赐第在金鳌坊之西也。高距刘仅百年,而多见圮废。忆予初来北京时(四十年以前),就高书所及者访之,又多湮没难考之处矣。今首都废寺冷观,复多涸为民居,并红墙鸱吻而不可见。重读此书,竟依稀仿佛更惝恍难凭。除明令保护各单位外,数十年后不将名字亦莫能指称乎?时代推移,势所必至,诚不必为之兴念耳。

午与润儿、元孙同饭。饭后傍炉打盹,片晌即醒,竟似不需炉火矣。寒暄忽变,益征陈迹之不足泥矣。三时后,听广播上海京昆剧团青年演员所唱革命新剧《琼花》。

夜与润儿、元孙、宜孙同饭。八时半就寝。琴媳何时归来,未之闻。

2月9日(正月初八日　甲午)**星期二**

晴间多云,傍晚有微风,气不甚寒。

晨六时半起。

美帝国主义者在南越日见削弱,又于七、八两日悍然北犯,滥肆轰炸,被越南防空部队击落十架,击伤多架,昨晚北京市各界即出动五十万人游行,声讨美帝暴行。今日我政府发表声明,重申中越唇齿关系,准备用实际行动支援越南,游行声讨继续进行。上海各地亦同样表示,战云弥漫,日渐紧张矣。敌忾同仇,此一纸老虎终将破灭也。

上午十时，平伯来访，谈移时去。

午与润儿同饭，两孙则参加活动未归饭。下午小盹后，阅《宸垣识略》，并谛听新闻。夜与元、宜两孙共饭。九时就寝。十时，琴媳归。润儿以晚会后尚须至车站送同人往外省四清，恐非十一时不能回。竟未之闻于何时归也。

2月10日(正月初九日　乙未)星期三

晴䨴，不甚寒。

晨六时三刻起。八时半，锴孙来，送到汉手制汤圆廿枚，因留谈，知翠英已于前日返京，汤圆粉即伊所携来者。明日便须偕归窦店教课矣。

九时五十分，开电视机，与锴同看天安门召开之首都人民抗责美帝侵略越南及祝贺南越获捷大会。到毛主席以次政府领导人。彭市长主席，由刘宁一及越南驻华代办黄北、南越驻华代表阮明芳先后讲话。予虽未能参与行列，而精神激爽，不啻身厕其间矣。至十一时廿分散，电视亦自闭。知参加队伍即分路游行云。锴孙辞去，谓即到车站购票，并约往濬家辞行也。

午与润儿、元孙同饭。下午三时，民进车来，乘以过接颉刚，同赴辛寺胡同本部参加第一组学习。到东莼、研因、却尘、文藻、汉达、景耀、楚波、纯夫、彬然、颉刚及予十一人。谈当前时事，咸畅陈所见，六时散。仍偕颉刚车送各归。

夜与润儿及元孙、宜孙同饭。

接八日漱儿上海信，知韵启即将回京，并告半年后或可抽十日工夫来京省予云。同时接湜儿八日大连来信，知未在锦州下车，仍径赴沈阳转大连，住招待所，正在联系工作也。

夜饭后，润儿率元、宜两孙往馆有事，九时半始归。琴媳亦随至。予取汤濯足，并令润为予擦背，然后易衷衣就寝。

2月11日(正月初十日　丙申)星期四

晴间多云，寒仍不烈。

晨六时半起。上午闲翻架书。午与元孙同饭。饭后，合肥化肥厂朱增鳌同志来，带到滋儿所托茶叶、花生米等物。谈次，晓先、雪英夫妇来。有顷，增鳌去，遂与晓先闲谈。四时，元孙去濬家接曾孙女小安来。近晚，润儿自厂返，因与晓先、雪英及元、宜、安同饭。饭后，润仍入馆加班。八时半晓先、雪英辞去。濬、权、汉、鉴九时至，谈至近十时皆去。小安则留宿焉。濬等去后，琴媳始归。十时就寝。十一时，润儿始归。

2月12日(正月十一日　丁酉)星期五

阴。

晨六时起。七时后儿孙皆出，宜孙亦偕安同往活动学校。八时，濬儿来，因属为予往北京医院取药。盖昨日已挂号矣。本拟同往就诊，以廿四路改道，须多绕路，惮于行也。

接昌顯十日信，已安抵青岛矣。十时后濬儿取药归。午即与濬共饭。饭后，炉边小盹，濬即归去。三时半始醒。展阅乡先辈胡绥之遗著《许庼学林》。夜与润儿、元孙、宜孙共饭。小安午后由元孙送归其外祖家。

九时半就寝。琴媳十时后归。

2月13日(正月十二日　戊戌)星期六

晴,无风,寒不烈。

晨六时半起。八时出,步往建国门文学所研究所参加本组组会。到冠英、平伯、默存、子臧、晓铃、绍基、友琴、白鸿、象钟、赓舜及予。讨论研究工作及学习党中央新颁《农村社会主义教育运动中目前提出的一些问题》廿三条。十一时半散,与默存偕行。且行且谈,颇闻晓铃行径及其他所中杂事,由东总布胡同、大羊宜宾胡同、南小街至小雅宝西口而别。子臧亦随后踵至矣,稍谈即步归。

午独饭,以两孙已上学,而润又下厂也。下午二时民进车来,遂乘以过接颉刚,同赴辛寺胡同本部出席第一组学习会。到东莼、纯夫、颉刚、楚波、汉达、彬然、文藻、研因、景耀及予十人。先谈国内形势,继谈当前越南局势。五时半散,偕纯夫、颉刚同车送归。

入晚,润、琴、元、宜、燕皆归。盖又届周末矣,因同进晚餐。九时就寝。

2月14日(正月十三日　己亥)星期

晴,不甚寒。

晨六时半起。竟日未出,闲翻架书。上午宜孙往接小安来玩。润、琴偕出,往西四红楼影院看电影。午归。遂与予及元、宜、燕、安共饭。啖水饺。

饭后,润入馆加班。宜送安还濬家,即留彼玩。三时,韵启来,带到漱托带之物。知伊于昨日傍晚到京。因留谈,抵暮与润等小饮。晚饭后,桂本送宜孙来,遂与韵启等同谈。八时,桂本辞去。九时,韵启亦行。予乃就寝。

予近来渐增衰象，稍多说话，即感气急，走路则更见喘迫也。

2月15日(正月十四日 庚子)星期一

晴间多云，气温如昨。

晨六时半起。竟日未出，无聊之至，只得乱翻架书以遣之。午独饭。饭后傍炉小盹。四时半润儿自厂归，仍即入馆，六时归饭，又匆匆返馆，工作之忙可见。

六时四十分，汉儿来，遂及元、宜两孙同饭。

接佩媳十日青阳庙前来信，知已安抵彼处，着手整训。

夜饭后，与汉长谈，八时三刻归去。予亦就寝。

琴媳十时返，润则近十一时乃归。家庭气氛殊鲜温暖之意。

2月16日(正月十五日 辛丑 元宵)星期二

晴间多云。气温如昨。

晨六时半起。八时写长信两封，一复漱儿，一复滋、佩(京字四号)。十时半毕，即令沈姨持出投邮。午独饭。

下午二时出，乘三轮往中山公园赴乃乾、颉刚之约。先由唐花坞看报春花展，山茶、杜鹃、水仙、洋兰、仙客来、迎春、佛手柑、香橼等等，芬芳灿烂，目不暇接，鼻不给闻，真入群芳之圃矣。出坞，走向上林春原址，乃乾伉俪已在，乃瀹茗于室外，时尚有日照，且无风，但觉透气舒适久坐无碍也。有顷，颉刚至，乃乾夫人出前门购物，予等三人谈至三时后，日渐阴，气渐冷，竟不耐坐，遂起行，先过卫生教育馆参观兰花展览，异种骈罗，清香满室。久之乃行。出社稷坛门，在西偏新辟之热带鱼展览室纵观游鳞，致足乐也。乃乾夫人踵至，复入唐花坞观花，遇徐迈进，略谈。四时半出园，雇三轮径归。

夜与元、宜两孙共饭。饭前，濬儿来，以上年除夕所摄伊家合家欢照片呈予即行。晚九时就寝。十时后琴媳、润儿乃先后返。夜雪。

2月17日(正月十六日 壬寅)星期三

雪，不甚寒。到地便融。

晨六时半起。八时廿五分，所中车来，已接平伯、默存、子臧，予乃乘以径赴文学所参加本组学习。冠英、绍基、白鸿、象钟、赓舜、世德、友琴、晓铃已先在。谈廿三条，形势部分。冠英宣称翔鹤即来我组工作。十一时半散，仍由所中派车雪中送予等四人各返。

午与润儿共饭。午后二时，民进车来，即乘以过接颉刚，同赴辛寺胡同本部参加第一组学习。到东莼、研因、文藻、景耀、楚波、汉达、守义、纯夫等凡十一人。漫谈越南问题，并讨论人民日报观察员撰文《联合国往哪里去》。五时四十分散，与纯夫、颉刚偕乘送归。

夜与润儿、元孙、宜孙同饭。饭后，取汤洗涤，仍由润儿为予擦背，然后易衷衣，就寝已九时半。琴媳十时后归，未之闻矣。

2月18日(正月十七日 癸卯)星期四

阴，夜深雨。气不甚冷。

晨六时半起。八时后阅余季豫《库书提要辨证》。午仍独饭。下午三时许，文修来，递到湜儿十一晚庄河招待所来信。知正奔走洽事中，归期未定，谓须俟回至大连再有信云。四时许增鳌来访，修亦去西四习打字。五时后，增鳌始去。入晚，元、宜两孙及润儿先后归，遂同夜饭。润儿饭后仍入馆加班。

八时半，予即就榻。十时后，润、琴先后归。

2月19日（正月十八日　甲辰　雨水）**星期五**

阴，午后起风，入夜多云转晴，气亦较寒。

晨六时半起。体中容有不适，总感无聊。午独饭。下午三时半，濬儿来，知小安已独自回青岛，昌顯回电已到云。小安仅九岁，居然能单身长途旅行，真可嘉叹，而今日社会风尚可以放心，亦昔所未敢置信者耳。锻炼固大好，特不免冒险也。

夜，润儿、元孙、宜孙俱归，遂与濬共饭。饭后，润仍入馆上班，濬亦归去。予仍落寞守灯耳。九时即睡，不问润、琴究归来否矣。

2月20日（正月十九日　乙巳　燕九节）**星期六**

晴寒。

晨六时半起。八时出，乘三轮到南河沿文化俱乐部，参加学部中心学习组第五十四次学习会，继续座谈政府工作报告，及廿三条。到潘梓年、张友渔、金岳霖、夏作铭、丁声树、汪奠基、黄文弼、郭宝钧、徐旭生、陆志韦、翁独健、夏康农、傅懋节、胡厚宜、冯家升、周新民、钱琢如、贺麟、俞平伯、俞〔余〕冠英、钱默存、吴子臧、吕叔湘及予等廿四人。颉刚、藏云则未见也。方开会时，偶咳嗽，大便之液竟夺门而出，忍之至十时半休息，乃告假先行。走至王府井南口，始雇得三轮乘以归，亟如厕一泻，且取汤洗濯并易衬裤乃就餐。年老无用至于如此，尚足谈其他耶！

午独饭。下午二时，民进车来，遂乘以过接颉刚，同赴辛寺胡同本部参加第一组学习。到杨东莼、梁纯夫、傅彬然、吴文藻、严景耀、林汉达、董守义、徐楚波、顾颉刚及予。漫谈自力更生,五时半散。复与东莼谈,以俟车至。未几车至,乃与颉刚同乘各归。

夜与润、琴、元、宜、燕同饭。盖周末矣。是日为燕孙生日,予吃面。八时半就寝。反覆不成寐,至十二时起,服安乐神两枚,始得入睡。

2月21日(正月二十日 丙午)星期

多云兼晴。气稍加寒。

晨六时甫醒,而湜儿叩门归,盖昨日下午三时一刻自沈阳乘车径返都门也。因即起与语,备道旅中情况,明日入局办公,准备上山开学,不复再出云。七时后,润、琴仍分别到社入馆加班。湜儿电约文修来,十一时至。有顷,润儿亦归饭,遂与润、湜、修、元、宜、燕共餐。

下午三时,湜、修偕出往修家。予为平伯所藏先世箧存《古镜拓本》作识语。录于左:

德清俞先生,一代儒宗,奕叶清芬。晚岁主讲江浙名书院,以故,苏杭皆有别业,在杭之明圣湖上者曰俞楼;在苏则吴苑西桥东侧斑竹巷口有曲园,所谓马医科巷俞家也。先生寓我苏最久,考终于曲园,故世称曲园先生。予生也晚,不及一窥门墙。弱冠读《春在堂集》,仅志仰慕而已。壮岁获交平伯,平伯为先生之曾孙,时为予述庭闻,亦既稍慰平生矣。其时,平伯已久居京华,予则侨寓沪上,彼此时一通问,未能遂过从之乐也。岁庚寅,予亦移家北来,卜居小雅宝胡同,距平伯所居老君堂不逮里许,又同从事于科学院文学研究所,于是,往还较密,时得展阅其先世之宝藏。一日趋访平伯,偶见所弆新莽始建国二年铜镜及玄仰撄宁镜两精拓本，皆曲园先生遗箧所存，两本联装一帙，上有章丈式之题辞及平伯所作撄宁镜歌。故家法物，当世罕见，予幸致眼福，欢喜赞叹，爰不辞琐琐，叙其始末因缘如此。

一九六五年二月廿一日后学王伯祥敬识。时乙巳岁燕九节后一日也。

写次，汉儿、鉴孙来。傍晚，润儿、琴媳先后归。入夜遂与汉、润、琴、鉴、元、宜、燕同饭。饭后看电视转播北京京剧团演出《沙家浜》，盖即《芦荡火种》修改重排者。加重武术，人物刻画亦多有变动。十时乃毕。汉、鉴归去。予亦就寝。有顷，湜儿始归。

2月22日(正月廿一日　丁未)**星期一**

晴间多云，寒。

晨六时半起。七时后，儿孙辈又各上班入学矣。年前正点《续通鉴》宋约金攻辽肇端时，今乃取《三朝北盟会编》以备参证。八时至午完四卷。

午与润儿同饭。饭后炉边小盹，三时起，神思不属，默坐而已。五时半，湜儿下班归来，六时遂偕往濬家，出门茫然，赖湜扶掖以行。盖日光接火光，所谓老眼最畏黄昏时也。到濬家时，汉儿已先在。有顷，鉴孙亦至，久待润儿不来，七时一刻遂开饭，与权、濬、汉、湜、鉴同饮。

夜饭后闲谈至九时三刻，乃起行。汉、鉴东归。予仍由湜扶掖而归。到家知润、琴亦回来未久也。十时半就寝。

2月23日(正月廿二日　戊申)星期二

晴寒。

晨六时三刻起。竟日未出。闲翻架书。午独饭。饭前濬儿曾来,一转即去。下午三时半,房管处派人来检查房屋,在北屋东间开一检查口,据云无大问题,检查后,与两匠工谈,知曾在干面胡同为颉刚修房云。近五时乃去。嘱即赴处登记,俾可早日排队赶修也。晚,湜儿、元孙归,遂与共饭。七时半,宜孙归,盖课后看电影《雷锋》,以是迟归。乃重具餐焉。

八时四十分就寝。九时半,润始归。琴媳何时返,则未之闻矣。

2月24日(正月廿三日　己酉)星期三

晴寒,气较澹。

晨六时半起。上午阅《隐居通议》,元初人述宋事,颇有考订处。午与润儿共饭。

午后二时民进车来,遂乘以过接颉刚,同赴辛寺胡同本部参加第一组学习。到杨东莼、王却尘、许广平、吴研因、傅彬然、吴文藻、严景耀、董守义、徐楚波、梁纯夫等,凡十三人。仍谈自力更生看法。五时半散,与纯夫、颉刚同车送归。

夜与润、湜、元、宜同饭。日来身体恐有问题,口淡无味,饮食皆勉强而行,精神枯寂尤为切害。晚饭后,润、湜兄弟协修骑车。九时就寝。睡不稳,数起便旋。

2月25日(正月廿四日　庚戌)**星期四**

晴,风声渐喧,颇料峭。

晨七时起。精神不振,聊翻楹书自遣。午与润儿共饭。下午阅冠英、象钟、子臧三稿,俱切评时人文史作品之思想乖谬,或考证曲解者,三稿打字样纸凡百番,一气看毕,已垂暮矣。子臧长于考订,稿亦最长,后日组会时,当各面交之。接湜儿电话(自香山发来),谓须入夜始返城,明晨一早又须到局上班,只索宿在文修家矣。又接增鳌电话,谓明日午后见过。又接润儿电话,谓夜间开会,不及归饭矣。

入晚,与元、宜两孙同饭。八时半听广播世界知识出版社将出《赫鲁晓夫言论集》第三册,专播出版按语,揭出丑底,并申言必与"没有赫鲁晓夫的赫鲁晓夫主义"斗争到底云。九时就寝。十时又听一遍。琴媳、润儿十时后始归。

2月26日(正月廿五日　辛亥)**星期五**

晴,较昨略暖。

晨七时起。竟日阅杜文澜辑《古谣谚》及张应昌编《清诗铎》。

下午五时,朱增鳌来。未几,湜儿及元、宜两孙归,遂共夜饭。饭后,增鳌辞去,明日即首途去武昌转道返皖矣。因以挂面一包属伊带与滋儿。

九时就寝。润、琴亦随即归来也。

2月27日(正月廿六日　壬子)**星期六**

晴寒。

晨六时半起。八时出，步往文学所参加组会。到冠英、平伯、默存、子臧、世德、友琴、象钟、共民、白鸿、翔鹤等，知其芳、绍基已去安徽，由冠英、象钟分别传达所中近事。十时半即散。偶见三轮，遂雇乘以归。

十一时，濬儿来，午遂与同饭。午后二时，民进车来，遂乘以过接颉刚，濬附以行，至东四南大街下。予与颉刚径赴辛寺胡同本部参加第一组学习。到广平、冰心、文藻、景耀、研因、彬然、纯夫、汉达、楚波等十一人。五时半散。仍与纯夫、颉刚共载送归。

夜与润、琴、湜、元、宜、燕同饭，盖转眴又周末矣。夜九时取汤洗濯，由湜儿为予擦背易衷衣就寝。

2 月 28 日（正月廿七日　癸丑）星期

晴，薄寒。

晨七时起。八时出，乘三轮到南河沿文化俱乐部，参加民进中央组织生活，今年有更动，予与圣陶、颉刚、纪元、陈慧、仲足、均正编为第三组。九时开会，陈慧为召集人，除仲足外都到。谈至十一时半散。汉达约予过饭其家，伊在第一组，俟其毕事乃同行，乘四路环行到甘石桥下，步至汉家，已十二时卅分。高谊已先在。遂同汉达伉俪及其儿孙共饭。饭后纵谈至三时，予与高谊同乘廿二路到天安门，转五路往西华门，同访乃乾。乃乾又病，谈至四时半，即行。高谊乘五路北行，予则雇三轮东归。

润、琴俱加班，湜则往看文修。夜与润、琴、元、宜、燕同饭。汉儿亦至，遂共饮。知锴孙与翠英即将结婚，下月七日就小庄会亲云。九时，汉去。予亦就寝。湜儿十时后归，予竟未之闻。

3月1日[①](乙巳岁正月小建戊寅　丁亥朔　廿八日　甲寅)**星期一**

晴间多云,傍晚阴。薄寒。

晨六时起。八时写京五号信与滋儿,告之托朱增鳌带挂面兼询近状。盖又兼旬无来讯矣。

十一时濬儿来,十二时半润儿归,遂三人同饭。沈姨今日休息,九时即出。湜儿早出,询知今日住文修家,免侵晨入局长途往返云。午饭后,濬儿归去,润上班。予独出散步,走至方巾巷南口,乘九路至东单,顺便换购三月分汽电车月票(上月竟白废,无所用之)。刚换好,适十一路无轨至,乃乘以北行,在北海后门下,顺又购得本年公园游览券,虽已过两月,而春夏之交或大有作用也。入园后,沿海子东岸而南,度陟山桥及堆云积翠桥出前门,乘一路无轨行,挤甚,竟难立足,至故宫后门即下,换乘三路无轨到王府井百货大楼,入内一转,无所欲购,即出。适门前有三轮,即雇乘以归,到家已四时廿分。近来不大出门,今日特一试腰脚,究逊于前多矣。

夜与润儿、元、宜两孙同饭。九时就寝。

3月2日(正月廿九日　乙卯)**星期二**

晴间多云,傍晚东南风大作,气温较昨为少冷。

晨六时半起。竟日未出,翻检楹书。午独饭,吃炒年糕,盖昨日沈姨休息时在前门为予购致者。饭后曾假寐片晌。夜与润、湜、元、宜同饭。饭后润仍入馆加班。九时就寝。琴媳旋归。润归何

---

① 底本为:“习习盦日记 第二十册”。原注:“一九六五年三月一日至四月三十日,凡六十一天。乙巳岁四月大尽日手装讫。日记不觉又盈廿册矣。”。

时则未知之矣。

3月3日(二月大建己卯　丙辰朔)**星期三**

晴兼多云,有风。气温有回升。

晨六时半起。上午仍翻检楹书,午仍独饭。下午二时民进车来,乘以过接颉刚同赴辛寺胡同本部参加第一组学习。到纯夫、研因、彬然、却尘、颉刚、文藻、冰心、汉达、守义、楚波及予十一人。仍续谈自力更生问题。五时半散,仍与纯夫、颉刚同车送归。

夜与润儿、元孙、宜孙同饭。饭后润入馆加班。九时就寝。润、琴何时归未之知。

3月4日(二月初二日　丁巳)**星期四**

晴间多云,风中颇有料峭之感。

晨六时半起。所中本有学习会,以精神不快未及往。倚榻闲翻架书而已。

午与润儿同饭。下午一时五十分独出散闷,步至朝阳门内大街,适九路无轨自东来,乃乘以赴西单商场,如食品商店闲眺,购得轻糖松子半斤,即沿路南行,至安福胡同口折回,在长安大戏院门前乘十路东行,在王府井南口下,北入王府井大街,过美艺公司一转,然后步入东安市场。久不涉足,至此面目又一新矣。北至稻香春购得肉松、熏鱼各半斤,即在金鱼胡同雇到三轮乘以东归。到家已将四时。

六时后,湜儿归。六时四十分晚饭,宜、元两孙后先归及同饭焉。饭后,湜儿往看汉儿,即住彼处。九时就寝。十时后润、琴始先后归。

3月5日(二月初三日　戊午)**星期五**

晴,下午有风,颇厉。仍感料峭。

晨六时半起。竟日未出,阅北京出版社所出关于北京掌故诸籍,其中有竹枝词多种,编校太草率,破句、讹字不一而足,深滋不快。

午与润儿同饭。夜与润、元、宜同饭。九时就寝。琴媳何时归未之知。湜儿则竟未归也。

是日上午刚主见过,谈良久乃去。

3月6日(二月初四日　己未　惊蛰)**星期六**

晴,有风。仍感料峭。

晨六时半起。八时廿分所中老杨驾车来,遂乘以过接子臧同赴南河沿文化俱乐部第一会议室,参加学部中心学习组第五十五次学习会。潘梓年、张友渔主持,在场晤颉刚、琢如、旭生、宝钧诸人,谈两条道路的斗争反映在各所的工作中。十二时散,颉刚乘我所车与子臧及予分头送归。

午独饭。午后二时民进车来,乘以过接颉刚同赴辛寺胡同本部学习。今日一、二两组合开,到梁纯夫、吴研因、吴文藻、邝平章、张纪元、王却尘、董守义、徐楚波、柴德赓、谢冰心、贾祖璋、顾颉刚、王葆初、陈麟瑞、林汉达及予,凡十六人。纯夫主持,五时半散。仍漫谈局势。散会后与纯夫、颉刚同乘分送各归。

夜与润、琴、湜、元、宜、燕同饭。盖又周末矣。九时就寝。

3月7日(二月初五日　庚申)星期

晴温。

晨六时半起。八时半琢如见过,长谈。予以日前所购朱梦庵画《雀菊图》一帧贻之,以朱为太岳丈也。谈至十时,予与润儿、宜孙、燕孙偕之同出,送琢如至南小街楞棒胡同口而别。予等遂走往朝内大街,同乘十二路无轨同赴小庄汉儿家午饭。以今日锴孙与张翠英结婚,并为予提前庆生日,特设筵其家,集亲属同欢,志双庆焉。到润、琴、湜、修、元、宜、燕、濬、权、预、颉、硕、桂本、永周、堉、基、汉、锴、英、鉴、璐四家二十一人,俱亲属。适晓先、雪英伉俪至,遂并为廿四人,分两桌进餐,予与两客及濬、权、汉、润、琴、湜、修、锴、英同席,馀坐别席,一时半始罢。四时前陆续行。至近五时,予乃与湜、修、元、宜、燕同乘十二路无轨西入朝阳门,即由南水关等处步归于家。

夜与润、琴、湜、修、元、宜、燕同饭。饭后文修归去,湜送之即宿其家,明日就近赴局上班云。九时半,予取汤洗濯,润儿为予擦背、修脚,然后易衷衣就寝。

3月8日(二月初六日　辛酉)星期一

晴间多云,仍有风沙,微冷。

晨六时半起。竟日未出,点《续通鉴》卷九十五、九十六及卷九十七之半。午与润儿同饭。濬儿傍晚来,入晚与濬、润、元、宜共饭。饭后濬归去,润复入馆加班。润儿下班时曾为予往东单邮局取回上海古籍书店寄来之书两大包,盖旬日前收到该店目录后寓书其主者孙实君指购者也,计价十四元六角九分。当于明后日汇还之。

夜九时就寝。湜儿归。润、琴之归近十时矣。

3月9日(二月初七日　壬戌)**星期二**

晴,微寒,东南风。

晨六时半起。八时十分出,步往文学所参加大会,陈伟在传达艾思奇学习毛主席“三论”报告。十二时散,无三轮可雇,仍步归。到家润儿已归,而锴孙、翠英亦在,盖今日下午即返窦店矣。遂与同饭,饭后润入馆,锴、英亦归家收拾行李云。

下午翻阅昨日上海寄到各书,此批书皆商务、中华两家旧出之书,现多绝版者,且多丛书中之单行本,颇得意。薄暮湜儿、元孙、宜孙、润儿先后归来,遂同夜饭。饭后润仍入馆加班。

九时就寝。十时许润、琴先后归。

夜接七日滋儿寄来安三号竹报。

3月10日(二月初八日　癸亥)**星期三**

晴温。

晨六时半起。上午阅陈氏《冬暄草堂师友笺存》及方东树《汉学商兑》,方氏之作有为而皆不免气矜之隆。然汉学家之门户实亦敲而破之矣。十一时,濬儿来,午刻润儿归饭,遂同进餐。饭后濬归去,润亦入馆上班,予即以复孙实君谢信及书款俱交伊带去分别付邮投汇焉。

二时民进车来,即乘以过接颉刚同赴辛寺胡同本部参加学习,仍一、二两组合开,到梁纯夫、陈麟瑞、王葆初、贾祖璋、章廷谦、王却臣、林汉达、吴文藻、傅彬然、张纪元、董守义、徐楚波、柴德赓、谢冰心、吴研因、严幼芝及颉刚与予,凡十七人。纪元主持之,漫谈当前学术批判及冰心传达中宣部最近召开谈话会情况。五时四十分散,仍与纯夫、颉刚同乘送归。

夜与润儿及元、宜两孙同饭。饭后润仍入馆加班。湜儿未归。九时就寝,十时润归。琴媳何时归未之闻,想又宵深矣。人教社之工作繁忙至此,真累人耳。

3月11日(二月初九日　甲子)星期四

晴,有风,微冷。

晨六时半起。上午点毕《续通鉴》卷九十七(宋徽宗被金掳去)。民族史境之黯淡至此极矣。为之掷笔三叹!

午与润儿同饭。下午三时,乃乾夫人来,馈予蛋糕香烟,以今日为予七十六岁初度之辰,承老友不忘,来为寿予也。感甚!有顷,濬儿来,询知乃乾患湿气怕出门,其夫人即将归去,势难久留,遂饬濬送之行。在禄米仓西口为雇三轮以乘之。未能留饮至歉。

圣陶、满子来,亦送点心为寿,坐定未久,濬已接雪村伉俪来,亦送油浸青鱼四块,有顷,刚主来,以新出所著《增订晚明史籍考》见贻。又有顷,至善来,文权来。六时半,润儿乃下班归来,亟治席以待。七时合坐吃面,小酌。有顷,湜儿、文修来(修家又送蛋糕)。濬、润遂让坐于湜、修,在东屋与元、宜两孙共餐。最后汉儿至,于是诸儿更迭上觞为尽欢焉。惟琴媳羁于教本之赶编,竟未能与此耳。

饮后快谈,九时半,诸客皆行,濬、权都归去,湜仍送修归家即宿其家云。十时半就寝,琴媳始归。现下诸凡节约,称寿尤非所宜,亲友不忘见祝,却之未能,深愧于心矣。

接漱儿九日复信,知六月初能来。

3月12日(二月初十日　乙丑)**星期五**

晴暖,近午起风。

晨六时半起。八时廿分,由沈姨陪予赴北京医院诊视,偕行至方巾巷南口乃得乘十路西行,在大华路口下,再步行南至门诊部。盖昨已电话挂号,故无耽搁。尤巧者,郭敏文大夫适在,无意相遇慰甚。据诊,血压略高,馀仍如常。嘱再检查血糖及胆固醇,并作心电图,处方仍主旧服之药。配药后即出院,与沈姨步行而归,顺过东单菜场一观,繁荣之象又增矣。到家正十时廿分,往返仅两小时耳,可谓顺利之至。

午独饭,润在印厂从事也。饭后假寐,电话局派人来换话机,因即起。翻阅《汉学商兑》。

夜汉儿来,润仍未归,遂与汉儿及元、宜两孙同饭。饭后看电视转播《东方红》。九时,汉儿归去。近十时电视毕事,予亦就寝。十时后,润、琴始先后归来。

3月13日(二月十一日　丙寅)**星期六**

晴暖,真有春融之景矣。

晨六时半起。八时后写信两通,一复漱儿上海,一复滋儿合肥(京五号),俱告近状且望夏初伊等能约同来省予。

午独饭。饭后二时,民进车来,因乘以过接颉刚同赴辛寺胡同本部参加学习。二时半开,仍一、二两组合并,到谢冰心、顾颉刚、林汉达、章廷谦、梁纯夫、赵鹤亭、邝平章、王葆初、吴研因、王却丞、吴文藻、贾祖璋、傅彬然、柴德赓、陈麟瑞、张纪元及予十七人。麟瑞主席,谈当前国际形势,于美帝派陆战队在南越岘港登陆及苏联政府酷虐各国留苏学生之反美示威者等等帝国主义与现代修正主义勾结情况严加谴责,畅乎言之。五时四十分散,仍与纯夫、颉刚同乘送归。到家湜儿已在,因今晚须往人大会堂看《东方红》,先饭即行。并告今晚宿汉家,以备明日帮濬搬家云。

七时前,润、琴、元、宜、燕都归,盖又周末矣。遂共进夜饭。饭后润去濬家帮同部署搬家事。九时就寝。十时润始返。

3 月 14 日(二月十二日　丁卯)星期

晴间多云,气暖如昨。

晨六时起。润往濬家帮搬场,琴仍赴社加班,惟三孙在膝前耳。九时后手引针线,为沪寄书之有脱线者补缀完缉。虽昏眼不任穿针,倩人代穿,而周匝绕角必自为之,碌碌之馀,亦多逸兴也。午与三孙共饭。饭后小睡,三时起。润儿自小庄归,谓濬家已安顿讫,湜等尚在帮同揩拭尔。

午后西北风大作,甚至七级,撼户扬尘,日光黯然,而元、宜两孙乃以其母已购了票,必往西长安街首都电影院看宽银幕戏,少年兴足无所畏,老人却墨念难置已。五时湜儿归,六时琴媳归,七时元、宜亦归。遂合坐晚饭。

八时,湜儿冒风驱车去文修家,明日就近上班矣。

九时就寝,倚枕阅中华书局昔岁所出《古今尺牍大观》下编(清代及民初人),颇可观赏。坊刻尺牍类多酬应恶札,此则出于通人之手纂辑,俱有本末、分情、理事三大纲,皆斐然成章,条畅流丽之作,不仅知人论世有所取资,而茶馀酒后执卷讽诵亦于身心有益耳。十一时后入睡。

3月15日(二月十三日　戊辰)**星期一**

晴。大风未息,气则不寒,真春风多厉也。

晨六时半起。八时后点阅《续通鉴》卷九十八。稚圃来访,多年不见,久谈始行。于是,至午后一时半乃毕。午与润儿饭。饭后接点卷九十九,至三时半亦竟。是日,沈姨休假,湜儿午后来电话,今日仍不回家云。

夜与润、琴、元、宜同饭,琴之归饭甚稀有。夜饭后,润仍入馆加班。九时就寝,十时沈姨始归。

3月16日(二月十四日　己巳)**星期二**

晴。风已暂止,气却较昨为冷,露立仍感料峭也。

晨六时半起。八时出,步往文学所参加本组学习会。到余冠英、俞平伯、吴晓铃、白鸿、陈翔鹤、乔象钟、吴赓舜、陈友琴及予。陈伟、王健亦参与焉。讨论毛主席《矛盾论》。十二时散,雇三轮归。(去时行至赵家楼西口亦雇得三轮行。)午与润儿共饭。下午为新得《尺牍墨迹大观》十六册所收各家姓氏,一一分册揭书之,俾便查阅,五时始了。

所中电话来告,明日通县有参观一局,询之未,予以病累辞之。

夜与元孙、宜孙共饭,润儿以留馆学习未归饭。九时就卧。

湜儿下午有电话,谓夜间学习,须明日归来。十时润儿归,又隔半小时,琴媳乃归。

3月17日(二月十五日　庚午)**星期三**

晴。微有风,气冷如昨。

晨六时半起。八时后展点《续通鉴》卷一百，近午毕，又接点卷一百一，至饭时得八页。午前濬儿来，为言新屋快适状，因留与润儿共饭。饭后一时半，润上班。二时，民进车来，乃与濬偕乘以出，过接颉刚径驰辛寺胡同，濬则下车，去东安市场云。二时半开会，仍一、二组合并，到纯夫、廷谦、汉达、祖璋、葆初、研因、却尘、文藻、纪元、德赓、楚波、麟瑞、彬然、幼芝、冰心、颉刚及予，凡十七人。纯夫主持，谈时局美侵越及苏酷待示威学生事。义愤之气甚浓，正义所在，谁亦无能为之讳饰也。五时半散，与纯夫、颉刚同车送归。

到家六时，元、宜两孙及湜儿先后归，汉儿、润儿亦陆续至，极高兴。七时共饭，饭后润挈宜出，就老君堂荣宾园浴。九时，汉儿归去，湜随之同去，即宿其家。近十时就寝。有顷，琴媳归，又有顷，润、宜始归。

3 月 18 日(二月十六日　辛未)星期四

晴渐阴，近午西北风大作，转日出，午后晴，风益甚，料峭之至。昨日未穿棉裤至腹泻，今乃加上，然犹泄两次也。

晨六时起。七时空腹出，沈姨陪行，以廿四路车仍未复道，遂缓步以至北京医院门诊部，依日前郭大夫之嘱取血验尿，未候多时即办讫，乃出所携干糇就地取开水下之。八时许即离院，时日照不烈，又无风，乃与沈姨共乘三路无轨径赴西郊动物园一看，讵知入园未久，风声即起，渐觉寒冷，乃急归。即乘一路无轨东行，在朝内南小街口下，顺过菜市一瞻市况，品物庶繁，应有尽有，遂顺购鸡蛋、酱菜等物，予即雇三轮乘携各物先归。到家未久，沈姨亦返。

十二时十分润儿归，遂共饭。饭后倚枕小憩，取玩清人尺牍。三时起，点阅《续通鉴》卷百一，垂暮毕之。

琴媳及元、宜两孙皆归，乃与共饭。润以开会未及归饭。湜则仍在修家过宿矣。夜饭后，九时许，予取汤濯足，而润归，遂及为予擦背。易衷衣即寝。

3月19日(二月十七日　壬申)**星期五**

晴暖。薄暮又起风。

晨六时半起。八时后，接点《续通鉴》卷一百二，至午后一时乃毕之，时短而事繁，不觉卷帙之长矣。

午与润儿共饭。饭后小睡，起后取李爱伯与陈蓝洲手札十馀通(收《冬暄草堂师友笺存》中)玩味之。于当时浙局刻书情况及参校诸人面目颇得大概，而李官京时，京官状况亦可想象得之。费时半日，大有所得，阅竟垂暮矣。

夜与润儿及元、宜两孙同饭。九时就寝。十时琴媳归，湜则未归也。

3月20日(二月十八日　癸酉)**星期六**

晴。气温如昨。

晨六时半起。八时出，步往文学所参加大会。盖昨日有电话关照者。至则已开始，为朱寨传达陆定一报告。传语者未说明其实八时即举行，予误为八时半耳。九时即了，分组讨论，予乃同冠英、默存、子臧、友琴、象钟、白鸿、翔鹤、赓舜移座所长室续谈。十一时四十分散，与棣华、冠英、友琴同乘，先过予门送归。

午独饭，吃炒年糕，一物而兼肴餐，殊不恶。下午二时，民进车来，即乘以往(颉刚电话告我腹疾不行)。仍一、二两组合开，纪元主席，到研因、却尘、楚波、守义、德赓、冰心、广平、汉达、廷谦、文藻、麟瑞、葆初、国光、彬然、祖璋、幼芝、平章及予,凡十九人。谈苏共非法召开分裂会议及越南局势,并由楚波、研因传达前日政协常委关于组织及学习等项决议。五时半散,与纪元同乘送归。

今日又届周末,夜乃得与润、琴、湜及元、宜、燕三孙同饭。九时就寝。

3月21日(二月十九日　甲戌　春分)**星期**

晴暖。

晨六时半起。八时五十分出,湜儿偕行,予过访颉刚,伊则径往文修家。九时十分,与颉刚偕出,在金鱼胡同口乘四路环行到张自忠路下,步入八条,同访圣陶,晤及至善、满子。九时半,在圣陶家与颉刚同乘老田所驾车出发,径往李广桥大翔凤胡同廿三号访京周。地形僻,三问乃得之。其地为一多院巨宅,现为妇女联合会宿舍。京周来京即寓其婿高家。(其女在妇联工作,婿亦依以得居。)居处在全宅最东北小楼一角,东临什刹海,致幽静。长谈至十一时半始行。本拟约出同饭,以其夫人病,三人遂行,驱车至南河沿文化俱乐部小酌共饭。在彼遇张纪元、王芸生、资耀华、梅龚彬等。盖各民主党派承政协学委会指示,集议展开学习耳。予等三人餐毕即行,仍附圣陶车送归。到家已二时半。润儿正挈宜、燕逛中山公园矣。

阅《草木子》。

夜与润、琴、元、宜、燕同饭。九时就寝。

3月22日(二月廿一日　乙亥)**星期一**

晴。下午起风转阴,气亦较冷。

晨六时半起。竟日未出，连点《续通鉴》卷一百三至一百五，凡三卷，四时停手，颇觉疲累矣。午与润儿共饭。下午阅《七修类稿》。

晚与汉、润、湜、元、宜同饭。饭后润入馆加班。濬、权来，颇绳其新居之美，怂恿予放弃小雅宝住所，设法移至彼处比邻，俾有照顾。予恐公家未必能接受产权，姑允一试。九时，濬、权、汉同去。予与湜各就寝。十时后润、琴乃归。

3月23日(二月廿二日　丙子)**星期二**

多云转晴，午后又起风，气仍煦，是夕熄炉。

晨六时半起。八时出，步至赵家楼雇三轮赴文学所参加本组学习。到象钟、冠云、赓舜、默存、平伯、子臧、翔鹤、白鸿、共民、友琴及王健并予十二人。谈今晨《人民日报》及《红旗》杂志评论《评莫斯科三月会议》一文。十一时半散，仍雇三轮归。

到家濬儿在，未几，润儿亦归，乃三人共饭。饭后二时，偕濬儿乘廿四路北转九路无轨到小庄，径至其家(小庄北区十六楼三单元三〇五、三〇六号)，布置井井，环境亦佳。据云其西二单元有三〇一至六号整个三楼尚空着，如可争取换得该处赁权，则彼此大有照应云云。予相此屋尚敷用，特恐下房无着，且亦未能必房管处说的成否耳。谈至四时半，濬陪予从呼家楼上九路车，伊即归去。予乘九路至东单，再转廿四路北归。时北风大作，卷砂扑面，亟趋家，已五时半，乃取汤盥洗始得宁坐也。

夜与宜孙共饭。润、琴皆未归饭，元孙以看同学病，直至八时一刻乃归，再具餐享之。饭后，宜孙及两佣看电视《女飞行员》。予九时即寝。十时后琴、润乃先后归。

3月24日(二月廿三日　丁丑)星期三

晴间多云,午后风大作,转冷,入夜又升炉火。

晨六时半起。八时由沈姨陪同乘廿四路南转十路到大华路口,走往北京医院门诊部复诊。少待即由郭敏文大夫接诊,据告,复核日前所作心电图及取血检查结果都无甚变化,胆固醇略高,血压则较平降,以前配之药尚有馀存,只添导眠能及安乐神十日量而已。在院候诊处遇却尘、青士。九时半离院,顺过东单菜市一看,即乘廿四路北归。十时廿分到家。

十一时许,濬儿来,告已访过文学所葛涛,谈尚洽,以张书铭不在,俟与商洽后再电话告予云。午与濬、润同饭。

下午二时,民进车来,与濬同乘过接颉刚,径往辛寺胡同,濬在地安门下,转乘五路去友谊医院看望基孙,以基孙在彼动手术,汉告知濬,属往换之也。

予与颉刚到民进中央本部后,参加学习,仍一、二两组合开。到张纪元、陈麟瑞、林汉达、严幼芝、吴研因、吴文藻、王却尘、张志公、王葆初、黄国光、傅彬然、徐楚波、董守义、谢冰心、顾颉刚、贾祖璋、邝平章、柴德赓及予,凡十九人。麟瑞主持,谈《评莫斯科三月会议》,佥谓此实苏共领导明揭分裂之第一步云。五时半散,仍偕颉刚同乘,先后送归。

接湜儿电话,知已安抵香山,一切舒适云。

夜与元、宜两孙同饭。九时就寝。十时许琴、润后先归。

3月25日(二月廿四日　戊寅)星期四

晴,大风有声。宜感料峭矣。

晨六时起。接清儿廿三信，劝予去太原小住，其意可嘉，奈无此清兴何。

竟日未出，点阅《续通鉴》卷百六、百七、百八，三卷皆毕。午与润儿共饭，以馄饨作餐。

晚与元、宜两孙共饭。九时就寝。十时后，琴媳、润儿先后归。

3月26日(二月廿五日　己卯)星期五

晴，仍寒。

晨六时起。七时三刻出，行至赵家楼乘三轮往文学所。晤棣华、葛涛，言及调屋事，棣华属先开节略，俾可资以向房管局试洽云。八时半，本组开会学习，到冠英、平伯、子臧、翔鹤、默存、象钟、共民、赓舜、友琴、王健、白鸿及予十二人。续谈《评莫斯科三月会议》。十一时四十分散，所中具车分送予及平伯、冠英归。

午与润儿共饭。饭后以昨晚睡不甚宁，一时就枕求睡，但虽入睡而梦扰颇甚，四时起，索性强振精神展点《续通鉴》卷一百九，至晚尽廿一页，得此卷三之二耳。

夜与汉儿、琴媳及元、宜两孙同饭。八时后，润儿始归，乃再具餐。有顷，汉儿去，润为予写换房节略。九时就寝。翌晨三时即醒。

3月27日(二月廿五日　庚辰)星期六

晴。仍感寒冷。

晨六时起。八时写信与所中领导，即以润开节略书入，希求协助解决。上午，学部中心学习组召开五十六次座谈会，予以下午民进有会，恐连接太累未去。十一时，濬儿来。十二时十分，与濬、润同饭。饭后，濬归去，润上班，即以致唐棣华函交伊带送文学所，由葛涛转达。二时，颉刚来，以干面胡同又在修路，故来我家候车同往民进中央学习。有顷车来，即共乘以赴之。二时半开会，陈麟瑞主持，到麟瑞、徐楚波、董守义、傅彬然、张纪元、吴文藻、吴研因、戴克光、林汉达、柴德赓、王葆初、贾祖璋、谢冰心、黄国光、章廷谦、颉刚及予，凡十七人。仍谈《评莫斯科三月会议》。五时半散，仍与颉刚同乘送归。

今日周末，儿孙毕集，夜与润、琴、湜、元、宜、燕同饭。九时就寝。

3 月 28 日(二月廿六日　辛巳)**星期**

晴，较昨稍暖，仍不能废炉火也。

晨六时半起。八时出，乘廿四路北转十二路无轨到沙滩，再转八路至南河沿文化俱乐部，参加民进中央第三组组织生活。到陈慧、张纪元、顾均正、叶圣陶、顾颉刚及予六人。漫谈时事，颇各就所见畅乎言之。十二时散，与颉刚附圣陶车归。

知文修十时来，与湜儿同往小庄，饭濬儿家矣。十二时半，与润、琴、元、宜、燕同饭。午后三时，予偕润儿、琴媳挈宜、燕两孙同出散步，由雅宝路东达日坛公园，元孙则往看电影。予等行至肿瘤医院门前，遇王贯之，知其夫人患肠癌，住彼诊疗，上星期三下午曾来访予，未值云，殊为歉然。立谈片晌，略致慰藉而已。在公园略一徘徊，即出前门，穿行使馆区(名建华路)到建国门外大街，乘九路西至东单下，换购四月分电汽车月票。此次购得通用票，价五元，凡城郊区各路汽车、无轨电车均可通用也。顺过东单菜市场一看，然后乘廿四路北归。

到家湜儿、文修已自濬儿所归。六时，与润、琴、湜、修、元、宜、燕共饭。饭已，湜、修即行，盖偕往政协礼堂观话剧《赤道战鼓》。据告观毕仍住修家，俾明早径往香山云。

九时后，琴媳为予收庋皮衣，润儿为予擦背，因濯足易衷衣就寝。

3月29日(二月廿七日　壬午)**星期一**

晴煦，傍晚略有风。

晨六时半起。八时出，走至赵家楼西口乘三轮赴文学所参加本组学习会。到冠英、默存、友琴、子臧、象钟、赓舜、白鸿及予八人。先谈国际问题，继由友琴谈此次去安徽四清工作的体验。十一时四十分散，仍雇得三轮归。

午与润儿同饭。下午二时独出，乘廿四路南转十路到中山公园，再换五路到西华门造访乃乾伉俪。五路车站又移在其门前，于是大便上下矣。乃乾近患湿气，咳喘乃大好，精神亦胜常，可见病患表里攸关，不能呆分内外也。长谈至五时起行，即在其门前乘五路南抵中山公园，再转十路回东单，复换廿四路北归。

接琴媳电话，告知今日起，元、宜皆在人教社夜饭。饭后参加学习或其它活动，须九时后始返家云。

六时半，润儿归，因同饭。饭后，润复入馆加班，于是，予之孤寂乃日亟矣。九时就寝。润儿旋归。九时半宜孙归，有顷，元孙归，又有顷，琴媳亦归。

3月30日(二月廿八日　癸未)**星期二**

晴煦。

晨六时起。八时后展点《续通鉴》卷一百十，至十时半毕之。十一时后，濬儿偕文权之姊绣君来访，因留饭，润儿与元孙与焉。元孙扁桃腺炎在家休息。午后四时，濬等归去。予正接点《续通鉴》百十一卷，仅及十四页，而京周见访，遂辍工与谈，抵暮辞去。予亦颓然不复能看书矣。京周临行约予及圣陶、颉刚下星一饭其寓斋。

夜与元孙同饭。九时就寝。宜孙九时一刻归，润儿十时许归，琴媳之归何时竟未之闻也。

3月31日(二月廿九日　甲申)**星期三**

晴煦。午刻北风，沙尘漫空，午后雨，有顷即止，未破块也，三时后转晴。

晨六时起。七时，接点《续通鉴》卷百十一，至八时半已毕，复接点卷百十二，抵午亦竟。十时，文修来为予贴照片，将前积之件悉数了结，甚以为快。午与润儿、文修及宜孙同饭，元孙今已上学，宜孙却因胸口作痛未入学，且命沈姨陪往赵家楼医院诊治。据云无甚迹象（透视结果），惟喉头略红而已，配药而归，遂命卧床静息。

下午一时半，颉刚来同候民进车。二时车至，遂同乘以赴之。文修乃归去，行时尚有雨，故以伞授之。二时半，民进中央学习小组开会，仍一、二两组合并，到许广平、谢冰心、徐伯昕、林汉达、严幼芝、柴德赓、徐楚波、董守义、张纪元、张志公、吴文藻、章廷谦、贾祖璋、顾颉刚、王葆初、陈麟瑞、吴研因及予十八人。纪元主席，先由伯昕传达政协学委会双周座谈情形，继由纪元报告学委具体安排状。总之，抓紧学习，年内须分三阶段学完，拟定进度也。随即漫谈时局。五时半散,仍与颉刚同车送归。

六时半,汉儿来,润儿亦下班即归,乃与汉、润及宜孙共进晚饭。饭后,汉儿为湜儿缝被单。九时,予就寝,汉旋亦归去。琴媳、元孙未几亦归。

4月1日(二月三十日 乙酉)星期四

晴煦。

晨六时起。八时出,步往建国门科学院文学所参加本组学习。到冠英、子臧、默存、友琴、翔鹤、象钟、晓铃、共民、白鸿、赓舜及予十一人。谈知识分子改造问题。十一时四十分散,雇三轮归。

午与润儿共饭。饭后,元孙归,盖扁桃腺肿尚未全愈,又发作矣。二时后,展点《续通鉴》卷一百十三,至六时毕之。元孙四时半往赵家楼医院诊治,俟至七时乃归。

夜与元、宜同饭。

文权、濬儿来,谓已饭过,乃以酒酌文权。八时权、濬归去。

九时就寝。十时后润、琴乃归。堉孙住来,予未之知,翌晨乃知之。

4月2日(三月小建庚辰 丙戌朔)星期五

晴煦。傍晚始有风。

晨六时起。八时廿分出,独乘廿四路,北转一路无轨到西郊动物园。文修偕其母已在站相候,盖昨日电话约定同往香山省视湜儿也。遂转乘卅二路,三人同如颐和园,再转卅三路,径达香山。十时许即顺利到达,湜儿已在静宜园门首相候,乃同入园,先在镇芳楼外语干训班办事处休息,然后由湜儿陪同参观伊宿舍(在小白楼后)。十一时半,同往香山饭店餐厅午饭。饭后,循新修大道到玉华山庄茶憩,时方春假伊始,中小学生之作郊游者殊众,熙攘之象添勖春光。予等亦从而乐之。二时半起行,下山循道过芙蓉馆(馆新修焕然,逗留久之)、大昭庙、见心斋(暂憩)、眼镜湖,出园东门到碧云寺。大殿正在修理,予等乃参观罗汉堂、中山纪念堂,即在金刚宝座下小憩。湜等三人上座瞻眺,移时始下,遂同由水泉院下,院中玉兰盛开,城中尚未见到也,观赏良久乃出。湜儿由枫林村返办事处,予等三人步至停车场候车,五时十分,卅三路至,遂偕登车东驶,仍在颐和园转卅二路返动物园,再换一路无轨入城。文修及其母在二里沟站下车归去。时已风起,颇挟沙,幸已在车中,无所苦。车抵朝阳门内南小街,再换廿四路。到家已七时矣,堉孙、元孙、宜孙正在晚饭,予少停亦进膳。

八时半即寝。润、琴归来,予已入睡矣。

4月3日(三月初二日　丁亥)星期六

多云,有风,转冷,向晚略晴。又升炉火。

晨六时半起。八时步往文学所参加本组学习,到冠英、平伯、默存、子臧、晓铃、友琴、象钟、赓舜、共民、白鸿及王健并予十二人。仍谈知识分子问题。十一时四十分散,予雇得三轮返家。

汉儿来,宜孙亦以下午无课归饭。十二时四十分与汉、润、宜同饭。饭后,汉、润俱上班去。未几,民进车至,乃乘以过接颉刚,同赴辛寺胡同本部参加学习。仍一、二组并开,到顾颉刚、谢冰心、林汉达、柴德赓、徐楚波、董守义、张纪元、吴研因、傅彬然、王恪丞、吴文藻、陈麟瑞、王葆初、严幼芝、赵鹤亭、章廷谦、贾祖璋及予十八人。麟瑞主席,续谈《评莫斯科三月会议》。休息后,由纪元、楚波传达彭真同志报告，豪壮之语诚有廉顽立懦之效矣。五时三刻散，与廷谦、颉刚同车送归。

七时与润、琴、元、宜、燕同饭。又周末矣。

九时就寝。十时湜儿始归。昨日晤文修，知伊已有工作岗位，下星一即正式上班云。

今晨在所晤棣华所长，知已接受予提出换房要求，将向学部及房管处联系云。升堉今日去。

4月4日（三月初三日　戊子）**星期**

晴。较昨略暖。

晨六时起。八时润、琴挈元、宜、燕三孙往军事博物馆参观陈列我军击落美帝无人驾驶侦察机残骸。九时，堉孙来，十时，湜儿往文修家，明晨径行入山备课云。十一时许，予偕堉孙出，乘廿四路北转十二路无轨，东出朝阳门，往呼家楼走赴小庄北区十六楼三单元三〇五号濬儿家。至则润等已先在，盖军事博物馆人太挤，竟未得入，故尔。午刻，汉儿、大璐、鉴孙、基孙亦至，遂团坐午饭。饭后，元孙随鉴孙往其校观练习团体操。三时半，予偕润、琴挈宜、燕两孙归，乘九路无轨入朝阳门，在南小街转廿四路南行，自禄米仓步返。五时一刻，润、琴同出看电影。六时，元孙归。有顷，与元、宜、燕三孙同进晚饭。饭后，两孙看电视《赤道战鼓》。八时，润、琴归，再具餐。九时，停看电视就寝。

许妈今日休假，晚未归。

4月5日（三月初四日　己丑　清明）**星期一**

晴兼多云，气候如昨。

晨六时起。八时出，步至赵家楼西口雇三轮如建国门文学所，参加本组学习。到冠英、默存、子臧、翔鹤、白鸿、象钟、赓舜、共民、晓铃、友琴及予。仍谈知识分子改造思想。十一时四十五分散，雇三轮以归。

午与润儿共饭。宜孙以忘带墨匣亦归来同饭。下午二时出，乘廿四路南转十路到中山公园下，再换五路到西华门访乃乾。其门前新植之站牌又移去，颇讶，何以忽变至此？及入问乃乾，知为近邻要人所恶，为其喧嚷，电话令汽车局移开云。乃乾方治《唐书》，因畅谈有关诸籍。五时始起行，仍乘五路北转十一路无轨返东单，复转廿四路回家。

夜与润儿同饭，饭后，润复入馆加班。八时半就寝。九时后，宜孙先归，元孙继归，俱自其母所就夜学来也。两孙既告归，予遂入睡。润、琴之归未之觉。

4月6日(三月初五日　庚寅)星期二

晴煦无风。

晨六时起。七时后，展点《续通鉴》卷一百十四，至八时半濬儿来，遂停点。四十分，偕之出，乘廿四路北转一路无轨达西郊动物园前，换卅二路直诣颐和园，坐邀月门南廊，大赏玉兰繁英满树，如缀万玉，正及花时，较前数日在碧云寺水泉院所见益胜矣，为留连久之。遇陈意，盖亦来赏花者。十时一刻，就茶座啜茗憩息。十一时半循长廊至石舫饭庄午饭，食客甚众，坐候始得餐。餐后，买渡绝昆明湖而南，登龙王庙之崖翠阁，茶于涵虚堂。窗外坛杏亦正及时，映日弄姿，殊获胜赏。三时许始起行，度十七孔桥，阅铜牛，遂沿东岸北行，穿文昌阁径出园东门，乘卅二路还西直门转十一路无轨到沙滩，再换三路无轨到百货大楼下，就大楼对门茶叶商店购得香片半斤（八角一两），及明前碧螺春一两（价二元三角），仍北行过稻香春买得肉饺半斤。路遇晓先，谓曾来小雅宝访予，未值。立谈片刻而别，顺过木器店看橱柜等问价，盖为湜儿结婚用预为之所也。既而在灯市西口乘十一路无轨返东单，再换廿四路北归。

夜与濬儿共饭，饭后濬即归去。八时半取汤洗濯易衷衣就寝。九时半，元孙归。十时，琴媳、宜孙归，又有顷，润儿乃归。

4月7日（三月初六日　辛卯）星期三

晴。午起风，仍暖。

晨六时半起。八时出，步至赵家楼西口，乘三轮往文学所参加本组学习。到冠英、平伯、默存、子臧、友琴、晓铃、赓舜、象钟、白鸿、共民、翔鹤、王健及予十三人。续谈改造问题。十一时四十分散，予与冠英、耀民附棣华车送归。

午与濬、润同饭，饭前濬适来省也。饭后，濬即归去。润上班去。下午二时民进车来，乘以过接颉刚，直驶辛寺胡同本部参加学习。仍一、二两组并开，到梁纯夫、张纪元、陈麟瑞、王却尘、吴研因、林汉达、张志公、严幼芝、许广平、谢冰心、吴文藻、徐楚波、柴德赓、贾祖璋、顾颉刚、章廷谦、王葆初、赵鹤亭及予十九人。纯夫主席，谈当前国际形势。五时半散，仍与颉刚同车送归。

夜与润儿同饭。饭后润仍入馆加班。

接漱儿五日信，知其同事宣传部长姜辛耘来京，托伊带物或将来晤云。

九时就寝。越半小时，宜孙、元孙、琴媳、润儿陆续告归。

4月8日(三月初七日　壬辰)星期四

阴转晴间多云,气微暖。

晨六时半起。上午点毕《续通鉴》卷一百十四。午与润儿共饭。午后二时出,乘廿四路南转九路,到前门,再转七路到丰盛胡同西口下,步往政协礼堂听新秘书长平杰三作学习动员报告,到者甚多。在场曾晤向觉明、覃异之、宋云彬、顾颉刚、彭子冈、董渭川、黄药眠、吴觉农、柴德赓、章廷谦、吴组缃、王瑶等。六时散,与吴子臧、俞平伯同乘送归。盖子臧电话与所中刘建波接洽,遂饬小杨放车来接也。

七时,汉儿来,遂同饭。八时半,汉儿去,予亦就寝。九时半宜孙、元孙陆续归。十时,润、琴亦归。

接滋儿六日安四号信。

4月9日(三月初八日　癸巳)星期五

晴煦,薄暮起风。

晨六时起。八时出,步往建国门文学所参加本组学习。到平伯、冠英、子臧、友琴、默存、晓铃、象钟、赓舜、共民、白鸿、翔鹤及予十二人,王健及与焉。十一时半散,予雇乘三轮归。接京周片,约十一饭其寓,当函复谢之,以顾、叶各有事牵,难于约齐也。

午与润儿共饭。饭后,乃乾电话约会北海双虹榭。二时乘廿四路北转九路无轨以赴之。至则未见,乃观赏金鱼以候。有顷,复入榭,则乃乾夫妇已就座矣。遂共坐话言。四时起行,同过阅古楼,复由分凉阁入,绕廊一周,出倚晴楼,然后度堆云积翠桥出园,与乃乾夫妇握别。乘九路无轨东返朝内南小街,转廿四路归。到家已五时十分。

夜独饭。八时半，润儿始归，乃重具餐。九时就寝。宜孙、元孙、润儿先后归。十时后，琴媳始归。湜儿亦随即返。

4月10日(三月初九日　甲午)**星期六**

晴煦。

晨六时起。八时步往文学所参加全体会，听取张伯山传达周扬在华北话剧会演后座谈会上的报告，并由张书铭公布院部颁行之宿舍条例，限制綦严，住公房亦殊匪易耳。十一时半散，雇三轮归。午与润儿同饭。饭后二时，民进车来，遂乘以过接颉刚同赴辛寺胡同本部参加学习。仍一、二两组合开，到梁纯夫、张纪元、陈麟瑞、王却尘、吴研因、林汉达、谢冰心、吴文藻、柴德赓、黄国光、徐楚波、章廷谦、严幼芝、赵鹤亭、顾颉刚及予十六人。纯夫主席，讨论平杰三部长学习动员报告。五时半散，与颉刚、纯夫同车送归。

六时三刻，润、琴、元、宜、燕皆归，盖又周末矣。七时后同夜饭。九时就寝。湜儿十时乃归。

4月11日(三月初十日　乙未)**星期**

晴煦。下午风作，傍晚加厉，飞沙扑人。

晨六时起。七时，慧英送其女秋梨来，琴媳仍加班。湜儿在家候文修，元孙去校补课。予与润儿挈同宜孙、燕孙及秋梨同出，乘廿四路北转一路无轨，直达西郊动物园，拟转四十七路去福田。濬、汉两儿已先在。稍候车即至，七人相将登之，西驰八大处，予等在射击场下，再步诣福田公墓，由北门入，自开此门，予初次经由之，盖多年未至矣。省视珏人茔地完好无恙，茔东麟字二号已新葬一韩国华侨，黄姓。培土筑砖栏，与予寿域贴邻，自此，茔地将益固。惟墓旁正刨沟植苹婆果，适晤管理员毕姓，知不久将尽去杂树，遍种苹果云。扫墓毕，过圣陶母朱太夫人墓及圣陶妻胡墨林墓顺一展拜。然后，离公墓。据汉儿云，曾遇陈慧，亦侍其尊人叔通先生来扫墓也。十时半，仍在射击场乘四十七路车东还动物园，再转十五路到虎坊桥就湖北餐厅午饭。遇俞鸣鹤及王剑侯。一时半餐毕，予等一行共乘十四路北行，濬、汉往府右街转九路无轨还小庄。予与润、宜、燕、秋则在六部口下，转十路还东单，再换廿四路北归。

到家，湜儿在，以文修未来故，不久接修电话，匆匆即去。明晨自修家出发入山矣。元孙亦在家午饭，予归后即复入校，至晚六时半乃归。慧英来接秋梨，遂留与家人同饭。饭后，英母女即归去。九时就寝。

沈姨以外甥结婚，昨晨即告假去，今日至晚未归。

4月12日（三月十一日　丙申）星期一

晴煦。

晨六时起。七时沈姨归。儿孙辈又各上班入学，顿感岑寂。八时后写信，分寄清儿太原、漱儿上海、滋儿合肥（京七），俱希望伊等能于六月间来京相会。才接润儿工厂来电话，谓不及归饭，予乃独餐。

午后，展点《续通鉴》卷一百十五，毕之。

夜七时，润儿归，又有顷，汉儿乃来，遂共饭。饭后三人话家常，至九时宜孙归，予始就寝。十时，琴媳归，最后元孙乃归。

4月13日(三月十二日　丁酉)**星期二**

晴煦。

晨六时起。八时一刻濬儿来,三刻同出,乘廿四路北转一路无轨到西郊动物园,正瞭望乃乾夫妇到未(以昨日约定),不意乃乾二人已先到。遂同雇小汽车直驶颐和园。入园后南出文昌阁,联袂循昆明湖东岸,过铜牛,稍憩八风亭,然后度十七孔桥,在桥上共摄一影,登龙王庙,上涵虚堂,茶于东阁子,甚幽洁,惜窗外杏花已谢,与南荣所悬潘伯寅奉敕书蓬莱云色扁所云已不相称耳。近午,各出所携糇肴当餐,予携有绍酒,乃取汤温而共酌之。从容憩赏,至下午一时半始已。二时起行,下岩翠阁,乘渡船泛湖而北,山容波影,扑人眉宇,正笑语间,船已抵排云门,云辉玉宇坊下,遂相将登岸,循长廊而东,行抵邀月门。日前所见玉兰已凋谢,迥非往日颜色矣。乃趋乐寿堂后院看紫玉兰。旋诣谐趣园,坐地边小憩久之。以渴,复往知春亭茶。时已四时。有顷,偕出园东门,乘卅二路返动物园,乃乾夫妇转车归去。予及濬儿乃径至西直门转十一路无轨还东单,再换廿四路到禄米仓西口步归于家。

入晚,润儿归,乃与濬共饭。饭后,濬归去,润出浴。九时就寝,宜孙归,元孙、琴媳亦先后归。十时润儿亦归。

4月14日(三月十三日　戊戌)**星期三**

晴煦。

晨六时起。八时展点《续通鉴》卷一百十六,近午毕之。午偀润归不至,乃独饭。饭后二时,民进车来,遂乘以过接颉刚,同赴辛寺胡同本部参加学习。到梁纯夫、张纪元、陈麟瑞、徐楚波、章廷谦、王却尘、林汉达、谢冰心、吴文藻、吴研因、柴德赓、黄国光、严幼芝、赵鹤亭及予等两人。先仍两组合开,由纯夫报告民进中央组成学习分会,杨东莼主持之,并设办公室,张纪元主持之云。旋乃两组分开。于是纪元、麟瑞、鹤亭、国光、幼芝、德赓、廷谦等原属第二组者皆起就别室。第一组即由纯夫主席,讨论越南局势。五时半散,予与颉刚仍同车送归。自星六起,学习时间改为三时至六时,车子接送办法亦有所变更云。

夜与润儿同饭。八时半即寝。九时后,元、宜两孙及琴媳皆归。

4月15日(三月十四日　己亥)**星期四**

晨阴,且有小雨即止,近午转晴,仍暖。

六时起。八时出,步至赵家楼西口,雇三轮往文学所参加本组组会。在所长室举行,由冠英主持。到子臧、默存、翔鹤、友琴、象钟、世德、赓舜、共民、白鸿、王健及予十二人。棣华所长亦莅会。先座谈周扬报告,继谈越南局势。十二时乃散,予仍雇三轮归家。以润儿下厂,予仍独饭。饭后解衣小睡,四时乃起。正展点《续通鉴》而濬儿至,又有顷,纪元见过,长谈达暮而去。

润自厂归即饭。饭后复入馆开会。汉儿至,遂与濬、汉共饭。八时半濬、汉偕去,予乃就寝。九时后,宜、元、润、琴陆续返家。

4月16日(三月十五日　庚子)**星期五**

阴,晨有小雨,旋转多云,气复还冷。

晨六时起。上午点阅《续通鉴》卷一百十七至一百十九,毕之。午与汉、润共饭。饭后汉、润皆上班去,予乃就枕小憩,不觉入睡。三时,房管处于姓来洽修房屋,因起指与估计,伊上屋周览后属明日先缴百元,俟修竣结算,多退少补云。晓先适以其时至,遂留谈,因同晚饭。饭已,芝九来访,久别长谈,又适与晓先会,竟谈至九时乃辞去。时润儿、元孙、宜孙皆已归,予亦就卧。有顷,琴媳亦归。

4月17日(三月十六日　辛丑)**星期六**

阴,有雨,旋止,午后多云,气加冷。

晨六时起。上午点阅《续通鉴》一百二十及一百廿一两卷。午与润儿共饭。接湜儿香山电话,知明日在山值班不返城。下午二时半,民进车来,遂乘以过接颉刚,同赴辛寺胡同本部参加第一组学习。纯夫主持,到研因、楚波、却尘、文藻、冰心、汉达等,凡九人,仍讨论越南问题。六时散,与纯夫、颉刚、廷谦同车送归。予在禄米仓西口即下,步归于家。以车中尚有人在,免回车周折,耽搁他人也。

夜与润、琴、元、宜、燕同饭,盖又届周末矣。九时就寝。汉儿、鉴孙来,约明晨偕赴房山县窦店中学看锴孙、翠英,遂留宿西房。

4月18日(三月十七日　壬寅)**星期**

阴冷。午后雨,傍晚霁。

晨四时半起。五时廿分与汉、鉴、元三人同出,乘廿四路南至方巾巷,再转八路无轨到新车站,即购周口店线车票,由地道登车。六时十分开,逢站皆停,阅一时半乃达窦店,此班车专供路工上下班之需。今日星期,转见空位特多。(据闻平日甚挤也。)沿路桃花盛开,每站附近尤然,花候较城中略晚,未识何故。(城中桃花早谢矣。)到车站,锴孙已骑车在彼伫候矣,遂相将循道西南行,先经沙地,颇难行。既而入公路过弘恩寺,名刹也。今为驻兵营地,未得入。越七里馀始到校。校舍错落,四周植树为志,无门垣,颇与五十年前初至厦门集美学校时相仿佛。穿行操场乃达锴、英之宿舍。其屋一间而南北有窗,门外桃柳、葡萄成荫,地旷气清,颇洁畅,是大可安居也。十一时,其校郭文安至,因邀与共饮,其人勤朴能任人,一标准革命老干部也。校内树木多其手自剪裁,待同事员工如家人。以故人亦亲之,乐于自奋矣。与谈移时,一时十分即辞校返车站。郭校长知予累,为设计假一校中运土用胶轮车,俾锴孙以骑车缚其前辕挽之,予设檰铺茵坐其上,锴孙推骑车前导,汉儿、翠英、鉴孙、元孙夹护以行,宛然一安车矣。道上见者,莫不顾而笑之。予则顾盼自如,亦诧为奇遇也。将近车站,以沟渠正放水,不能过,乃令锴、英还辕返校。予等四人赴站入候车室。时正二时十分,而雨作。念锴等途中值雨,颇不安。二时五十分,高碑店车来,遂亟登之,返程得快车,仅停良乡、长辛店、西道口、丰台,即抵永定门,正四时。下车时,雨已歇,而地乃大湿,度天桥出站至廿路公共汽车场,乘以入城,直达东单。汉、鉴转九路归去,予与元孙则换廿四路返禄米仓步归。以鞋底厚,尚未湿透也。

入夜,与润、元、宜、燕同饭,琴以感冒发烧在房啜粥未出。八时半就寝。

4月19日(三月十八日　癸卯)星期一

初阴,旋微有晴光。仍冷。午后晴,略煦。

晨六时起。七时后,儿孙辈皆出,琴疾稍痊,仍勉上班,燕孙亦随之去,仍送入托儿所云。八时五十分,接象钟电话,谓本组刻正集合讨论当前局势，希能参加，遂即派老王放车来接。至则已九时馀。冠英、默存、子臧、友琴、世德、晓铃、共民、赓舜、白鸿、翔鹤、象钟、王健已在，谈有顷，棣华亦至，合以支越抗美为职志，气氛甚挚，不觉过午，十二时十分乃乘棣华车与冠英、友琴同附送归。

到家，润儿已在，乃共饭。饭后，展点《续通鉴》卷一百廿一，至三时得二十叶，神倦体疲，遂辍事。独出散步，乘廿四路北转十路无轨到北海公园后门下，入园循北岸行，迤逦至五龙亭，附渡船南达漪澜堂，遂沿廊西行，出分凉阁度桥而南。丁香盛开，海棠怒放，缓行以赏之，至双虹榭后又驻足观金鱼，既而过堆云坊下赏五色月季花，于是，度桥而南出园前门，乘一路无轨还南小街，再转廿四路南归。

夜独饭，孤寂之至。八时半洗足就寝。宜孙、润儿、元孙、琴媳于九时后陆续归来。

4月20日（三月十九日　甲辰　谷雨）**星期二**

阴，偶有雨，料峭中人不类三春。午后晴。

晨六时起。八时后展点《续通鉴》，至午毕卷一百廿一之馀及一百廿二、廿三卷。十时后濬儿来，十二时一刻，润儿归，又有顷，汉儿来，遂同饭。刚下箸，元孙以天骤冷，归添衣，亦同饭焉。一时，汉儿上班去，有顷，润上班去。二时三刻，湜儿归自香山，再具餐（今日下午无课故）。三时四十分与濬、湜偕出，乘廿四路南转十路到王府井南口下，湜则御骑车先行，在彼相候，三人仍联袂逛王府井，先在徐福昌服装店选购夏季裤料，即量制之，约五月中取。旋过新世界绸庄买得裤膝衬绸一尺，再过华大呢绒绸缎店选购，得棉袄、背心面子各一件，遂仍南行，濬以衬绸交徐福昌。三人乃同行至霞公府口稻香春分店购得糕饵等物。湜儿即骑车往文修家，谓明晨径行入山云。予与濬儿在王府井南口乘十路还东单，再换廿四路北归。夜与濬同饭。七时半濬即归去。八时半就寝。宜孙先归，九时后润、琴先后归。十一时元孙乃归。盖持予晚会券在人民剧场看话剧也。

4月21日（三月二十日　乙巳）星期三

阴转晴，仍感料峭。夜半雨。

晨六时半起。八时展点《续通鉴》，至十一时，毕卷一百廿四，时正贼桧中孱构之，欲屈膝求成，杀害岳飞。不禁掷笔叹愤，莫能赓读，乃出牙牌打五关以遣之，及午，气稍平，始得与润儿共饭焉。

下午二时半，民进车来，即乘以行，过接颉刚共赴辛寺胡同参加本组学习。到杨东莼、许广平、谢冰心、吴文藻、吴研因、傅彬然、林汉达、王恪丞、徐楚波、梁纯夫及予与颉刚，凡十二人。纯夫主持，讨论越南局势，以昨日人大常委会通过号召全国各人民团体及全国人民热烈响应越南国会呼吁，坚决支持抗美斗争的决议为主，大家踊跃发言，直至六时始散。散后，予仍与颉刚乘车送归。青峰（德赓之字）附车以行。

六时半与润儿共饭。饭后，润仍入馆加班。八时半就寝。九时，元、宜二孙皆归。有顷琴媳亦归。润儿则十时乃归。

4月22日（三月廿一日　丙午）星期四

阴，时有欲雨之势而不果，气乃大凉。

晨六时起。上午点阅《续通鉴》卷一百廿五毕之。午与润儿共饭。饭后，独出散步，本拟往城南陶然亭一探春色，乘十路至天安门,似将有雨,乃亟于中山公园下,转五路往西华门访乃乾。谈至五时乃还。乘五路至地安门转十一路无轨至东单,再换廿四路归。

夜独饭,闷甚。九时就寝。十时前后儿孙乃先后归来。

4 月 23 日(三月廿二日　丁未)**星期五**

阴转多云,午后晴,气亦稍煦。

晨六时起。七时濬儿来,乃相将出,乘廿四路转十路到电报大楼下,接登民进大车。盖民进中央组织春游,前往颐和园,可携家属,予乃以濬自随也。八时开车,九时许即达园门。既入,就鱼藻轩茶憩,予与研因长谈,未走动,馀人都四散游眺也。十一时半,同人来集,乃上听鹂馆午饭,亦民进预订始得之,凡三席,予与研因、汉达及妻儿、国华、冰心、满子及濬儿同座。饭毕,予偕研因、楚波、国华、满子、濬儿及汉达一家乘渡船到龙王堂,茶憩于涵虚堂。在彼处摄影多帧。二时起行,度十七孔桥,沿岸北行,过文昌阁出园,返原车待发。三时半开,四时许在西四南大街辟才胡同口下,予与濬过西单食品商店及天福酱肘铺各购些物,然后乘十路还东单,转廿四路归。

到家元孙已返,元亦由校中组织去颐和园,濬在佛香阁前曾遇之。予则未之见也。夜与濬、润、元、宜同饭。饭后濬归去。润仍入馆加班,因工作中不慎,右手无名指压伤,指甲竟揭去,虽经医疗室扎治,恐须时许久才能告愈耳。九时就寝。十时后琴、润乃先后归。

4 月 24 日(三月廿三日　戊申)**星期六**

阴转多云,午后晴,气温与昨相类。

晨六时起。八时半所中派老赵驾车接子臧过予，遂乘以出，复接冠英同赴南河沿文化俱乐部参加学部中心学习组第五十六次座谈会。到张友渔、严中平、巫宝三、汪奠基、周新民、吕叔湘、冯家升、丁声树、陆志韦、郭宝钧、徐旭生、黄文弼、顾颉刚、贺昌群、胡厚宜、钱琢如及予等三人，凡十八人。友渔主持，讨论越南当前局势，最后由友渔作报告：我已有备无患，励众坚持信心击败美帝云。十二时廿分始散，仍由老赵送归。

午与润儿同饭。下午二时四十五分民进车始至，乃乘以过接颉刚同赴辛寺胡同本部参加本组学习。到东莼、研因、文藻、恪丞、彬然、汉达、楚波、冰心、纯夫及予十人。纯夫主持，谈反修及越南局势。六时散，与纯夫、颉刚同车送归。

夜与润、琴、湜、元、宜、燕同饭。盖又周末矣。八时半就寝。湜儿云今日起山上还城始有班车。

4月25日(三月廿四日　己酉)**星期**

晴间多云，仍感冷。

晨六时起。竟日未出，上午十时文修来，琴媳仍加班。下午三时乃归。宜孙九时去汉儿家。午与润、湜、修、元、燕同饭。午后二时，汉、鉴来，谓宜已径往影院看电影矣。四时，宜孙归。五时，农祥来。夜与汉、润、琴、湜、修、鉴、元、宜、燕及农祥同饭。饭后，湜、修即行，仍住修家，便明日侵晨去香山云。八时，农祥去。汉、鉴亦去。予乃就寝。

4月26日(三月廿五日　庚戌)**星期一**

晴兼多云，仍未祛寒。

晨六时起。八时出，步往文学所参加本组座谈。到冠英、友琴、子臧、晓铃、象钟、白鸿、世德、赓舜、共民、伯山、朱寨、康女士（未识其名）等。讨论世德评《谢瑶环》稿，棣华亦至。十一时四十分散，予雇三轮归。

宜孙以眼皮出脓牵及头晕，在家休息。润儿则在厂工作未及归饭。午乃与宜共餐。午后二时，约乃乾在中山公园来今雨轩茗叙，即乘廿四路南转十路以赴之。既入园在青云片石前遇乃乾夫妇偕至，真巧也。乃同就坐谈，说至五时起行。三人同乘一路东至王府井，径如北京餐厅小饮，以为时尚早，在街头彳亍一回而后入，初仅予等三人，继乃食客渐集，生涯尚不恶也。顾菜不甚出色，六时三刻行。乃乾夫妇乘十路西行，予则乘九路东归，在东单易廿四路回家。

七时十分抵家。汉儿、润儿、元孙、宜孙正在晚饭，汉为予购得石斛夜光丸，润则以指创自医所换药回。予因再啜粥一碗。八时，汉归去。八时半，嘱润儿及两孙早寝，予亦就枕。琴媳十时后归。

是夕未服眠而通，竟未能安睡，断续时醒，至二时半起小解再就枕，更难入眠矣，只索取架庋刘禺生《世载堂杂忆》看之。三时闻雨，硬挨至六时遂起。

4月27日（三月廿六日　辛亥）**星期二**

阴雨。忽冷。棉裤甫脱两日，又不得不复穿矣。

润儿以指创，医嘱休假，因未往馆，复以剧痛服安眠剂蒙被睡至十一时乃起。濬儿十一时前雨中来。午因与濬、润共饭。饭后濬即归去。予午前点毕《续通鉴》卷一百廿六，午后曾小休片晌，又点毕卷一百廿七。润儿下午仍睡多时，然手指痛犹未能止也。

夜与润儿、元孙同饭。八时半宜孙归，予乃就寝，以昨晚未服药睡不好，今乃重服而后就枕焉。琴媳十时后归。

4月28日(三月廿七日　壬子)**星期三**

阴冷。

晨六时起。七时儿孙皆出上班或就学。润儿医嘱当再休息，而工作重，怕积压，扶病忍痛亦坚持上班矣。予心不然之，又何能在后掣其腿乎。八时后点阅《续通鉴》卷一百廿八，近午毕之。

午与润儿同饭。下午二时半民进车来，遂乘以过接颉刚同赴辛寺胡同本部参加本组学习。到却尘、文藻、研因、彬然、汉达、颉刚、楚波、冰心、广平、纯夫及予十一人。纯夫主持，仍谈越南问题，结合反修。六时散，仍偕颉刚车送各归。

夜与润儿、元孙同饭。八时半就寝。宜孙九时归，琴媳十时归。

4月29日(三月廿八日　癸丑)**星期四**

阴，时有细雨，薄寒中人犹袭重棉也。

晨六时起。八时濬儿至，有顷，桂本亦至，乃偕出，由伊二人陪予往北京医院就诊。乘廿四路南转十路以往。至则知郭敏文大夫在，乃移病历就之，候半时许接诊，据量血压又高矣(高者二百，低者九十)。乃由护士量体重测身高，特嘱往放射科摄制胸部照片，并加药数种乃出。时已十时半。桂本欲予伴其游故宫，可资讲解，遂三人同乘十路往中山公园一视，牡丹已有数种开放矣。略一展眺即出，乘二十二路到西单就同春园午饭。饭后再乘十路还天安门，径由午门入故宫，先后在太和殿、保和殿、乾清宫、养心殿、长春宫等处参观，随处歇脚。既而北入御花园，本拟啜茗，而茶点部以明日即停止开放（为五一节故），茶炉早经收拾，未得饮，乃坐牡丹栏畔暂憩。朱栏绿叶，花之开者若干朵点缀其间，亦正足致赏，惜微雨渐作，不得已去之。三时出神武门，乘九路东行，桂本往南小街为予送药回家。予与濬则在东单下，再转四路环行而南，濬去东单买菜，予即于灯市口下，步往干面胡同访颉刚。盖纪元昨约共晤其家也。予先到，有顷，纪元亦至。谓已先过予家未得晤，而踪迹来会耳。颉刚夫人静秋适自外归来，乃四人共谈至六时半散。纪元车送予归。

夜与元孙共饭。八时半取汤拭身洗足易衷衣就寝。宜孙旋归。十时半润、琴始归。

4月30日（三月廿九日　甲寅）**星期五**

阴。午后转晴。向晚又上云气，仍冷。

晨六时起。午前杂翻架书，并书复锴、镇两孙敦勉进修。午与汉、润两儿及元孙同饭。饭后汉、润上班去，元亦入学，予小睡片时。三时半云彬见过，以《南齐书·百官志》数事来商问，并从予三十年前日记中查得有关伊事者若干则。伊固喜慰，予益征日记为用之弘且远也。谈至五时半辞去。明日为国际劳动节，今晚各处皆不布置开会等事，故儿孙辈皆归。

夜与润、琴、元、宜、燕共饭。饭后看电视，有南越阮明芳讲话。九时半闭机就寝。有顷，湜儿亦归。盖入城后在文修家晚饭而后返也。

5月1日[①](乙巳岁四月　大建辛巳　乙卯朔　国际劳动节)星期六

阴晴间作,亦偶见细雨。气仍凉恻。

晨六时起。八时展点《续通鉴》卷一百二十九,近午毕之。元孙往北海公园作园游会,十二时归。予与润、琴、元、宜先饭。文修亦在北海,湜儿往候之,一时四十分乃偕来,再具餐。午后,予小睡,三时半乃起。下午湜同学于永宽、吴有为及同事某君来,入夜遂设圆桌共饭。饭后八时,元孙往天安门看焰火,润、琴亦率宜、燕去火车站广场看之。九时,于等皆去。湜亦送文修上车而后归。十时许就寝。未几,润等亦还。

5月2日(四月初二日　丙辰)星期

晴煦,无风。

晨六时起。七时,农祥来,遂相将出,乘廿四路南转十一路无轨到地安门,再转五路到德胜门,步出城关,排队半小时得上直放十三陵公共汽车。游人众多,车厢甚挤。一南方人勉让予并坐而行,局蹐之至。车到定陵道口,乘客皆下,都往参观地宫也,独予与农祥及另一乘客与司机四人直驶长陵,车中又顿觉一空矣。十时许,到祾恩门,门内布置一新,花草畦列,松柏交翠,殿阶明楼皆施丹雘。予坐石五供西侧看花稍憩,农祥则上宝城一为瞻眺焉。此地已数年未至,回顾前此之来,必登明楼及旁及永陵或定陵往返十许里,并不觉疲,今竟只得坐息以宁喘,体气既衰,腰脚随之。于此得一征验矣。十一时许往长陵饭馆午餐,餐后即附近茶憩,不设

---

① 底本为:"习习庵日记 第廿一册"。原注:"一九六五年五月一日至六月三十日,凡六十一天。乙巳岁冬十月下旬二日手装负暄为之一快。"

棚,依树荫列座而已。一时即往停车处排队,俟至一刻乃登上第二辆车返辕南行。二时三刻始达德胜门,仍易五路而南,在西板桥下,入景山公园一赏牡丹,纷红骇紫已灿灿夺目,略巡一周,并无茶座可歇脚,乃与农祥乘十一路往东单,再转廿四路归。

五时半,润、琴偕元、宜、燕三孙出看电影,湜儿则早已往文修家矣。询之沈姨,知汉儿及基孙尝来午饭云。六时一刻,予与农祥对酌,伊夜饭后少坐即归去。接京周函,约六日与颉、圣往饭其家。因电话约顾、叶定局。又接漱儿信,知顺林在沪接母将来北京,已托带笋油与我云。

九时就寝。越半时,润等亦归。

5月3日(四月初三日　丁巳)**星期一**

多云。

晨六时起,即作书复京周,告六日午必与顾、叶同往扰膳。七时后转阴欲雨未果。接点《续通鉴》卷一百三十,近午点竟,天又转晴。

午与润儿共饭,据告本周内晚间俱有事,恐未必都能回家晚饭云。下午二时半,又点竟前书卷一百三十一,以眼倦倚枕假寐,不觉入睡,四时半始起。六时后濬儿、文权偕来,七时汉儿亦至,遂同夜饭。有顷,元孙亦归饭。

饭后八时半,濬、汉、权皆归去。予乃就寝。九时半琴媳偕宜孙归。十时润儿乃归。是日沈姨休假,亦十时始返也。

5月4日(四月初四日　戊午)**星期二**

殷雷破晓有阵雨。午后霁,又乍雨乍止。

六时起。今日本约湜往香山看伊,以天气有变而止。适湜有电话来询,遂告之故。八时展点《续通鉴》,至午毕卷一百卅二及一百卅三两卷。午与润儿共饭。饭后小休片晌。接点《续通鉴》卷一百卅四,向晚亦毕。顺林六时来,带到漱儿所托笋油一瓶,并顺林所送苏州糖果及麻饼等,因将笋油属沈姨重熬,俾可久存。七时与顺林同饭。越时,元孙始归,亦及同饭焉。饭后,与顺林长谈,九时乃辞去。予亦就寝。宜孙随归。十时后琴、润相继归。

许妈是日归休,深夜亦赶返。

5月5日(四月初五日　己未)星期三

晴,偶多云,略还暖。

晨五时半起。八时半濬儿来,坚请同出,因偕乘廿四路南至方巾巷转九路,到正阳门易五路往陶然亭。园内风景澄鲜,湖光树荫交相掩映,其地故多柳,正值飞絮,随风漫天乱舞,如晴雪,颇可赏。惜沾惹须眉,粘缠口鼻竟不能耐,遂匆匆退出,仍乘五路西行,至南樱桃园转十路入内城。在王府井下,即过稻香春南号购得肉粽十枚,备明日立夏食用。再上十路到东单,复转廿四路北归。到家后,濬电话约汉来饭。十二时廿分,润归,四十分汉至,遂同饭。饭后,濬归去,汉、润各上班。

二时一刻民进车即来,乃乘以过接颉刚同赴辛寺胡同本部参加学习。到梁纯夫、林汉达、黄国光、严幼芝、张志公、张纪元、傅彬然、赵鹤亭、吴文藻、顾颉刚、章廷谦、陈麟瑞、柴德赓及予十四人。遂两组合开,由纯夫主持,仍谈国际形势,于越南、柬埔寨、多米尼加等动态均有论及。六时散,与纯夫、颉刚同车送归。予在禄米仓西口下,走返于家。

夜与元、宜两孙同饭。两孙皆退出活动学校，归家理课，自此，每晚皆然云。九时就寝。十时，润儿归。琴媳之归未之闻。

5月6日(四月初六日　庚申　立夏)**星期四**

晴煦。

晨六时起。七时后写家书，分复清儿太原，漱儿上海，滋儿合肥(编京八号)，至十时半乃毕。遂携出付邮。顺过颉刚，稍坐即与同出，乘四路环行到八条口，同走访圣陶，未坐，三人即偕出，仍乘四路到鼓楼下，联袂由烟袋斜街度银锭桥，沿后海西岸抄到大翔凤廿三号，应京周之约。时已过午许久矣。即入坐共酌，享其手制菜肴糕点。四人俱草桥同学，予与京周又于光绪乙巳年在唐家巷小学同学，以今日言花甲一周矣。此会意味至深，且今日下午一时四十二分正及饯春，其为巧遇，何乐如之，兼以深院小楼静同僧舍，京周经历又广，谈往述旧，娓娓不倦。直至六时始起行。三人仍出斜街，到鼓楼。临行，京周以所用半导体收音器托带至地外大街电器修理部修理。一时颇难寻找，往返数四，乃得之。交修事讫，已六时半，颉、圣仍乘四路各归。予则乘五路南转十一路无轨到东单，再换廿四路还禄米仓步归。

到家，濬儿在，宜孙亦已还。七时，文权来，元孙归，遂同进晚餐。八时半，濬、权归去，予乃取汤洗足拭身易衷衣就寝。十时许，琴、润先后归。

5月7日(四月初七日　辛酉)**星期五**

晴煦。

晨六时起。八时，老赵驾车来接，车上曹葆华已先在，乃驰往鼓楼西大街北京市塑料厂参观,另一车由老王接冠英、子臧、季康三人同时到达,合其他同人入内参观,以人多,分批参阅,予乃与冠英、子臧、季康、葆华、念生等先看,经历各道工序,由厂方领路指讲,虽匆匆涉览,俾继观者可以依时满足。所看当难谛悉,而大概所得已令人有巧夺天工之叹,将来衣着及日用品之取给于此者,实未可限量也。九时阅毕,予等乃先行,仍由老赵车送归。

到家未及九时半耳。点读《续通鉴》卷一百卅五,至午得十八页。午与润儿同饭。饭后假寐,三时起,稍坐,出门随意登上廿四路北至东直门大街,转七路无轨出西直门,在动物园下,本想入园一游,适十五路车将开,即乘以南行入复兴门出宣武门,径达天坛百货商场。此场新修,尚未全竣,入览一巡即出东门,乘廿路入正阳门还东单,乃转廿四路归于家,正六时。

夜与元、宜两孙同饭。八时半就寝。九时,升堉在师范学院来电话,谓因踢球跌开头,已缝了三针,即住在院内,属电告汉儿云。适元孙在予书案上温课,由伊代接,但时已晏,无法通知汉儿矣。颇为之不安。堉晨来,以予出参观未晤,即去母校访旧耳。未几润儿归,十时琴媳亦归。

5月8日(四月初八日　壬戌)星期六

晴暖。

晨五时半起。八时汉儿来电话,因以堉事告之。上午接点《续通鉴》卷一百卅五馀页,及卷一百卅六,毕之。十一时,升堉来,头额掩纱布,右眼亦微肿,精神尚好,据云并无大碍也。午与润儿、堉孙共饭。饭后,润上班,予嘱堉孙在西屋休息,乃云已买原子弹爆炸彩色电影票,仍出看之。且告看后径往其六姨家也。

二时半民进车来，因过接颉刚，偕赴辛寺胡同本部参加学习。第一组到杨东莼、王恪丞、许广平、林汉达、梁纯夫、谢冰心、吴文藻、吴研因、董守义、徐楚波及颉刚与予十二人。小结前七次学习经验，并商定今后讨论事项。六时散，仍与纯夫、颉刚同车送归。

今日周末，琴与元、宜、燕俱于傍晚归。七时后遂偕润、琴及三孙共餐。夜饭后，润、琴出购物。八时五十分，予就卧。十时许润、琴归。又半时湜儿乃返。

5月9日（四月初九日　癸亥）**星期**

晴暖。

晨六时起。八时半与润儿挈燕孙出，乘廿四路到东单，在公园略一徘徊，再乘六路无轨出前门到珠市口下，返北沿正阳门大街阅市，在一瓷器公司购得豆绿小碟两枚，折入大栅栏，在同仁堂购得石斛夜光丸一匣（十丸装）。遂由门框胡同穿行至廊房头条劝业场，为燕孙购得玩具一事，即由西河沿步至旧车站附九路至东单，再换廿四路北归。到家已十一时，湜儿已往文修家，明日径还山。元孙亦已由汉儿家归来。琴媳则已入社加班。

午与润、元、宜、燕同饭。饭后假寐，梦魇频扰，四时许醒，强起精神，颇不爽快，取骨牌卅二扇打五关以遣之。夜色未上，即与润儿及三孙同饭，以七时需看电视也。今日为纪念德国解放二十周年，我国特为布置电影周，陆续放映当年斯大林卫国战争消灭希特勒法西斯政权诸影片。十馀年来赫鲁晓夫修正主义猖狂日滋，凡歌颂斯大林诸事力图湮没，此等片几于绝迹。现下赫之继承人毫无改图之意，我国为反修起见，遂有此举。以是电视中亦得看及。七时半放映《攻克柏林》，予与儿孙及保姆皆看，且随时指讲之，近十时方毕。予亦就寝。

琴媳以加班,本云不归饭,乃于八时赶回,未饭也,再具餐焉。

5月10日(四月初十日 甲子)星期一

晴暖。

晨五时半起。八时后展点《续通鉴》卷一百卅七,近午毕之。午与润儿共饭。午后二时半,所中车来,遂过接子臧,同赴政协礼堂听本会国际组主办之报告。三时开会,由楚图南主席,请刘思慕讲国际斗争中当前的问题。座中遇圣陶父子及满子,因与并坐。六时四十分始散。知冠英亦在座,乃偕同与子臧同车送归。散出时遇研因、志成、廷谦、平章、楚波、元善等,未及多谈即别。

夜与润儿、元孙、宜孙同饭。九时就寝。琴媳何时归来竟之未闻。

5月11日(四月十一日 乙丑)星期二

晴暖。南风薰然,大类夏天矣。

晨五时半起。七时半,桂本来,遂与偕出,行至禄米仓西口,濬儿适来,遂三人同乘廿四路南转十路到大华路口下,走往北京医院门诊部,候复诊,待四十分,由郭敏文大夫接诊。据量血压已回平,高一百六十五,低八十矣。透视照相报告心脏并不扩大,肺部亦无它,惟咳喘加剧。谓系气管炎所致,乃嘱仍服前药,又加消炎丸及另一安眠片。予于药物大寡识,竟不悉其名。配药后出院,时尚早,乃三人共乘三路无轨到动物园看新展出之象龟及巨蟒。以初热,颇感累,遂在幽风堂西侧茗憩,柳絮盛飘,不能久坐,十一时即行,乘十五路至虎坊桥就湖北餐厅午饭。饭后乘四路无轨径达东安市场，桂本则径归休息。予与濬儿先往荣宝斋一看，旋出，在道旁花摊购得文竹一盆，遂南行至东长安街乘九路返东单，转廿四路归家。四时，濬儿归去。元孙、宜孙亦先后归。

夜与元、宜两孙同饭。饭后孙辈看电视。予八时半即寝。十时前后润、琴乃归。

5月12日（四月十二日　丙寅）**星期三**

阴雨，晨有雷阵，气温乍燥乍凉，颇不适。

六时起。七时半步往文学所参加全体大会。各学习小组作小结汇报，张书铭、陈伟主持之。十二时一刻始散，由所中放车送归。润儿亦归，乃同饭。饭次濬先来，为予取到新制之裤，亦共饭焉。

下午二时，房管处匠工三人来，谓雨中可先修屋内部分，一时搬书移架颇见扰之。

二时半，民进车来，遂以屋事属两佣照看，乘车过接颉刚，同赴辛寺胡同本部参加本组学习。到东莼、纯夫、广平、恪丞、文藻、冰心、研因、守义、楚波及予二人。仍由纯夫主席，讨论人民与武器问题。六时散，仍与颉刚同车归。

到家匠工已歇工，北屋加一方柱，居然并书架亦已返原，颇见慰矣。汉儿来，润儿亦已参加游行浴毕归来。夜遂与汉、润、元、宜同饭。饭后，汉即归去。孙辈仍看电视。予九时亦睡。

5月13日（四月十三日　丁卯）**星期四**

晴间多云，暖。

晨五时半起。七时半，匠作来，北屋内部修理粗毕，以其馀上屋捉漏矣。午独饭。夜与元、宜两孙同饭。周旋匠工之间，居然点得《续通鉴》一百卅八、卅九两卷。并作书复平伯，以其有近作跋文一首见询也。午前接所中葛涛电话，谓市房管局接洽后，今日下午三四时间将有一徐姓者来看视房屋，希就近与洽可也云。

五时许，徐君来，看后作长谈，据云目下献产者綦多，一时无法接收，如保留产权作为托管则或可商办云云。其人名玉祥，年尚轻，骑车而来，似甚能干，得有下文后，仍与葛涛转洽而去。换房成否，实不可必，反添麻烦耳。夜与元、宜同饭。饭后，伊等看电视，未竟即睡。予八时五十分就寝。十时后润、琴始归。

5月14日（四月十四日　戊辰）星期五

晴暖。

晨六时起。七时半出，乘廿四路南转十路到中山公园，由园东北门出，过阙右门，如午门城楼，参加华北各省区社会主义教育运动展览会。阶级斗争极严重，如不加紧四清，演变所届殊未可量，其中封建迷信部分较多，且甚可笑，至要关键仍在启迪民智耳。以此半农半读学校之推广，真乃当务之急矣。十时，阅毕，下楼出右掖门，仍出阙右门，循筒子河到西华门走访乃乾，谈至十一时起行。乘五路到地安门转十一路无轨至东单，再转廿四路归。

午与润儿共饭。下午二时半出，乘廿四路北转七路无轨到白石桥，走往紫竹院公园，茶于小卖部前茶棚下。四时起，沿湖略一瞻眺，树外青山，堤边槐柳，俱足赏览，伫立久之。出南园门，沿紫竹院路东行，两旁皆槐树并放花香气微闻，几忘仆仆。仍在白石桥乘七路无轨入西直门，在护国寺换十一路无轨到东单，再换廿四路归。

夜与润儿、元孙同饭。宜孙有电话见告，因与同学共习课，在其大姑母家晚饭而后归来云。晚饭后,润儿仍入馆。予取汤拭身洗足就寝。宜孙随即归。十时琴媳归。十一时,润儿始归。

5月15日(四月十五日　己巳)**星期六**

晴暖。夜多云。

晨六时起。八时半,所中车来,已接平伯在车内,遂乘以过接子臧同赴南河沿文化俱乐部,参加学部五十九次中心学习组。到潘梓年、顾颉刚、贺昌群、傅懋绩、徐炳昶、黄文弼、郭宝钧、吕叔湘、丁声树、周新民、胡厚宣、陆志韦、钱琢如、贺麟、俞平伯、吴子臧、冯家升、严中平及予十九人。潘老主席,讨论近日局势,昨日上午十时,我国又在空中爆炸第二颗原子弹,于是,气氛益热烈。潘老谈话忘时,十二时廿分乃散,仍由小杨车送各归。

午独饭。饭后二时半,民进车来,遂接颉刚同赴辛寺胡同本部参加学习,一、二两组联开。到杨东莼、许广平、梁纯夫、张纪元、陈麟瑞、黄国光、柴德赓、吴文藻、董守义、林汉达、顾颉刚、严幼芝及予十三人。纪元主席,座谈第二颗原子弹及越南局势等事。六时散,予与纯夫、颉刚同车送归。

夜与润、琴、元、宜、燕同饭。盖又周末矣。惟湜儿仍在文修家夜饭未及归。九时就寝。十时湜始归。

5月16日(四月十六日　庚午)**星期**

晴暖,向晚有大风即止。夜月色甚姣。

早六时起。今日润等休假,可以在家照料修房,因请予偕湜出游,稍资松动。湜即电约文修九时半在王府井会晤。予父子缓步由东堂子胡同、煤渣胡同、帅府园到王府井,伫立半小时,文修始乘三路无轨至,乃徜徉于东长安街、正义路等地,浓荫交翠,颇不减于公园也。十时三刻如北京餐厅午饭,以午后一时半湜、修需往西郊北京展览馆影剧院看电影也。食已,未及十二时,湜、修坚请同往一看,予亦欲过动物园小憩,遂共乘三路无轨径往动物园。园门前游客已甚拥挤,预料必难得坐,适有人在退电影票,予乃偕湜、修同入影院。有顷,文修之父母、妹都来同看苏联旧片《侦查员的功勋》,记叙苏联卫国战争时一侦查员转入敌后劫制德国将军事,想见当时艰难情状及军民英勇气概,不禁为现下苏修抱惭。三时半散出,孝达夫妇邀至莫斯科餐厅进茶点。五时起行,湜儿陪予乘无轨一路再转廿四路归于家。知顺林夫妇奉母携子来访,午饭而后去,未及晤谈,甚歉。

夜与润、琴、湜、元、宜、燕同饭。饭后,琴往其妹慧英家访问,予与孙辈看电视转播中国京剧院一团所演《红灯记》,钱浩梁饰李玉和,高玉倩饰李奶奶,刘长瑜饰李铁梅,袁世海饰鸠山。至十时半始已。琴媳亦归。予收拾电视箱后就寝。

5月17日(四月十七日 辛未)星期一

晴暖。

晨六时起。七时后,为章母王太夫人撰寿颂。

> 维母仁慈,载福之基。堂罗埙篪,膝绕孙弥。时值府熙,神医起衰。津门介糜,贤子陈诗。春晖永怡,竞鲜朝曦。乐享期颐,式如颂私。

盖元善为其母九十称觞,作诗介寿。书来属和也,因作书寄之。并顺复黄婿业熊郑州,镇孙大同,堉孙红星公社。书毕已近午矣。

午与润儿共饭。饭后一时半予即出,乘廿四路南转十路到中山公园,复换五路至西华门走访乃乾,兼晤云彬。盖今晨电话约云彬在陈家相晤,即以前托之件交还之也。商决《南齐书·百官志》句读数事。不久,云彬先行。三时半,予偕乃乾同出,先步行至南长街南口,乘五路到北纬路,走至虎坊路转十四路到琉璃厂,径至厂甸中国书店晤陈济川,阅书且闲谈。予在彼购得高爽泉书泥金字裱册《阿弥陀经》及嘉庆癸酉刻《春秋氏族图》并黄侃《论学杂著》(张福崇有前言)三种。六时离店,乃乾雇三轮行,予则乘十四路而北,在六部口换十路返东单,再换廿四路归。

七时与汉儿、元孙、宜孙同饭。润儿先饭入馆加班。汉适以此时来家也。九时,汉儿归去,予亦就寝,润亦返。琴媳归时予已入睡。

5 月 18 日(四月十八日 壬申)**星期二**

晴间多云,气暖。

晨六时起。九时出,乘廿四路北转九路无轨,到北海,由庆霄楼西上白塔,径至揽翠轩,乃乾已先在,遂茶叙闲谈。十时,濬儿踵至。十一时,三人同下出园,乃乾归去,予父女亦乘一路无轨还朝阳门内南小街,转廿四路南归。

午与濬、润同饭。饭后小休,三时半起,濬儿归去。是日匠工基本结束,只待明日上午作扫尾事务矣。此次又大修,恐所费当不赀耳。

夜与元、宜两孙同饭,元孙头痛未多进食即睡,惟寒热不高。九时就寝。十时后琴媳归。十一时半润儿始归。

5月19日(四月十九日　癸酉)星期三

多云,甚闷。九时雨,近午止,午后隐隐作雷,大雨随至,但不久即云收日出。气闷塞,汗沉,时滋大类江南初霉景象矣。入夜风声怒吼。

晨六时起。七时半,匠工来扫尾。予即出,缓步往建国门科学院文学所参加本组组会。八时半开会,到冠英、平伯、默存、子臧、翔鹤、象钟、世德、赓舜、晓铃、友琴及予十一人。棣华及王健亦与焉。讨论越南局势问题。十一时三刻散,附棣华车送归。

匠人已工毕散去。

午前元孙往赵家楼门诊部诊治,谓系重感冒。宜孙以下午须往朝阳医院验眼睛(昨托预孙先为挂号),亦于十二时归来。予遂与元、宜两孙同饭。饭后,濬儿来,陪宜孙赴医院,时天日晴明,忽乌云四塞,雷声渐作。

二时半民进车来,予上车,大雨随至,过接颉刚同赴辛寺胡同本部参加本组学习。时又放晴矣。到东莼、广平、冰心、纯夫、汉达、守义、楚波、研因、文藻、颉刚及予十一人,仍谈时局问题。六时散,与纯夫、颉刚同车送归。

到家润儿在饭,谓即将返馆加班,未几即去。濬儿告予陪宜孙检查经过,谓须俟暑假始能行。(以放瞳孔检查儿童不易恢复,应长期云。)入晚乃与濬、元、宜同饭。饭后八时濬儿归去。元、宜亦属令早睡。予以燥热汗粘即取汤洗濯,易去衷衣始就寝。九时三刻润儿归。十时琴媳归。

5月20日（四月二十日　甲戌）**星期四**

多云转晴，有风如吼。午后稍戢，气温如昨。

晨六时起。七时后，写信复湫儿。九时后，展点《续通鉴》卷一百四十，至午后一时毕之。又间歇七日矣。冗杂废业甚矣哉。午与润儿共饭。下午二时独出，乘廿四路南转十路，到中山公园，再转五路往西华门访乃乾，看其新假到唐景崇《新唐书注》稿，仅翻及《地理》、《百官》两卷，所注仅引《旧唐书》、《唐六典》、《通典》、《通考》等书，并其原注亦专行录入，用力虽勤，无甚大用也。曩闻此稿及卢弼《三国志集注》稿颇为向往，及睹卢注印本，似亦无大出色处，今见此稿，益为索然，盛名难副如此，真不能但恃耳食矣。五时起行，仍乘五路北转十一路无轨，还东单，再换廿四路北归。

夜与元、宜两孙共饭。汉儿亦至，遂于饭后同看电视转放廿八届世界乒乓赛电影上集，十时始毕。润儿八时半归。汉儿十时前归去。琴媳十时归。予收拾电视箱后亦就寝。

5月21日（四月廿一日　乙亥　小满）**星期五**

晴暖。

晨六时起。八时后展点《续通鉴》，近午毕卷一百四十一。十时许，书友刘清源来，以文物出版社珂罗版印《苏州博物馆藏画集》、《天津市艺术博物馆藏画集》各一册见询。予以其足破岑寂伴孤影也，收之。坐谈移时乃去。

午与润儿同饭。午后二时，所中车来，遂乘以过接子臧，同赴政协礼堂听连贯报告人大代表团访问非洲五国的情况介绍。二时半先在第三会议室召开国际问题组组会,予未报名该组,今与子臧同行,遂参与旁听。三时半乃在第二会议室听报告。连贯说话生动,内容亦丰富,不觉延至六时四十分始毕。散会后,仍与子臧同车送归。

夜与元、宜两孙同饭。八时四十分就寝。润儿亦归。琴媳何时归未之闻。

5月22日(四月廿二日　丙子)**星期六**

晴兼多云,闷热,傍晚起阵未果雨。

晨六时起。上午展赏昨所获画册,亭午始加庋藏。午独饭。饭后二时半民进车来,遂乘以过接颉刚,同赴辛寺胡同本部参加一组学习。到恪丞、文藻、冰心、楚波、汉达、纯夫、研因、颉刚及予九人。纯夫主持,仍谈局势发展问题。六时散,与纯夫、颉刚同车送归。

夜与润、琴、元、宜、燕同饭,盖又周末矣。九时就寝。湜儿十时归,仍在文修家晚饭云。

5月23日(四月廿三日　丁丑)**星期**

阴。还凉。午后小雨。

晨六时起。九时永宽来。润、湜为予易去床上厚垫,改用棕绷。永宽协同为之,犹忆数年前上海运到棕绷,初易时永宽适来访,湜儿首由伊帮同办理,其后,每换季掉用,伊辄在场,今日又值来访,真巧遇哉。午与永宽、润、琴、湜、元、宜、燕同饭。饭后小睡,三时起。湜儿与永宽已去。接锴孙电话,谓即来看我,有顷,御骑车至,告予昨日上午十时由窦店骑车来京,听荣高棠关于廿八届乒乓赛报告，今日五时即须骑车返校云。谈次，濬儿、汉儿、文权、硕孙联袂至。五时锴、硕两孙先具食讫，各归工作处所在。七时与权、濬、汉、润、琴、宜、燕同饭。元孙赴校布置教室，近八时乃归。再具餐焉。九时，濬等皆去。予亦就寝。

5月24日（四月廿四日　戊寅）**星期一**

是日未书。点《续通鉴》卷一百四十二、四十三。

5月25日（四月廿五日　己卯）**星期二**

晴暖。偶多云。

晨六时起。八时濬儿来，遂偕出，同乘廿四路南转十路到大华路，走往北京医院门诊部，就郭敏文大夫复诊。据云血压尚平，心脏亦无甚大异，而痰多气急，或肺部有问题，加药两种，预约一星期后再往复诊。以候诊及配药等等，颇有耽搁，及离院已十时半。即走至台基厂乘三路无轨到北海公园揽翠轩，赴乃乾之约。至则乃乾夫妇及德赓已久待矣。稍坐即行，共出陟山门，在西板桥街乘五路往前门外珠市口，走往煤市街丰泽园午餐。精洁而味美，尚保持昔日作风也。饭后，坐谈至二时起行，仍在珠市口分路，乃乾、德赓等三人乘五路，予与濬儿则乘廿路返东单，再转廿四路归。

小睡片时，起打五关。纪元见过，因长谈，垂暮始去。夜与濬儿、元、宜两孙同饭。饭后濬归去。予乃取汤洗濯，易衷衣就寝。润儿、琴媳八时半皆归。

5月26日（四月廿六日　庚辰）**星期三**

晴暖。多云。

晨六时起。七时三刻出，步往文学所参加本组学习。到冠英、默存、子臧、友琴、翔鹤、晓铃、象钟、世德、赓舜、白鸿、平伯及予十二人。棣华、王健亦与焉。讨论最近越南局势。十一时三刻散，仍步归。

午与汉、润两儿及宜孙同饭。饭后，汉、润皆上班，宜亦上学。二时半民进车来，乘以过接颉刚，同赴辛寺胡同本部参加本组学习，亦讨论同样事件。到东莼、纯夫、研因、冰心、文藻、汉达、守义、楚波、颉刚及予十人。六时散，予仍偕颉刚同车送归。

夜与润、元同饭。宜孙出校后径往小庄同学家玩，在濬家饭而后归，已八时半。予念不能释，用公用电话问濬儿，比得回电，宜亦到家矣。以出劲玩乐故。并乘车月票亦丢失之。孩气太重，滋贻老人忧也。

八时三刻就寝。琴媳奉社命，偕同事二人往天津静海等地考察教本反应，须四五天始归。今日上午八时成行。

5 月 27 日（四月廿七日　辛巳）星期四

晴暖。

晨六时起。八时后点《续通鉴》一百四十三及四十四，至午毕之。午与润儿同饭。饭后小睡，四时半乃起。晚与元、宜两孙同饭。八时三刻润儿归，予亦就寝。

5 月 28 日（四月廿八日　壬午）星期五

晴暖。

晨六时起。七时四十分出，步至赵家楼遇三轮，乃乘以赴建国门文学研究所，未及八时也。坐待半小时，同人始集，遂开始学习。

到平伯、翔鹤、冠英、象钟、晓铃、子臧、赓舜、默存、世德、棣华、白鸿、王健等。仍讨论越南局势。十一时四十五分散,仍乘三轮归。

午与润儿共饭。元孙校中开运动会,午后休息,亦旋归。饭后小休,三时半起。阅钱牧斋《列朝诗集小传》,于徐青藤、汤义仍诸传低回久之。

夜与润儿、元孙、宜孙同饭。饭后,润儿为予往王府井购物,九时许归。予乃就寝。

5月29日(四月廿九日　癸未)星期六

晴兼多云,气仍暖。

晨六时起。上午科学院哲学社会科学学部在文化俱乐部召开第六十次中心学习组座谈会,予感累未往。九时后展点《续通鉴》卷一百四十五,至午毕之。坐而未出已大见吃力矣。午与润儿、宜孙同饭。润自工厂劳动回,宜则下午无课,因得共餐耳。

下午二时半,民进车来,乘以过接颉刚,同赴本部参加学习。到东莼、广平、恪丞、纯夫、研因、汉达、文藻、守义、楚波等。继续讨论越南局势。六时十分散,与纯夫、颉刚同车送归。

到家润、湜、宜都在,知润已往接燕孙,托儿所拒绝接回,并声言星期亦不令外人入见云。盖该所发见儿童中有传染病,须隔离,因有此措施也。所当局负责精神深堪敬佩,但家人萦念却难释然耳。据所中人云,绪芬本人未病,则稍稍引慰矣。夜与润、湜、元、宜同饭。饭后,湜等看电视,予则于八时三刻拭身洗足易衷衣就寝。

5月30日(四月三十日　甲申)**星期**

晴热类盛夏矣。

晨五时三刻起。竟日未出,上午手装日记本三册,并修补架书一册。

午与润、元、宜同饭。盖湜儿早起即往文修家也。午后小睡,三时半起,点《续通鉴》卷一百四十六,近晚完二十二页,未能终卷即罢。

下午三时,琴媳归,谓今晨自静海动身,午过天津而返都门云。五时湜儿归,谓文修惮行,未偕来。入晚即与润、琴、湜、元、宜同饭。饭后,正坐庭下纳凉,农祥见过,与长谈。八时,湜儿辞去,仍住修家。明晨附车回香山云。九时,农祥去。予乃就寝。

5月31日(乙巳岁五月小建壬午　乙酉朔)**星期一**

多云间晴,闷热,起阵未果。

晨六时起。竟日未出。上午点完《续通鉴》卷一百四十六、四十七,下午点完卷一百四十八。午与润儿及宜孙同饭。饭后小睡。三时即起。傍晚汉儿来,琴媳亦归,予遂与润儿、元孙、宜孙及汉、琴同饭。饭时设席庭中,今岁盖初吃乘凉饭也。饭后,润、琴出制衣,予与汉长谈。九时,润、琴归,汉乃去。予亦就寝。

6月1日(五月初二日　丙戌)**星期二**

多云,有风,较昨凉爽。

晨六时起。七时三刻濬儿来,即偕同出门,乘廿四路南转十路到大华路口下,步往北京医院门诊部,就郭敏文大夫预约复诊。八时许即接诊。据云血压正常,属将前次增添之药减去三分之一量服用,馀仍旧配药。离院未及九时也。乃与濬出东单公园,在苏州胡同口乘六路无轨出前门,在大栅栏换五路往陶然亭公园。今日系国际儿童节,小学生及幼儿园、托儿所之儿童结队园游者綦众。予等循湖西岸行,在原儿童运动场基改筑之花坪上稍憩,其地划区种花,月季特盛,坐赏久之始行。访西南土山之玫瑰则残存无几,花事早阑矣。若早来一星期则众芳丛中当可获一饱享耳。旋过云绘楼下绕出中堤。出园已将十一时,乃乘五路返大栅栏即老正兴午饭。饭后,过内联升购鞋,径由劝业场出西河沿,乘九路返东单,再换廿四路归。到家,润儿及宜孙方饭毕也。

下午二时半出,乘廿四路南转十路,到御河桥下,步往南河沿文化俱乐部听报告。盖民进中央所召集由冯仲足传达日前周总理人大常委会即国务院联席会议上所作国际国内形势之报告也。出席听讲者百馀人,三时半起,五时四十分毕。散出后,仍乘十路东转廿四路归。

六时半润儿归,先饭即行,返馆学习。七时,濬儿挈宜孙归,谓偕往西郊动物园饱看斑马、虎、熊、熊猫等幼仔活动。盖亦为儿童节而特行展出者,宜孙颇满足矣。元孙亦归。遂与濬、元、宜同饭。饭后濬归去。予取汤洗濯易衣就寝。未几,润儿、琴媳亦先后归。

6月2日(五月初三日　丁亥)**星期三**

晴间多云。凉。

晨六时起。上午写信二通,一复郑州黄婿业熊,一复合肥滋儿(京九号)。盖业熊近有书来,滋儿昨亦有安六号禀至也。午与润儿同饭。下午二时半民进车至,乃乘以过接颉刚,同赴辛寺胡同本部参加第一组学习。到东莼、广平、冰心、楚波、守义、却尘、文藻、纯夫、汉达等十一人。纯夫主持之，讨论昨听报告。六时散，予仍偕颉刚同车送归。

夜与润儿、元孙、宜孙同饭。迟汉儿不至，想又开会矣。饭后，润入馆加班。八时半，予就寝。九时后琴、润先后归。

6月3日（五月初四日　戊子）**星期四**

晴爽，微有风。

晨六时起。八时半出散步。先乘廿四路南转十路到南樱桃园，再转十九路西由白纸坊北转崇效寺街，西出广安门，北折经天宁寺、西便门、南北礼士路直达西直门，复换七路到前门转九路回东单，仍附廿四路北归。十九路不大经由昔之荒凉地区都蔚为新式衢道，华屋对峙，树荫交翠，而崇效寺及南礼士路为犹盛，夹道马缨花尚未敷萼，而绿叶深浅织动如线，洵畅观也。车行期间，不觉身在稠人中矣。

午与润儿共饭。饭后小睡。三时半静庐见过，乃起延谈。静庐去沪，摄养已七阅月，近方返京，闲话至五时始辞去。夜与元、宜同饭。润以开会，傍晚送时钟（近送店修理者）归即返社，未及饭也。饭后，元、宜两孙持予券往政协礼堂看山西话剧《刘胡兰》。是一好教育也。

九时许，润归，予乃就寝。有顷，琴媳归。十时半，元、宜两孙亦归。予始入睡。

6月4日（五月初五日　己丑　端阳节）**星期五**

晴暖。午后大风扬沙，旋平息，已触处尘积矣。

晨六时起。八时半出，乘廿四路南转十路至中山公园，转五路往西华门，应乃乾之招食粽其家也。坐有顷，德赓至，遂同饭焉。饭后，德赓先行，予亦继踪。向乃乾假得吴庆坻《蕉廊脞录》二册、《乙堂文存》一册，挟以乘五路至地安门，转十一路无轨，遇贯之对坐，乃谈至东单而别，予再转廿四路归，已将三时。偃卧看《乙堂文存》（作者罗香林，朱逖先之婿）。中惟逖先行状可资考，刘永福、丘逢甲两传亦可观，馀多酬应夸谈略之。继看《脞录》，则颇耐读，凡分八卷，曰国闻、曰里乘、曰忠义、曰经籍、曰金石、曰书画、曰嘉言，而以杂记附焉。民国戊辰刘氏求恕斋刻本。入晚毕其半。

夜与汉、润、元、宜同饭。九时，汉归去，予亦就寝。有顷，琴媳乃归。

6月5日（五月初六日　庚寅）星期六

晴暖。

晨五时半起。续看《脞录》至十时毕。其中《国闻》、《经籍》两门尤所致意云。

八时半镇孙来，盖昨自大同见习归，明日再休一天，即返校准备分配工作矣。谈当地情况甚悉。午与润儿、镇孙同饭，宜孙亦归饭。饭后，镇孙去。

二时半民进车来，即乘以行，宜孙以尚须入校活动，乃挈以同乘过接颉刚。驶过骑河楼东口放宜孙下，然后直赴辛寺胡同本部参加学习。本组到东莼、广平、纯夫、冰心、研因、却尘、文藻、楚波、汉达等十一人，仍谈越南问题。六时散，仍与颉刚同车送归。

夜与润、琴、元、宜同饭，盖又周末矣。惟燕孙仍未得接归。湜儿则久待不至，想又在修家晚饭矣。九时，取汤洗濯，易衣就寝。

十时半,湜儿乃返,予已睡,未及与语也。

6月6日(五月初七日　辛卯　芒种)**星期**

晴暖。

晨六时起。七时三刻出,乘廿四路南转十路到南河沿文化俱乐部参加民进中央支部第三小组组织生活,以星期休假,车厢挤甚,悬手卓立而行。予首到,既而均正、陈慧至,有顷,纪元至,又有顷颉刚至,仅五人,谈市委最近集中学习体会,十一时即散,予仍循原路归。

午与润、琴、湜、元、宜同饭。饭后小睡,倚枕阅邓文如《骨董琐记》。三时半起,文修来,半月馀不见矣。知工作尚好,且将被派去他区参加四清云。

夜与润、琴、湜、修、元、宜同饭。饭后,预孙、颉孙、桂本、永周来同看电视《红灯记》。九时,湜、修同去。湜仍住修家,明晨入山教课云。颉孙、永周去。堉孙来。九时半,预孙、桂本亦去,予亦就寝。堉孙留宿西屋。

6月7日(五月初八日　壬辰)**星期一**

晴间多云,暖。

晨六时起。八时,堉孙出看同学。润、元等各上班入学矣。午间汉、润皆饭,予与之同餐。是日未出,展点《续通鉴》卷一百四十九,至下午五时始毕。辍业一周而又加矣午睡,为此滞迟,思之恧然。记此后,东墙馀暑犹盛,乃续点卷一百五十,抵暮得十八页。

夜与润儿及元、宜两孙同饭。八时琴媳归。九时就寝。有顷,堉孙归。

6月8日（五月初九日　癸巳）**星期二**

阴凉，午后开晴转暖。

晨六时起。八时堉孙去，径返农场云。八时半，濬儿来，遂偕出，乘廿四路南转十路，到中山公园来今雨轩，遇鸣时、轶程、幼芝。有顷，乃乾夫妇来，琢如、德赓来。十时轶程赴宣武医院就诊。十一时予父女及乃乾夫妇、德赓、琢如步由天安门广场出正阳门往肉市全聚德吃烤鸭。

一时三刻辞馆，德赓乘七路去，乃乾夫妇乘五路归。予父女及琢如则乘廿路到东单转廿四路各归。到家，湜儿在，谓今日因公去北大洽事，故一归省耳。至五时辞去，谓过修家，明晨入山云。

夜与元、宜两孙及许、沈两妪同饭。饭后取汤洗濯，然后易衷衣就寝。九时，润儿馆中会毕归。十时，琴媳乃归。

6月9日（五月初十日　甲午）**星期三**

多云，闷。傍晚有雨。夜深始止。

晨六时起。八时接点《续通鉴》卷一百五十，至十一时毕之。又接点卷一百五十一十三页，乃饭。

今日为先室珏人逝世十周年，午间汉儿及琴媳俱购花束归献于遗像前，遂与润儿及伊等同饭。在伊等遗念难忘，来表心意，而予却唤起惆怅，亦莫名凄悒耳。饭后，儿媳等各上班去。

二时半民进车来，乃乘以过接颉刚，同赴辛寺胡同本部参加学习。第一、二两组合开，到却尘、广平、纯夫、纪元、研因、文藻、楚波、志公、德赓、冰心、汉达、葆心、祖璋等，仍讨论越南局势。六时散，即对门食堂（民进中央与农工民主党中央合办）晚饭。予与汉达、却尘、葆心、颉刚、德赓、文藻、研因、纯夫、祖璋同席。(十人一席,人出费三角,主食随量,别如数纳粮票。)食已,已见雨,仍返本部,就坐听方明作报告。方明新从阿尔及耳参加国际教师工会归,于当时反帝反修斗争的艰苦情形言之备悉。初拟讲两小时,乃兴会淋漓,直至深晚十时四十分始罢。听者数十人,又值雨,皆由本部雇车分批送归。予则与纯夫、颉刚、效洵同乘本部车送归。

比到家,润儿正候予,故车到门即延入,然已沾微湿矣。知润已屡次电话询问云。乃取汤洗脸抹身,然后就寝。十二时后乃渐入睡。

6月10日(五月十一日　乙未)**星期四**

晴转多云。午后阴,气凉而不爽。

晨六时起。八时后写信与清、澄、潄三儿,十一时始毕。

十二时后润、汉两儿先后归,遂与同饭。饭后元孙归,谓下午无课,将往朝内市场劳动云。二时前汉、润上班去,二时半元孙赴劳动场所,予亦倚枕假寐。三时半起,阅《世载堂杂忆》。傍晚元孙劳动归来,同坐庭中纳凉,为予读报,颇得抑扬疾徐之节,甚慰老怀。夜与元、宜两孙同饭。饭已琴媳归,再具膳,以其突然归来故。九时就寝。有顷,润儿归。

6月11日(五月十二日　丙申　入霉)**星期五**

阴雨。

晨六时起。八时出,走至中龙凤口,遇濬儿,乃同乘廿四路南转十路到大华路口下,步往北京医院门诊部。候三刻始由郭敏文大夫接诊,据量血压又平于前,仍用前药。配药时遇唐晦庵及陈绍先,因谈话久之。十时许,雨中循原路归。

午与濬、润同饭。饭后小睡,起已四时半,濬已归去久矣。元孙下午仍在朝内市场参加劳动,大抵半工半读之制于此试行耳。夜与润儿、元孙、宜孙同饭。九时就寝。

6月12日(五月十三日　丁酉)**星期六**

多云转晴,气亦转暖,入晚颇热。

晨六时起。八时出,乘廿四路北转一路无轨往北海,车上晤世德,盖往北京图书馆查书也,谈至北海下车时始已。入园后径登山,在山半遇颉刚、琢如,遂同入庆霄楼参加六十一次学部中心学习座谈会。各所到者颇多,叔湘一见即行,以别有会议故,藏云久未见,厚宣见告,近又犯病,甚念之。幼渔主持此会,请刘大年、夏作铭谈访问巴基斯坦观感。大年先谈,作铭继之,介绍当地学术界情况及一般生活状态,颇能获一轮廓。十二时散,即附九路无轨回朝内南小街,再转廿四路归。

到家已十二时四十分,润儿、宜孙已返家待饭矣。遂同饭。下午二时半民进车来,即乘以过接颉刚同赴辛寺胡同本部参加本组学习。到东莼、恪丞、广平、纯夫、文藻、冰心、汉达、研因、守义、楚波等十二人,仍谈越南局势。六时散,与纯夫、颉刚同车送归。

夜与润、琴、元、宜、燕同饭,设座于庭中,盖又顿呈盛夏景象矣。燕孙两周未接归。今日幼儿园已解严(无须隔离),得遂归家,老少咸欢。饭后儿孙辈看电视,转映廿八届乒乓赛影片下集,予则取汤沐浴易衷衣就寝。十时,湜儿自文修家归。

6月13日(五月十四日　戊戌)星期

晴间多云,夜雷阵雨,燥热。

晨六时起。八时,琴媳往教育部听报告,润儿挈元、宜、燕往游北海,湜儿亦往北海会文修。九时半,顺林奉其母至(内表妹王杏芬),因延接长谈。十二时润、元、宜、燕、湜、修先后归来,遂与杏芬、顺林同饭。琴媳一时四十分始听罢,到家已二时廿分再具餐。三时润、琴出看电影。顺林去。四时半,濬、汉两儿知其二姨在乃偕来,傍晚预孙来。六时半润、琴亦归。遂设席与杏、濬、汉、润、琴、元、宜、燕、预同饭。湜、修则四时三刻偕去修家矣。予等饭次文权至,乃同与焉。

饭后闷热,雷雨未畅,颇感不适。九时濬等皆去。予乃呼汤洗拭易衣就寝。杏芬留宿西屋。

6月14日(五月十五日　己亥)星期一

阴,有时多云,午前雨作,午后绵延,向晚始霁,气乃凉爽。

晨六时起。八时偕杏芬出,乘廿四路北转一路无轨,径赴西郊动物园,历熊猫馆、羚羊馆、长颈鹿馆、爬虫馆、狮虎山、熊山、象房,看大赤袋鼠、象龟等。十一时始出园,仍乘一路无轨,回南小街,已雨,亟转廿四路南归。走到家,雨始大,幸未沾湿。

十二时一刻,润儿归,遂及杏芬同饭。有顷,宜孙、元孙亦归饭。饭后,润儿上班,元孙仍去市场参加劳动,宜孙上学。予亦小睡。四时起,与杏芬随谈。雨时作,气顿凉。

夜与润儿、元孙、宜孙及杏芬同饭。九时寝。

6月15日(五月十六日　庚子)星期二

旭日早升,旋转阴,有北风,颇凉,向晚有细雨,未几即止。

晨六时起。八时濬儿来,遂与杏芬及予同出,乘廿四路北转一路无轨到西郊动物园,转卅二路到颐和园,再转卅三路,径赴香山静宜园,十时一刻到达。湜儿已在车站迎候矣,乃相将入园,由其校舍之北,抄出眼镜湖诣碧云寺,登陟揽胜。予则独坐水泉院茶憩。山风如涛,凉意袭人,竟类凉秋矣。予衣过单,乃觉微噤。十一时半出碧云寺,复入静宜园,历眼镜湖、昭庙等处而抵红叶餐厅(在香山饭店内)饭焉。饭后,上山茶于玉华山庄,杏芬、濬、湜复登高寻胜,予仍留坐待之。待至三时一刻,乃见来,凉风久袭,竟有不能再任之感。俟伊等到即下山。经芙蓉馆,湜儿返校补课,予三人乃徐步出园,行至车站。不久即乘卅三路返颐和园,转卅二路到动物园,再转一路无轨还朝内南小街,再换廿四路回家。到家已六时半,宜孙已归,有顷,元孙亦归。遂与濬儿、杏芬及两孙同饭。

饭后濬儿偕杏芬去其家,盖将在彼小住也。予以受凉不舒,八时即就榻。九时,琴媳归,有顷,润儿亦归。

6月16日(五月十七日　辛丑)星期三

多云,偶晴,气仍凉。

晨六时起。八时后阅毕《书林扬觯》,录其最后两段于别册。方氏此书与所著《汉学商兑》相表里,专攻当时所谓汉学,务张宋学,以翼护新安者。气矜之隆,彼此一辙,徒为反唇之讥,以逞其垢谇耳。独书末两段,一励晚修,一陈藏书读书之真谛,饶有意义,故录以自镜。

午与润儿、元孙同饭。汉儿亦至，与焉。饭后，汉、润上班治事，元孙仍去菜市劳动。二时半，民进车来，遂乘以过接颉刚同赴辛寺胡同本部，参加本组学习。到却尘、纯夫、冰心、文藻、研因、守义、楚波、汉达等十人。仍谈越南问题。六时散，与颉刚、德赓同车送归。德赓则附车至什方院访程小青云。

晚与润、琴及元、宜同饭。希有之事也。九时，予就寝。润往宿馆中。盖明晨四时即须偕其同人赴南郊，协助农民拔麦也。

6月17日(五月十八日　壬寅)星期四

晴，偶多云，气略还暖。

晨六时起。午前点毕《续通鉴》卷一百五十一，又接点一百五十二之十页。十时，濬儿送杏芬来，旋又偕往美术馆参观，抵午归来，遂共午饭，元孙亦与。润儿清晨拔麦，午后归休。予二时半出，乘廿四路南转十路到中山公园，再转五路到西华门访乃乾，谈至三时十分出，乘五路南至南长街，在石碑胡同口转四路到六部口下。走往北新华街北京音乐厅看彩色影片《不夜城》，盖柯灵所编导，江南制片公司所出，近方展开批评，故民进中央特组织予等前往阅看者也。予素不喜爱电影，经常不进影院，今以日场乃参加。（今夜政协礼堂复有夏衍编《林家铺子》电影可看，予以连看固太疲神，而夜场更不能去，遂放弃。）到时尚早，在休息室晤及研因、矛尘、汉达、楚波、文藻等。三时卅五分乃登楼，坐第一排。坐定颉刚至，因执票联号，贴坐予右。影片故事以美化资本家饱受抨击，予本厌恶豪华，观之但觉可憎，若谓看此便会感染，则未必然，明明暴露丑恶，又何能动人歆羡乎。挨坐两小时，及散真如获解放矣。偕颉刚行至六部口，我乘十路，伊乘四路各归。予至东单复换廿四路以返。

夜与杏芬、濬、润、元、宜共饭。饭后，少坐。九时，濬独归去，润又馆宿，备明晨拂晓去拔麦。予亦取汤洗濯就寝。十时琴媳归。

6月18日(五月十九日　癸卯)**星期五**

晴。颇闷热，午后昙，向晚雷阵雨，稍凉。

晨六时起。陪杏芬谈，十时濬儿来，十一时顺林来接母，十二时润儿、元孙皆归，乃与杏、濬、顺等同饭。饭后，顺林即奉杏芬行，盖赶车返长辛店，不日归苏，不再来别矣。予以幽若姊妹在苏无依，属杏芬带钱周之(各与十元)。

下午二时小睡，三时起。濬儿归去。予抽架书陈援老撰《清初僧诤记》阅之。宗门争胜而当时名士穿插其间，息息与政治有关，竟一气阅毕。盖书成于抗日战争时，藉以讥弹汉奸者，言微而婉，有心之作也。雷雨迎晚，庭中顿成积潦，揭沟盖以疏之，亦顷刻尽泄，颇快之。

夜与润、宜同饭(宜在雨前赶回)，饭次元孙偕其同学杜安美雨中自市场劳动归，留杜同饭，不肯，元复送之归，良久乃归饭。九时，润儿仍赴馆宿。琴媳旋归。九时半就寝。

6月19日(五月二十日　甲辰)**星期六**

晴，时有云翳，还热。

晨六时起。上午点完《续通鉴》卷一百五十二馀页，并点毕卷一百五十三。十二时半润儿拔麦事毕归自南苑农场。元孙亦自校返，遂共儿孙同饭。

午后二时半，民进车来，乃乘以过接颉刚同赴辛寺胡同本部参加学习。三时开始,第一、第二两组合开,到杨东莼、梁纯夫、林汉达、谢冰心、章矛尘、徐楚波、张纪元、柴青峰、王却尘、吴文藻、吴研因及予与颉刚,凡十三人。仍由纯夫主持,继续讨论。六时散,与纯夫、颉刚同车送归。

今日又届周末,小燕接归,遂于庭中布席团坐共饭。独湜儿电话见禀,谓今日劳动,傍晚始到文修家,明日偕修同归云云。未及与席耳。

九时取汤洗濯就寝。

6 月 20 日(五月廿一日　己巳)**星期**

晴热。

晨五时三刻起。竟日未出。上午润、琴挈元、宜、燕三孙往蟾宫看电影。十时半,湜儿、文修偕来。

午与润、琴、湜、修、元、宜、燕同饭。饭后小休。三时后,汉儿、大璐、镇孙、鉴孙来。傍晚,设圆桌于庭中,与汉、润、琴、湜、修、璐、镇、鉴、元、宜、燕同饭。饭后,璐、镇先行,各归校。汉、鉴、湜、修亦于八时半行。汉母女归去。湜仍住往修家。九时,予就寝。

6 月 21 日(五月廿二日　丙午　夏至)**星期一**

晴热。

晨六时起。七时五十分出,步往文学所参加座谈会。其芳、棣华、书铭、蔡仪、毛星、朱寨、燎荧、冠英、平伯、默存、叔平、伯山、翔鹤、友琴、淑明、蔚林、子臧等皆到。盖其芳一行去皖办四清者除年青同人尚有部分留彼及抽出参加民兵外,本所同人毕集矣。其芳主席,谈今后研究工作诸问题。十二时散,予与平伯、默存、子臧车送各归。

午与润儿、宜孙同饭。宜孙前日跌伤右膝，正骨科诊后嘱休息三日云。饭后小睡，三时起。新建设杂志社赵君来访，与谈移时乃去。傍晚在庭中晚餐，润儿、元、宜两孙俱。

八时半取汤洗濯就寝，竟不能停扇矣。九时，琴媳归。沈姨今日休假，十时始归。

6月22日（五月廿三日　丁未）**星期二**

晴热，竟夕浴汗。

晨六时起。八时廿分出，乘廿四路南转十路到中山公园，径赴来今雨轩晤计剑华、严幼芝、顾颉刚、唐鸣时、陈乃乾、陆转程、钱琢如、柴青峰诸公茶叙。至十一时半，予乃与严、顾、陈、陆、钱、柴同乘五路往天桥友谊医院门前转十五路，到虎坊桥醵饮于湖北餐厅。午后一时四十分罢，分途各归。予与乃乾同乘十五路转五路行。予即于中山公园前再转十路返东单，仍换廿四路返家。

小憩片时即起。宜孙仍在家休息，但右膝已好，明日即复学矣。元孙下午去煤厂劳动，傍晚归来，遍体汗污，亟令就浴。有顷，润儿亦归。遂与元、宜同饭。

八时取汤洗濯，乘凉庭中，九时就卧。琴媳归。今日初见盛夏景象，终夜浴汗，竟难贴席。

6月23日（五月廿四日　戊申）**星期三**

晴热，竟类伏暑，时时浴汗，扇不停挥。

晨六时起。喘息惮于行动，看书亦无能静心也。午与润儿同饭。宜孙已上学。

下午二时半，民进车来，乘以过接颉刚同赴辛寺胡同本部参加学习。以二组人少，仍与第一组并开。到梁纯夫、徐楚波、顾颉刚、吴研因、吴文藻、王却尘、贾祖璋、张纪元、董守义、章矛尘、谢冰心、林汉达及予十三人。纪元主持，讨论国际形势，仍结合越南问题。六时十分散，予与纯夫、颉刚同车送归。

夜与琴媳、元孙、宜孙同饭。九时洗足拭身就寝。十时，润儿归。

6月24日（五月廿五日　己酉）**星期四**

晴热，炎威交扇，酷于伏暑。

晨五时半起。竟日未出，亦无所事事，摇扇喘气而已。午与润儿共饭。晚与润、琴、元、宜同饭。日来严暑骤加，颇不宜多劳。《人民日报》社论方提倡劳逸结合，各机关或将稍戢加班加点之风乎。琴媳连日可以归家夜饭，或已受此影响矣。

夜九时洗濯就寝。通宵浴汗，睡眠大损，殊苦。

6月25日（五月廿六日　庚戌）**星期五**

晴，偶见多云，炎蒸如故。

晨六时起。八时濬儿来，陪予往北京医院复诊，不久即由郭敏文接诊。据断甚平，血压（右一百六十—八十，左一百五十—七十五）尚稳定云。仍服囊药。另开单，属酌期去院取血检验血糖及胆固醇，并预约七月十四日上午九时再往复诊云。配药后即行，穿东单公园，乘廿四路归。抵家甫十时一刻，濬以正午太热，未肯饭，少坐便归去。十一时三刻，宜孙归，盖校中作息改动，下午三时始上课，故归饭得午睡云。

午与润儿、宜孙同饭。午后小睡,四时乃起。二时十分,润、宜俱出,分别上班受课云。夜与润儿、元孙、宜孙同饭。八时半洗濯就寝。仍浴汗。十时琴媳归。

6月26日(五月廿七日 辛亥)**星期六**

晴热。

晨六时起。八时半,所中老赵车来,遂乘以过接平伯、冠英赴南河沿文化俱乐部参加学部中心学习组座谈会。近代史研究所丁名楠附载焉。九时开会,张友渔主持。到贺麟、黄文弼、丁声树、吕叔湘、丁名楠、陆志韦、夏作铭、徐旭生、王守礼、唐棣华、周新民、郭宝钧、严中平、胡厚宣、钱琢如、汪奠基、吴子臧、俞平伯、余冠英等。谈阿尔及利亚最近局势,及第二次亚非会议前景。十二时散,仍与平伯、冠英同车,车中偶谈此会已届六十二次,予经常出席,而尚有未识之人,如今日坐王守礼之右者,但知其在经济所工作,而实未悉其姓名。冠英谓伊亦未全识。惟子臧则都认识云,足征年力富盛之可贵矣。

午与润儿、宜孙同饭。下午二时半,民进车来,乘以过接颉刚同赴辛寺胡同本部参加学习。仍一、二两组合开,到东莼、纯夫、颉刚、研因、恪丞、文藻、守义、楚波、汉达及予。第二组仅祖璋、青峰两人耳。纯夫主席,谈反帝反修问题,颇热烈。六时散,与颉刚、纯夫同车送归。

今日又届周末,小燕亦接归,遂与润、琴、元、宜、燕同饭。湜儿曾有电话通知沈姨,谓今夜仍住文修家,明日乃归云。九时洗濯就寝。

6月27日(五月廿八日　壬子)**星期**

晴热。竟日未出。

晨五时半起。夜九时就寝。午晚都与润、琴、元、宜、燕同饭。湜儿迄未归。待其午饭不果,及午后接其电话云在王府井购物,径回二里沟矣。

偃卧看钱、毛、王三家书跋外,点毕《续通鉴》卷一百五十四。

6月28日(五月廿九日　癸丑)**星期一**

昙热,午后阵雨不大,旋复开晴。

晨六时起。阅《绛云楼题跋》。午与汉儿、润儿、宜孙共饭。饭后小睡,三时起。京周见过,谓下星期一赋归,特来辞行云。留谈移时去。予约颉刚明日上午过其寓楼话别。京周行后,即以电话告颉刚。适元善在彼处,因与遥谈数语于话筒中。午前曾写信两封,一复漱儿,一寄滋儿(京十号),即交汉儿于饭后上班时携出投邮。

晚与琴媳、元孙、宜孙同饭。润儿赴文化部听报告未归晚饭。八时半取汤洗濯就寝。

6月29日(六月小建癸未　甲寅朔)**星期二**

晴热。

晨六时起。八时半走访颉刚,同乘四路环行到鼓楼,转五路到甘石桥下,往故宫博物院宿二〇一号访陈万里,谈至十时一刻,行。走旧鼓楼大街铸钟厂乘八路南至鼓楼下,从烟袋斜街过银锭桥,沿后海西岸往大翔凤廿四号访京周。草桥三同学白首相对,不觉话之多且趣耳。谈至十一时三刻,三人同出,即银锭桥畔烤肉季饭馆小酌。烤肉季为当地名馆,近方修葺一新,地颇洁,惟肴味不大对口,草草食已,三人复走大街首都照相馆同摄一影,藉资留念。二时许始别。京周归寓,予与颉刚仍乘四路环行东去。颉刚在金鱼胡同口下,予则至东单转廿四路北归。在东单见有担售蝈蝈儿(南方谓之叫哥哥)者,买一携家俾诸孙玩之。到家已将三时,知晓先夫妇曾来过云。

夜与元孙、宜孙共饭。八时半琴媳归,九时润儿亦归。予早洗濯就寝矣。天热难贴席,挥扇至十二时未入睡,强起服药乃稍稍合眼。

6月30日(六月初二日　乙卯)**星期三**

晴热。

晨六时起。午前阅《汲古阁题跋》,并展赏《上海博物馆藏画集》。午与润儿、元孙、宜孙同饭。下午二时半,民进车来,乘以过接颉刚同赴辛寺胡同参加学习。仍两组并开,到杨东莼、梁纯夫、顾颉刚、吴研因、吴文藻、王恪丞、张纪元、徐楚波、严幼芝、柴德赓、章廷谦、谢冰心、林汉达及予十四人。纪元主席。六时十分散,与纯夫、颉刚同乘送归。

堉孙农场劳动届满,今日入城来我家,将在教育局作总结,然后分配工作云。业熊托其同事宋平康带信要北京市工业品购货券,俾可买袜,因即以券五张邮寄旅京之宋君。

夜与润儿、堉孙同饭。两孙与其母在蟾宫看电影、游泳,皆未归晚饭。晚饭后,润儿入馆了未竟事,堉孙亦出看电影。予取汤洗濯,九时就寝。润、琴、元、宜等先后归。有顷,堉孙亦归。

7月1日[①](六月小建癸未　甲寅朔　初三日　丙辰)星期四

晴热。傍晚欲阵未果,云翳重叠,转觉闷损不透气。

晨六时起。竟日未出,为研因看政协文史资料研究委员会稿件:俞子夷近作《清季苏州官绅生活、私塾和早期学校教育情况片段》。此稿内容真切,大都为亲身经历的回忆,叙述风格亦特殊,时时用苏白道实情,于城市剥削阶级的丑态颇能尽情揭露。惟颇有讹舛,如当时的地方官制、官衔、排场以及私塾用书、时人姓名不能尽核。研因在本届政协委员中新膺文史资料研究委员之任,以予为苏人,且略谙地方掌故者,故取以委予审稿。因尽日阅稿,随手签注十馀条,并附总案,以备复于研因。忆上届政协,予尝忝列文史委员,顾五年中,未尝以外稿一篇见属,而今隔灶传薪,不大堪自哂耶。

午与润儿、宜孙同饭。下午五时半宜孙归,谓今晚校中有集会,姊亦参加,在食堂进餐不归矣。予知润、琴晚上俱有事,未必归,遂陪伊于六时进晚餐,打发伊上学参会。

七时,琴归,知未饭,乃再具餐。九时洗濯就寝。润儿旋归。十时后,元、宜两孙乃归。

7月2日(六月初四日　丁巳)星期五

晴昙兼施,暑热益盛。

晨六时起。八时写昨日日记。老赵车来,遂接予赴正义路青年团中央礼堂听周扬录音报告。先过平伯,平伯不行,乃过接冠英

---

① 底本为:“习习盦日记第廿二册”。原注:“一九六五年七月一日至八月卅一,日凡六十二天。乙巳岁十月廿二日手装。”

以往。抵门,老王驾车载棣华、晦庵及董秋斯亦到,遂同登楼,坐第四排(董十二号,唐十三号,予十四号,唐十五号,余十六号,联坐也)。在场遇所中同事多人,并及人民文学出版社许觉明。九时开始,所谈为培养青年作家问题。十二时半方毕。即与二唐、余、董改乘老王所驾车分头送归。

到家与润儿、宜孙同饭。饭后小休,三时起,润、宜已分别上班入学矣。心烦天热,遂出陈田《明诗纪事》,钞其小序,本佩其识卓而藉以逭暑,计亦良得。至晚完甲至戊签五序。

下班后,汉儿来,予遂与之同饭。润儿、元孙、宜孙亦与焉。饭已,濬儿、文权至,琴媳亦旋归。九时一刻,濬、权归去。予亦浴身就寝。终宵浴汗,至翌晨三时雨作,遂为雨声扰醒,而热却未减也。北地有此奇矣哉。

7月3日(六月初五日　戊午)星期六

晨雨旋阴,气稍凉而未爽。下午雷雨交作,骤凉,单衣不任矣。

六时起。八时后,续钞《明诗纪事》己签、庚签、辛签三序。十一时毕之。写信复漱儿。午与润儿、宜孙同饭。宜孙下午无课矣。饭后堉孙来。二时半,民进车来,予乘以过接颉刚,同赴辛寺胡同本部参加学习。仍一、二两组并开。到幼芝、楚波、颉刚、祖璋、文藻、纯夫、研因、青峰、纪元、守义、矛尘、冰心、汉达及予十四人。六时一刻始散。雨后气凉,虽乘车两臂如铁矣。离部时与楚波、纯夫、颉刚同车,先送楚波至宝钞胡同,继送纯夫至金鱼胡同,然后以次送颉刚及予归。

到家未久,湜儿归。两孙亦归。有顷,润儿归,又有顷琴媳挈燕孙同归。遂与润、琴、湜、堉、元、宜、燕同饭。盖又值周末晚餐矣。

八时半，堉孙去汉儿家，元孙等开看电视。九时，予就寝。湜同学于永宽及同事袁君来。永宽谒予，谓将南行，陪其社中专家（阿拉伯文专家）旅行云。十时半辞去。袁君则留宿西屋也。十一时电视方毕，予乃入睡。入睡前阅毕子臧近作《从高鹗生平论其作品思想》一文。

7 月 4 日（六月初六日　己未）星期

晴热，有风，颇爽。

晨六时起。九时，湜儿偕袁君出，午归，与予及润、琴、元、宜、燕同饭。饭后小休。湜儿往看文修，仍宿其家云。

琴媳偕元孙出，习游泳于体育馆。宜孙以磕破头皮未得从，只得与燕孙随其父午睡。傍晚琴、元偕归。遂与润、宜、燕等同饭。今夕月明而爽，因移坐庭中，延赏久之。

九时，洗濯就寝。睡后堉孙来叩门，宿西屋中。

7 月 5 日（六月初七日　庚申）星期一

晴，午后转昙。仍有风。

晨六时起。八时出，步往文学所参加全所大会，其芳提出最近所务会议议订之修正研究方针案，说明甚详。十二时一刻始散，予与平伯、冠英、子臧同车送归。冠英约明晨八时半在所召开本组组会，讨论顷所听修正案。

到家与润儿、元孙、宜孙同饭。知许妈归家休假，堉孙亦赴教育局报到候集训分配云。

午后小休，为外来误打电话所扰，不得不起矣。起后遂展点

《续通鉴》卷一百五十五，垂暮始毕。天暑多故，久辍此业矣。夜与润、琴及宜孙同饭。元孙下午习游泳，其后在同学家作功课，因饭同学家，九时乃归。许妈今日休假，夜十一时许始归。予九时半洗濯就寝。

7月6日（六月初八日　辛酉）**星期二**

晴热。夜有阵雨。

晨六时起。七时五十分出，步往文学所参加组会。到冠英、平伯、叔平、友琴、晓铃、念贻、道衡、世德、象钟、共民、翔鹤、子臧、白鸿、赓舜，又二新同事。（已来所两年，询问过又遗忘姓名矣。）冠英主持，讨论所中新订方针措施。至十一时，予与冠英、子臧先退，以今日下午二时须往医院作健康检查，医嘱必须在十二时以前食毕也。及下楼，棣华亦以此故先行。四人遂约同车送归。

到家未久，濬儿来，谓自王府井购物故来迟。宜孙则已放饭归来，予遂先与宜同饭。十二时一刻，润儿归，乃与濬同餐。濬儿本定陪予去院，以今日所中指定饬车接棣华、冠英、念生及予同载往院，濬遂留家。一时半车来，四人同乘以往。在院中晤及毛星、蔡仪、淑明、晓邦、之琳、健吾与介泉夫妇。二时开始检查，先供大小便，后历内科、外科、眼科、耳鼻喉科、口腔科、放射科，最后乃取血存验。候同车者皆竟事，仍同车分头送归。到家已五时，濬儿、宜孙在，未几，元孙及文权至，遂同进夜饭。八时许濬、权恐被雨，即归去。九时，予洗濯就寝。有顷，琴媳归，润儿亦归，幸皆未及雨。

夜深雷雨又作。是日沈姨休假，夜深雨中归。

7月7日(六月初九日　壬戌　小暑)**星期三**

多云,偶晴。下午闻雷,日晡大雨雹,转阴。

晨六时起。八时,民进车来,因乘以过接颉刚,驰赴南河沿文化俱乐部参加大会。是日到会者为中央小组各组成员及北京市民进负责人暨中央各干部,凡百许人。东莼主席,报告近四月来学习反帝反修诸问题的小结。继由纯夫作中心发言,占两小时,休息后由楚波、文藻、德赓发言。十一时三刻散。下午将续作讨论。故多有留彼进餐者。予以连日疲惫,与纪元言下午请假矣。仍由会命车送予归。

汉儿来省,润儿、宜孙亦归,遂与同饭。饭后汉、润上班去,宜孙亦就学。予乃小睡。四时起,正雷声隆隆。五时半,元孙、宜孙先后归,为之大慰。未几即雨雹,大者竟如豌豆也。傍晚雨隙,润、琴皆归,遂同晚饭。饭后,润儿出理发。予九时即洗濯就寝。润亦旋归。

7月8日(六月初十日　癸亥)**星期四**

晴热。

晨六时起。十时半步至禄米仓西口,乘廿四路北至朝内北小街南口,径往东四三条九号,应刚主之邀,饭其家。至则乃乾、青峰已先在,刚主则开会未归也。有顷,刚主归,遂共谈且阅其藏画、藏书,盘桓至一时乃聚餐。其夫人手制焖肘子作供,至餍老饕。宾主皆健啖,可记也。饭后,稍谈至二时半乃行。乃乾、青峰别过妙中家,予则循原路归。

小睡片晌。夜与元孙、宜孙同饭。八时半即洗濯就寝。润、琴亦旋返。

7月9日(六月十一日　甲子)**星期五**

多云偶晴。下午有雷阵,傍晚微雨而已。甚感闷损,幸入夜凉快耳。

晨六时起。八时步往文学所参加组会,继续讨论,十一时四十分散,乘三轮归。午与润儿、宜孙同饭。下午二时十分,偕宜孙同出,乘廿四路北转十二路无轨到沙滩下,宜孙径入校,予转乘八路到南河沿诣文化俱乐部参加民进中央第一小组组织生活。陈慧、均正、圣陶、颉刚、宾符、纪元及予均到,难得齐全者,今乃得之。彼此畅谈至六时而散。予与颉刚附圣陶车行,予至禄米仓西口下车步归。

夜与元孙、宜孙同饭。润儿八时乃归,再具餐。九时,润儿为予修脚。十时就寝。琴媳旋归。

7月10日(六月十二日　乙丑)**星期六**

晴热。

晨六时起。八时十分出,步至史家胡同东口,乘廿四路南行,车上遇冠英,盖同往南河沿文化俱乐部参加学部中心学习组第六十三次座谈会也。及转十路到南河沿下车,又遇子臧,遂联袂入俱乐部。今日之会请参加农村四清工作归来诸同志谈体会及收获。故到者至夥。有刘导生、杨向奎、罗大冈、李健吾、巫宝三、吕叔湘、胡厚宜、周新民、夏康农、贺麟、余冠英、吴子臧、钱琢如、顾颉刚、严中平、翁独健、冯家升、傅懋勣、郭宝钧、黄文弼、徐旭生、陆志韦、王守礼、俞平伯、汪奠基及予等,近三十人。尚有未识姓名者数人。

向奎先讲山东海阳县山区情形，继由大冈、健吾讲安徽寿县、淮滨情形。皆绘声绘色，极能感动。十二时散会，以尚有人未讲，因请于下周之末在北海庆霄楼再举行一次云。出俱乐部，与健吾同行，同乘十路到东单，转廿四路北至禄米仓西口执手而别。

到家元孙、宜孙俱已先归。未几，润儿亦归。遂同饭。饭后小睡，三时半起，随手翻阅《瓯北诗话》高青邱、吴梅村之部。今又届周末，除湜儿在山值班外，润儿、琴媳、元孙、宜孙、燕孙皆归。宜孙今日下午起暑假矣。傍晚遂即庭中纳凉共餐。餐后稍休，剖瓜分饷。盖是日初尝西瓜也。

九时，洗濯就寝。是晚较凉，竟得酣睡，并未服药。

7月11日(六月十三日　丙寅)星期

晴热。

晨六时起。上午点毕《续通鉴》卷一百五十六。午与润、琴、元、宜、燕同饭。饭后小睡，三时半起，接点《续通鉴》卷一百五十七，抵暮亦毕。傍晚，基孙、汉儿、锴孙先后来，遂与润儿等共进夜饭。饭后，乘凉闲谈。九时，汉等俱归去。予乃洗濯就寝，仍未服药，竟减睡眠。

7月12日(六月十四日　丁卯)星期一

晴热。偶有云翳。夜月甚娇。

晨六时起。七时半民进车即来，遂乘以过接颉刚夫妇同赴南河沿文化俱乐部参加中央各组联会。东莼主席，讲反修问题，八时起，近两时方毕。嗣由汉达、冰心先后发言，十一时半散会。以东西长安街正在欢迎外宾，道阻不得行，久之乃车从北道送予归。下午三时讨论会予告假矣。

到家已十二时半，与润儿、元孙、宜孙共饭。饭后小卧即起，阅梅村诗。

夜与润儿及元、宜两孙同饭。饭后，坐庭中纳凉。九时，洗濯就寝。

7月13日(六月十五日　戊辰)**星期二**

多云偶晴，闷热。下午有风起阵，未果雨，夜月甚明。

晨六时起。七时半出，与润儿偕行，润入馆，予则步往文学所参加全所大会，听毛星报告下寿县四清工作中所获得农村情形及发见的诸问题。八时始，十一时四十分止，犹未全，下午三时续为之。棣华以予耄老属休息。散后与冠英、子臧同车送归。

到家未久，晓先来，在门口与润儿同入，乃共饭。元孙、宜孙与焉。盖两孙俱已暑假矣。晓先下午二时半去，予乃偃卧小休，仍阅吴诗靳注，实能曲达。其本事宜乎赵瓯北亟称之耳。

夜与元孙、宜孙及两妪同饭，以润、琴俱未归也。九时，洗濯就寝。有顷，琴媳归，又有顷润儿亦归。

7月14日(六月十六日　己巳)**星期三**

晴热。

晨六时起。今日所中有组会，以先已挂号就医，遂预为告假未往。八时出，诣北京医院，走至禄米仓口，濬儿始来，遂偕乘廿四路南转十路到东单大华路口下，步往门诊部。未几，即由郭敏文大夫接诊，先告我此次健康检查结果都无大变异，惟血糖与胆固醇又增高耳。后者尤甚，竟达二百九十五，今兹诊察血压及脉搏皆正常，仍配原药，仅改换交替服用之不同而已。九时半离院，与濬走至台基厂乘四路无轨北达王府井，在千祥鞋店购得气底皮拖鞋，又在茶叶公司购到龙井、露春各一两，复过百货大楼一转，买得苏打饼干一匣，乃即雇三轮二辆与濬各乘以归。

午间，汉儿亦来，遂与濬、汉、润三儿及元、宜两孙同饭。饭后汉即上班去，予就枕小休，仍阅梅村诗，三时半起。濬儿为予理发。昨晚接滋儿安七号（十一日），告佩媳在皖南工作已结束返庐，十五日后如获准休假，当携铿孙来京省予云。久不接伊来信，甚念之。得此讯甚慰。傍晚，文权来，夜与权、濬、润、元、宜共饭。饭后，润复入馆，以馀事未了也。八时半剖瓜分食。九时，润归，权、濬去，琴媳亦返。有顷，予洗濯就寝。

7月15日（六月十七日　庚午　初伏）**星期四**

晴热。

晨六时起。八时出，乘廿四路南转十路到民族文化宫应政协学委会之邀约，参加心得经验交流会。九时开，由学委会一人主席（未识其人）说明开会缘由，即由孙晓村代表民进、工商联，刘仲容代表民革，魏建功代表九三，曹孚代表民盟讲话。十一时五十分散。闻明日尚将续开，如不及轮完，则再延一天云，俱上午。是日到者甚众，约四百人，在场晤及冠英、洁琼、景耀、颉刚、近秋、圣陶、满子、炯伯、伯纯、绍先、彬然、阜西、文藻等。离场后，与颉刚附圣陶车东归。

润儿赴新华书店为版本图书馆接收样书，未及归饭。予乃与元、宜两孙共饭。饭后，元、宜去陶然亭习游泳，予小睡片晌，起读梅村诗，津津其有味也。五时三刻，元、宜归。

夜与两孙、两姬同饭。饭后，闷热无风，坐庭中纳凉，孙辈却贪看电视不愿出外也。久之，微风起，予乃取汤洗濯。电视亦终。琴媳、润儿先后归。予披凉久之始入室就榻，须臾，月上庭心，照室通明矣。

7月16日（六月十八日　辛未）**星期五**

昙热。下午转晴。

晨六时起。七时，润儿率元孙往新华书店参加接书劳动。琴媳九时襆被出，诣车站偕同社中同事乘京沈线火车前赴锦州黑山一带较验所编小学教材，须旬日始返京云。予七时半出，步往文学所参加本组组会，落实各人工作，十二时一刻始散，雇三轮归。到家与宜孙及两姬共饭。饭后小睡，四时起，阅梅村词。夜，润儿归，知元孙已去汉家，与元鉴同习游泳，即住鉴所云。遂与润、宜同饭。饭后稍停，剖瓜分享。是晚热甚，九时洗濯就寝，通宵浴汗。

晚饭后，写信复京周，即将六月初一日合摄之照片附去。

7月17日（六月十九日　壬申）**星期六**

晴热。闷甚。

晨六时起。八时半本有学部中心组会，予以天暑惮往，且笔札久欠，亦不得不抽闲一理之，遂未行。伸纸写信三通，一复清儿，昨夜润儿带归清信，知新孙患伤寒住院，虽已脱险，尚未离院云，慰藉新新病。一复漱儿，一复曦孙。炎歊难耐，走笔滞涩，近午始竟。又以滋儿来信说及佩媳、铿孙将来，去信询问，恐将相左，乃拟稿电询之。元孙今晨遂汉儿赴新华，仍佐其父劳动，午间与汉儿同归，润则留彼。宜孙亦晨往省其大姑姑，午适归来，乃与汉、元、宜同饭。饭后，汉儿返新华上班，遂以所写信属伊携出付邮。且发电报与滋儿。

予午前续点毕《通鉴》卷一百五十八，饭后赓为之，至三时乃完。小睡片晌即起。元孙以须往接燕孙，下午未往新华。五时，遣往养马营教育部托儿所接燕孙。七时偕归。润儿亦归。遂与润、元、宜、燕同饭。饭后，湜儿偕其同事二人归来，谓已饭过，即在其室听唱片。予与润等坐庭延凉，迄无风，感热甚。九时剖瓜分享，随取汤洗濯就榻偃卧，不复问其他。终宵浴汗，不减南中矣。

十二时，接滋儿电报，知佩媳将于二十日四十六次车到京。为之欣慰。

7 月 18 日（六月二十日　癸酉）**星期**

晴热甚，入晚稍稍透气。

晨六时起。竟日未出。十时文修、文豪来。午与润、湜、修、豪、元、宜、燕同饭。下午三时半，湜、修、豪同去。六时，汉儿、鉴孙及大璐来，遂与之同进夜饭。九时，汉等皆去，予亦洗濯就寝。

7 月 19 日（六月廿一日　甲戌）**星期一**

阴昙间作，闷热甚，傍晚欲阵未果，略凉。

晨六时起。七时，元孙送燕孙入托儿所，将自彼径赴新华书店佐润儿接收样书。今日沈姨休假，宜孙与之同出，将竟日闲游云。九时，予出，乘廿四路南转十一路无轨，到米市大街下，步往大华电影院看北京制片厂出品《烈火中的永生》。盖民进中央所组织，为配合学习而阅看者。故在场熟人甚多。干部几全在，予与冰心、文藻、颉刚、近秋、矛盾及夫人、守礼及夫人等联座，在楼上一二两排。

馀多中小学生，九时卅五分开演前喧闹甚，职此之故。此片据小说《红岩》改编，描绘当时革命志士之忠贞不屈，蒋帮特务及中美合作所之恣横惨酷，令人爱憎分明，于是群少年之喧攘立即归于平静，时于鼓掌叹息声中示其快怒而已。十二时十分散，予雇三轮归。

午独饭。饭后小休，三时半起。五时，元孙归，告予接收事竣。其父已径返版本图书馆矣。七时，润儿归，遂与元、宜等同饭。夜九时洗濯就寝。

7月20日(六月廿二日　乙亥)**星期二**

晴昙兼至。仍感闷热。

晨六时起。八时所中车来，小杨驾之，接予赴公安部礼堂听刘导生作四清报告，顺过棣华及子臧同载以行。子臧往中直俱乐部，何伟作半工半读教育报告。政协文教组主办。予以听刘在先，未与偕往。在南河沿下车，转四路环行去。予与棣华则径赴礼堂，就第三排坐。晤平凡、书铭、念生诸人。盖学部所属各所多有莅场者。约有三百人。八时半开，姜君辰主席，导生讲山东海阳七个月四清工作经过及体验。直至十二时半始毕。散后，仍与棣华同车送归。

到家与润儿、元孙、宜孙同饭。饭后，润、元、宜同赴车站接佩媳。二时半，湜儿、元孙、宜孙接到佩媳及铿孙，叩门入，润则径赴馆上班矣。湜特自香山假归者也。佩媳备述合肥生活，谓滋儿瘦削甚，闻之颇廑念。傍晚，濬儿、文权、汉儿及濬外孙女小安俱来看佩、铿，遂共晚餐。天气闷热，虽在庭中露坐，竟无法逭暑也。九时，濬、汉等皆去。湜亦仍往文修家，俾明晨早发入山。人稍静，予乃洗濯就寝。润儿亦旋归。终宵闷塞,汗沈困人,殊苦。

前国民党代总统李宗仁今自美国飞转法国、瑞士等地返还祖国。到首都时,周总理以次在机场欢迎。《北京晚报》及广播电台均为宣传,是盖迷途知返,足以风厉顽懦耳。

7月21日(六月廿三日 丙子)**星期三**

多云有时,晴,仍热。

晨六时起。午前未出,阅《曝书亭集》。午与润、佩、元、宜、铿同饭。饭后,二时半民进车来,乃乘以过接颉刚,同赴辛寺胡同本部参加学习。仍一、二两组并开。到东莼、纯夫、纪元、颉刚、志公、祖璋、研因、文藻、汉达、麟瑞、幼芝、守义、楚波、鹤亭、国光、冰心、矛尘及予十八人。开始作三月来学习小结,六时始散。与纯夫、颉刚同车送归。

佩媳、锴孙由元孙陪同,下午访濬、汉两家,及晚归。七时一刻遂与润、佩、元、宜、铿同进夜饭。饭后,佩、铿出访友。九时,予洗濯就寝。十一时佩等始归。

予临睡未服药,竟致大魇,润儿趋来唤醒,乃洗面少坐服药,然后就枕,未几(十二时)入睡。

7月22日(六月廿四日 丁丑)**星期四**

晴热。夜半大雷雨。

晨六时起。七时半出,步往文学所参加本组组会。到余冠英、陈友琴、吴子臧、吴晓玲、白鸿、胡念贻、曹道衡、刘世德、蒋荷生、梁共民、范叔平、陈翔鹤、董乃斌、陈毓罴、徐永平、吴赓舜等,尚有青年同事一人未识名。讨论刘导生所谈四清体会。十一时四十分散,雇三轮归。

午与润、佩、宜、铿同饭。元孙往看鉴孙未归饭。午后小休,四时起,元孙归。仲足、纪元见过,谈移时去。

夜与佩、元、宜、铿同饭。九时,润儿归,剖瓜分享诸孙。十时许,洗濯就寝。十一时起便旋,已有闪电,有顷,雷声大作,大雨随至。十二时后犹未停。予则入睡矣。

7月23日(六月廿五日　戊寅　大暑)**星期五**

阴雨转晴,气稍转凉。向晚畅晴矣。

晨六时起。元孙六时半即出,骑车会其同学,共游颐和园。九时后,展点《续通鉴》卷一百五十九,至午后一时半乃毕。

佩媳上午就同仁医院诊治鼻疾,顺过百货大楼购物,近午归。午与润、佩、宜铿同饭。午后小睡。起阅高阆仙《唐诗举要》。五时元孙自万寿山归。据告,偕同学三人联车往还,既登山揽胜,又在昆明湖游泳。长途骑车,安全归来,甚慰。十四五岁女孩,能组织同行来回七八十里,在解放前竟不可想象者,今乃亲见孙辈能之,如何弗喜。夜与润、佩、元、宜、铿同饭。饭后,佩、铿出晤其新华书店旧同事,至九时回。遂剖瓜共食。予旋就寝。

7月24日(六月廿六日　己卯)**星期六**

晴热。

晨六时起。八时半,佩、铿出购物。予展点《续通鉴》卷一百六十,至十一时许得卅四页,顺林来谒,遂罢与谈,知其母已早返苏矣。元、宜、二孙九时半出习游泳。十二时后,润、佩、元、宜铿皆归,遂共饭。

午后，顺林去。二时半民进车来，乘以过接颉刚，同赴辛寺胡同本部参加学习。仍两组联作小结。到纯夫、东莼、颉刚、研因、鹤亭、麟瑞、祖璋、幼芝、纪元、楚波、汉达、国光、冰心、矛尘及予十五人。纪元主席。五时五十五分散，与纯夫、颉刚同车送归。佩媳应旧同事之邀，六时半携铿孙往大同酒家晚餐。予与润儿、元孙、宜孙、燕孙在家共饭。今日又届周末，燕孙由元、宜接之归，故又倍增热闹矣。

九时半，予洗濯就寝。十时三刻佩、铿始归。盖餐后复至北海园游也。

7月25日(六月廿七日　庚辰　中伏)**星期**

早有雷阵雨。晴热。夜有微雨。

晨六时起。接点《续通鉴》卷一百六十，毕之。遂接卷一百六十一，近午亦完。濬儿，文权，汉儿，大璐，锴、镇、鉴三孙，堉孙皆集，午间设两席共饭。湜儿、文修、翠英亦与焉。下午四时，濬、汉两家皆去。韵启来。韵启已数月不见，因留与长谈，知两度出差去粤、湘、鄂等处云。夜与韵启、润、佩、湜、修、元、宜、铿、燕同饭。九时，湜、修先行，韵启继去。予乃取汤洗濯就寝。

下午五时，元善见过，谈移时去。渠迩来习书甚勤，因出近作两册见眎，俱临本，一四过，一十二过，至佩孟晋也。

7月26日(六月廿八日　辛巳)**星期一**

阴雨时作，向晚放晴。气较凉。

晨六时起。七时，元孙送燕孙上托儿所，以铿孙在。颇依恋不肯，好言慰藉乃行。八时后，展点《续通鉴》卷一百六十二，毕之。

接点卷一百六十三，抵午完二十页。

午与润、佩、元、宜、铿同饭。饭后小休，三时半起。佩媳携铿孙四时出，将晚饭其新华旧同事家。予则为湜儿书扇，录杨万里、姜白石咏牵牛诗付之，扇已穿骨，殊不易书，是实重苦老人耳。此儿不大晓事，往往类此。

夜与润儿、元孙、宜孙同饭。饭后，润儿挈宜孙复入馆，协同布置版本展览会场扫除事务。九时就寝。有顷，润、宜归。十时半，佩、铿乃归。

7月27日(六月廿九日　壬午)**星期二**

多云转晴，炎热。

晨六时起。七时半偕佩媳、元孙、宜孙、铿孙同出，乘廿四路南转十一路无轨到西直门，再转卅二路往颐和园。九时四十分抵园门，入后径游谐趣园，小坐池边久之。近十时乃趋长廊，期与湜儿遇。盖昨日电话约定者。在石丈亭少待，复折而东，遇之于鱼藻轩，遂茶焉，并买瓜享儿孙。十一时半，过石舫饭庄午饭。虽非假日，而食客尚繁，亦立俟许久始得坐。肴蔬俱平常，惟干烧鲤鱼则以本湖活鲜烹作尚可口，而味辣不能副诸孙之望，未免歉然耳。饭后，在石舫之侧登渡船横渡至龙王堂，湖中男女游泳者弥望皆是。予等觅座茶憩后，至二时起行，东度十七孔桥，过铜牛，循湖东岸，抵文昌阁，胥划为大学游泳区，岸上更衣席栏密布，湖中更见万头攒动，拍浮成群，北京大学、清华大学皆张帜示。则岸上行人与游泳者错杂其间，若非响应号召，何得骤呈此巨观耶。予以畏烈日，急过之，至玉澜堂西侧与佩、湜、元、宜、铿合摄一影，藉资留念。即趋出乘卅二路南行，以人挤，只得勉坐西窗下，直曝至白石桥，始得转向而东。日晒略减，到动物园亟换一路无轨东入阜成门径达朝阳门内大街下，再转廿四路南归。

到家热甚，且累极矣。乃令儿孙辈亟浴就憩，予盥洗扇凉，以苏息焉。润儿以馆中开会，未归晚饭。薄暮，予乃与佩媳及三孙共餐。餐后，伊等同看电视，予即洗濯就寝。天热体倦，睡眠颇不佳。十时，润儿始归。

7月28日（七月　大建甲申　癸未朔）星期三

晴热。

晨六时起。展阅昨晚中华书局送到之《四库全书总目》，即三年之前予为断句之本也。例得样书两册。书用字典纸，影印布脊，精装，回念此书断句之时，忽已数年，今得印布，当不白耗心力矣。摩挲久之。九时后续点《续通鉴》一百六十三，毕之。复点一百六十四之十五页，日午矣。

佩华之老同事黄葆珣（今与润儿同事），偕润来看佩，汉儿亦至，遂及同饭。三孙与焉。饭后，汉、润、珣皆去上班。民进车旋至，较往时早一刻，予乃乘以过接颉刚同赴辛寺胡同本部参加学习，续作小结。到纯夫、东莼、颉刚、汉达、研因、文藻、祖璋、守义、纪元、麟瑞、楚波、幼芝、鹤亭、国光、冰心、矛尘及予十七人。麟瑞主席，予首先发言，研因、文藻、矛尘、鹤亭、冰心继之。小结所馀多已。五时五十分散，仍与纯夫、颉刚同车送归。

润儿开会，佩媳应约，俱未在家晚饭。予与三孙共餐耳。晚饭后晓先夫妇来访佩媳，为剖瓜享之。谈至九时半去。予乃取汤洗濯就寝。十时润归，又半小时，佩亦归。

7月29日(七月初二日　甲申)星期四

晴热。

晨六时起。七时三刻出,步往文学所参加组会。行至版本图书馆门首,适润儿因公外出(七时半已入馆)御车行,见予乃推车伴予至建国门内大街贡院西街南口而别。九时,本组开会。到棣华、冠英、默存、子臧、友琴、翔鹤、白鸿、念贻、道衡、共民、象钟、赓舜等全组人员(除平伯未到及在外四清者未到)及蒋荷生。专为荷生工作作风、态度及家庭问题诸项开会帮助批评,发言者甚众,指斥甚严。(予不大与之接触,不悉其为人,今听人揭露问题,实极严重,尤其虐待其父,为堪发指也。)十二时未了,冠英宣布明晨续行而散。予乃雇三轮归饭。堉孙在,佩媳及元孙、铿孙亦方自影院回(元孙十二时半有电影看,故先饭而行)。有顷,润儿亦归,遂共饭。饭后,堉孙即去。

予小休,三时半起,热不可耐,打五关以遣之。润儿夜间有会,未归饭。予与佩媳及三孙共进晚饭。饭后,伊等看电视,予独坐庭中纳凉。旋洗濯就寝。十时,润儿始归。书友刘清源送来《中外历史年表续编》(一九一九年至一九五七年)须内部发行,属予签字在发票上以资证明云。目下书刊发行之慎且严如此(即影印《四库提要》亦为内部发行者)。

7月30日(七月初三日　乙酉)星期五

晴,奇热。

晨三时醒,五时即起。佩华偕元、宜、燕三孙五时半即出,径行福田公墓省珏人墓,予因而亦随声早起矣。七时三刻出,步往文学所参加组会,继续批评蒋禾生,予亦发言谴之。欲言者众,十二时犹未毕,主席只得宣告明晨再开而散。以门口无三轮可雇仍步归。子臧与偕行,送予至家门而别。

到家濬儿、小安在,乃与濬、润、佩及三孙一外曾孙共饭。是日热甚,汗出不止。下午不敢出,赤膊偃卧犹喘息难宁,挥扇几致腕脱也。夜仍与濬、润、佩等同饭。饭后剖两瓜分享。九时濬、安归去。予亟取汤洗濯就寝。终夜浴汗,苦甚。

7月31日(七月初四日　丙戌)星期六

晴仍酷热。惟午后略有风,入晚有阵雨,较昨稍松。

晨六时起。七时三刻仍步往文学所继续参加组会,有人补充发言后,即由禾生自白。态度颇顽劣,似诉委屈,殊鲜悔悟。最后由唐棣华副所长作总结,分析蒋思想根源,批评他行为上的严重缺点,警告如不悛改必致滑入政治反动的道路将不能自拔云云。语重心长,予深为叹服。是日平伯亦被召出席,亦发言持正,足见领导的布置周挚矣。散会后雇三轮返家,与润、佩及三孙同饭。

下午二时廿分,民进车来,即乘以过接颉刚同赴辛寺胡同本部参加学习。仍两组并开,到杨东莼、梁纯夫、陈麟瑞、顾颉刚、林汉达、吴研因、吴文藻、章矛尘、贾祖璋、严幼芝、张纪元、徐楚波、赵鹤亭、黄国光、谢冰心、张志公及予十七人。为此一期的学习经验作一结束,以后将转入另一学习阶段云。六时散会。予与纯夫、颉刚同车送归。

佩媳赴汉儿家晚饭。燕孙已由元孙接归。有顷,润儿亦下班归家。入晚遂与润儿、元孙、宜孙、铿孙、燕孙同饭。饭后,农祥、亦秀来访。盖亦秀已放暑假,返京十日矣。谈至九时四十分,以雨将作，辞去。予即洗濯就寝。时已有雨，时大时小。十一时后佩媳始乘雨隙归。

8月1日（七月初五日　丁亥）**星期**

晴热。

晨六时起。十时，湜儿、文修归来，告以文修有假期十天，拟乘此期间结婚，将来国庆新年等均以四清工作不及办理私事云。予与润儿、佩媳俱同意。

午与润、佩、湜、修、元、宜、铿、燕同饭。午后，予小休，佩媳陪湜、修去王府井购办应用诸物，四时归。濬儿、基孙、汉儿先后来，剖瓜共食。食已，湜、修即行，返修家。预孙、桂本来。

晚与濬、汉、润、佩、元、宜、铿、燕同饭。饭后，汉、润又去王府井买毛毯，赠与湜、修。九时，预孙、桂本去。九时四十分汉、润归。有顷，濬、汉、基同去。予乃取汤洗濯就寝。颇难入睡，十二时半起服药乃得入睡。

8月2日（七月初六日　戊子）**星期一**

晴热。

晨六时起。八时接点《续通鉴》卷一百六十四，九时即毕。续点卷一百六十五，十一时亦竟。午，业熊自郑州至，谓将调回贵阳，特请假来京视其二子也。会汉儿、润儿下班归，遂与熊、汉、润、佩、元、宜、铿同饭。并电告基孙，俾来会。下午一时许，基孙即至。下午其父子休息。傍晚，汉儿复来，湜儿亦归，佩媳则出外饭其同事家。夜与汉、润、湜、元、宜、铿及熊、基父子同饭。饭后，濬儿、文权、小安来会业熊，剖瓜共食。九时半，濬、汉等皆去，熊父子往宿汉家。宜孙随濬住其家。湜儿之归，告予文修父母不以即日结婚为然，谓正当四清之际，应先从事工作，然后再议婚期，遂决定延后云。予深佩孝达能掌握原则，予实愧恧尔。湜儿与濬等同时离家，仍宿文修家。明日清晨入山准备考试学生云。

诸人走后，予乃取汤洗濯就寝。十时半，佩媳乃归。

8月3日(七月初七日　己丑)**星期二**

晴热，较前昨略爽。

晨六时起。九时后书便面两页，一为滋儿之同事徐波，一为文修之父孝达。勉强应付，自视不堪也。老年注意不够，一有误字，一两短行，俱多写一字云。午与润、琴、佩、元、铿同饭。午后，琴媳即上班，无休息，盖今晨自锦州归，工作紧张也。

予小卧，三时半起。元孙上午出游泳，宜孙仍住其大姑母家(濬有电话来告)，润、琴俱有事未归夜饭。入晚，予即与佩、元、铿同饭。

是日沈姨休息，夜九时乃返。

九时半，予洗濯就寝。润儿旋归。琴媳十时始归。

8月4日(七月初八日　庚寅)**星期三**

晴，有时多云，热稍杀。

晨六时起。上午闲翻架书。午与润、佩、元、铿同饭。午后小憩，三时起。四时业熊及堉孙、基孙来。薄暮濬儿、汉儿来，宜孙随濬归，湜儿亦归。七时半与濬、汉、润、湜、佩、元、宜、铿同饭。堉、基以看球看戏故，均先饭而后行。九时，食瓜，予即寝。湜儿随出，仍住文修家，明晨入山。濬、汉亦归去。业熊以看电视乒乓赛至十一时乃已，遂留宿予家。

8月5日(七月初九日　辛卯)**星期四**

晴兼多云。热势较昨尤逊。

晨六时起。八时堉、基两孙同自汉儿家来,奉其父同往木樨地参观军事博物馆。午与润、佩及元、宜、铿三孙同饭。饭已,润及元、宜送佩、铿至新车站,照料上车。旬日以还,颇见热闹,忽焉别去,不无惆怅。顾滋儿在肥必且见望,则亦遣归为宜耳。

三时许,元、宜归,告见车开然后行。其父则径返馆上班矣。五时半,业熊及其二子归,六时即与之同饭。饭后,熊、堉往体育馆看足球。琴媳归饭。基与元出游。

九时洗濯就寝。有顷,润儿归。又有顷,元孙、基孙归。十时半,熊、堉亦归。

8月6日(七月初十日　壬辰)**星期五**

晴热。

晨六时起。元孙、基孙各御骑车联镳出城,径赴清华大学后体育学院,应镇孙之约,同游并参观在该院拍摄《东方红》史诗影片云。八时,予偕业熊及堉孙、宜孙同出,乘廿四路南转廿路,到天桥,步入天坛公园,先在祈年门小憩,并就祈年殿第一成石栏旁合摄一影,然后南至皇穹宇西侧茶棚茗憩。十一时起行,乘十五路至虎坊桥,在湖北餐厅午饭。

饭后,堉孙返其母校有所事,予则与熊、宜乘十四路北至六部口,转十路返东单,再转廿四路归家。以日中行,颇热,到家熊、宜皆小卧。予以四时人大会堂有集会,未得睡,坐至三时一刻出,乘廿四路南转一路,到中山公园下。步入人大会堂北门,就一楼西厅三区觅坐，适遇觉明、纪元、以新，遂与同坐。是会为政协全国委员会秘书处所邀请，欢迎李宗仁也。周总理以本会主席名义主持斯会，先后由彭真副主席及李宗仁讲话，茶点冷饮具备，中间又有由徐有光、寇家伦、夏美珍、高玉倩、李和曾、侯宝林、刘宝瑞、郭兰英、王昆等表演歌唱节目，到二百三十馀人。六时一刻散。甫出北门，彩虹东北挂，大点雨作，幸予携有阳伞，张以至车站，十路适至，乃收伞上车，雨亦早止矣。车上遇周嘉彬、赵君迈。予至东单仍换廿四路北归。乃与业熊、基孙、元孙、宜孙同进夜饭。予以茶会进点心已足，仅陪业熊饮啤酒一杯而已。（基、元两孙午后即归。）晚饭后，啖瓜，予亦未尝一片也。九时许，熊、基往宿汉儿家。予遂取汤洗濯就寝，至感热累矣。十时，琴媳归。十一时许，润儿始归。盖送其同人下放四清，在北海瓜茶作会耳。

8月7日（七月十一日　癸巳）星期六

晴热。

晨五时即起。七时三刻出，步往文学所，八时半开全所大会，其芳所长再作修改本所方针任务及执行方针任务的基本措施，和最近几年的主要研究项目与《文学评论》改进方案等报告（两案俱系第三次修改稿），直至十二时方毕。再由工会发票改选，又延长十馀分始散。予与平伯、子臧、友琴同车送归。

午与润儿及宜孙同饭。元孙出游泳，饭后乃归，再具膳焉。饭后小睡，四时起，炎热正盛，无法看书，只得摊骨牌作过五关之戏，藉以自遣。连接业熊电话及湜儿、琴媳电话，知熊等今晚仍住小庄汉儿家。湜儿则入城住修家，明晨归来。琴媳告托儿所又有传染病发，见燕孙不让接归云。近晚，琴媳、润儿先后归。七时半乃与润、琴、元、宜共饭。饭后，啖桃及瓜。九时即洗濯就寝。

8月8日(七月十二日　甲午　立秋)**星期**

晴热。又竟夕浴汗，今年北地干旱，秋老虎殆将更肆乎？

晨六时起。十时，湜儿归。午与润、琴、湜、元、宜同饭。午后，琴媳、元孙同出习游泳，润儿携宜孙出购物，予小睡。湜儿亦出购物。四时，予起。有顷，基孙来，随后汉儿、业熊、堉孙、锴孙陆续来。润、琴、湜等亦已归。七时半开饭，又半时，镇孙亦至。共饭毕，啖瓜闲谈。九时湜儿去修家。又半时，汉、镇、锴、基皆去。予乃得取汤洗濯就寝。熊、堉留宿，明晨熊即附车返黔云。

8月9日(七月十三日　乙未)**星期一**

晴热。下午雷阵雨。

晨六时起。七时偕元孙空腹出，乘廿四路南转十路到大华路口下，步往北京医院门诊部，取血解溲供检验。不半时即出，遇景耀，同穿公园至崇文门大街一早点铺，予与元孙各啜豆浆一碗，油条各一根半。景耀先行，予与元孙仍在东单乘廿四路归。行至禄米仓，遇熊、堉父子及元孙三人正挟行囊将赴车站乘车也。立谈数语而别。予与元孙到家，乃拭脸小憩，幸早归，否则太阳直下，热不可当矣。

展点《续通鉴》卷一百六十六，抵午乃毕。午与润儿、元孙、宜孙共饭。午后小睡，有雷阵雨。元孙出访同学，值雨，乘雨隙归，已四时半，予亦早起矣。阅刘永济《宋代歌舞剧曲录要》。夜与润、元、宜同饭。饭后儿孙辈看电视乒乓球邀请赛决赛。予即洗濯就寝。据儿辈告，男女单打冠军俱属我国云。(嗣知七项冠军皆为我国所得。)

8月10日(七月十四日　丙申)星期二

晴热,入晚雷阵雨,夜深尤甚,近晓乃霁。

晨六时起。七时五十分出,步往文学所参加组会。冠英已去香山参加民盟集中学习,由象钟主持。十一时三刻散,出门见三轮,遂雇乘以归。午与润儿、元孙、宜孙同饭。饭后小睡,四时起。傍晚与元孙、宜孙及两妪同饭。润、琴皆有事未归饭也。饭罢,雷电交作,无风不雨,闷困甚。九时洗濯就寝。润儿亦归,幸未值雨。十时半,琴媳乃归。不久大雨随至矣。

8月11日(七月十五日　丁酉　中元节)星期三

晴热。薄暮有微雨,夜月色甚姣好。

晨六时起。十时,书友刘清源来送发票,谈片晌去。午与润儿、元孙、宜孙共饭。饭后小憩,倚枕看《今字解剖》,虽略泥而有理,谈文字改革而未悉字体流变者,宜谛读之矣。四时起,弄牌为通五关之戏。夜与润、琴、元、宜同饭,非周末而有此,难得也。

接佩媳九日信,知六日已安抵合肥,沿途平顺。小铿已送托儿所,滋则出差尚未归云。九时洗濯就卧。

8月12日(七月十六日　戊戌)星期四

晴热。夜月好。

晨六时起。八时半,民进派小刘驾车来接,遂乘以过接颉刚,同赴南河沿文化俱乐部参加民进中央集中学习。一、二两组合并,到杨东莼、梁纯夫、雷洁琼、严景耀、顾颉刚、徐楚波、张纪元、葛志成、林汉达、杜仁懿、王葆初、巫宝三、章廷谦、傅彬然、吴研因、黄国光、赵鹤亭、贾祖璋及予。东莼主席，先由纪元报告政协学委会总结上半年各方面学习情形，东莼随作本分会学习小结。十一时四十分散，就食堂聚餐。餐后，予与颉刚仍由小刘车送归休。到家，润儿、元孙、宜孙及小安外曾孙尚未饭也。（小安今日由宜孙接来。）

午后稍憩，二时半，小刘车来，乃接颉刚同赴文化俱乐部，继续出席学习分组讨论。第一组到东莼、纯夫、洁琼、楚波、汉达、颉刚、研因及予八人。普遍发言，六时散，仍偕颉刚同车送归。

夜与元、宜、安同饭。九时洗濯就寝。十时后润、琴先后归。

8月13日（七月十七日　己亥）**星期五**

晴热甚于昨，夜月仍皎。

晨七时半民进另派车来，予与颉刚同赴北京医院门诊部就诊。予预期挂号，到即由郭敏文大夫接诊，据检验结果血压、血糖、肝功能等俱平，惟胆固醇仍为二百八十五，仅略降些许耳。颉刚临时挂号，稍待至八时三刻亦了。各取药待车，适遇草桥旧同学谷春帆，立谈片晌，小刘已至，遂与颉刚同乘以赴文化俱乐部，继续出席学习。仍两组合开，东莼主席，由张明养、雷洁琼先后报告参加四清工作所得体会。张在江苏，雷在广西，各以七八个月在彼经历所得者供诸同人，殊有裨益。至十一时四十分毕，尚有葛志成河北省报告专作，决定下午续听，遂同赴食堂午饭。饭后与颉刚、仁懿同车送归。

汉儿来饭，遂与谈至二时伊去。再越半小时，小刘载仁懿见过，乃同过颉刚，共赴南河沿续出席三时开会。先仍两组合开，听志成报告，四时半毕，休息后，两组分开讨论三人报告。六时散，与颉刚、纯夫、志成同车送归。

到家镇、鉴两孙在，有顷，润儿归。遂与润、镇、鉴、元、宜、安同进夜饭。九时镇、鉴归去。予乃洗濯就寝。十时后琴媳始归。

8 月 14 日（七月十八日　庚子　末伏）**星期六**

晴，闷热难堪。

晨六时起。八时半，民进车来，乘以过接颉刚，同赴南河沿文化俱乐部参加集中学习。第一组到东莼、纯夫、研因、楚波、洁琼、冰心、汉达、颉刚及予九人。东莼主席，开始学习国内形势及知识分子改造问题。十二时散，即食堂同饭，饭后仍偕颉刚、仁懿同车送归。

到家润儿、元、宜、安正在午饭。书友刘清源上午送罗振玉旧印《式古堂藏元八家法书》一册、宋李埴撰《皇宋十朝纲要》六册，予未之晤，因翻玩久之。二时半车来，仁懿已在车中，仍过接颉刚，同赴俱乐部，继续学习。纯夫主席，讨论文教方面问题。六时五分散，与纯夫、颉刚同车送归。

燕孙仍未许接归。夜与润、琴、元、宜、安同饭。饭后预孙、硕孙偕来，邀润儿陪去百货大楼为硕孙购手表。硕孙工作已两年，以己工资积馀购此，不依赖父母，自食其力，且有积存可嘉也。元、宜、安及两妪看电视武汉杂技团演出。九时半，预、硕仍随润儿来，以所购手表呈验。有顷，姊弟归去，电视亦终。予乃得洗濯扇凉就寝。入秋以来，今为特闷，开会时电扇不停，而各人浴汗不已。及就寝仍终宵汗渍枕褥也。

8月15日(七月十九日　辛丑)**星期**

拂晓雷雨,檐瀑久注,近午稍停,逾午转晴,气较昨凉而爽。犹有待也。

晨六时起。早餐后,写信两封,一复滋、佩(安十一号),一寄熊、澄(寄天坛所摄照片)。润儿上午加班。午与润、琴、元、宜、安同饭,方举箸而湜儿归,谓昨日入城住文修家,晨雨不得行,故此时方得归省耳。因共餐。琴媳、元孙上午曾往西城教育部办托儿所探视燕孙,及午归。谓见伊嬉乐无恙,且晤其师保冀其聪明,下期即升中班云。惟下星期仍未许接归。并知所规凡因同班有传染病者,虽本人不沾,亦同样不令接归。且无病儿童只准隔一星期探望一次云云。其严如此。

午后小睡,二时半起,湜儿已行,仍往修家矣。润、琴亦偕元、宜、安去王府井大街首都剧场看电影,家中又仅予一人。乃伸纸作书寄漱儿。入夜与润、琴、元、宜、安同饭。

饭已,堉孙来,即以天坛所摄之照片与之,旋辞去,谓分配落实时再来告。家人看电视,予即收拾就寝。

8月16日(七月二十日　壬寅)**星期一**

晴又转热,较前日仅亚一等耳。近晚微有阵雨。

晨六时起。八时民进小刘车始来,颉刚已先在。盖发车较迟,颉刚已在门首先登也。亟驰往文化俱乐部,参加第一组学习。已迟到五分钟。到有东莼、研因、汉达、楚波、洁琼、颉刚及予八〔七〕人。东莼主席,继续摆问题,各陈所见,十二时散,就食堂午饭。饭后与颉刚乘小刘车送归。下午二时半小刘车来,复过接颉刚,同赴会场。本组东莼未到,改由纯夫主席,颉刚发言较长,颇暴露问题。六时散,与纯夫、颉刚同车送归。

宜孙送小安归濬家。未几,濬儿电话来,留住宜孙。

夜与润、琴同饭,饭已,元孙归,再具饭。盖元孙今日在景山少年宫服务,一早便往,至是始退值归来也。八时半洗濯就寝。

8月17日(七月廿一日　癸卯)**星期二**

晴热。早晚稍凉。

晨六时起。八时五十分小刘车来,过接颉刚,同赴南河沿文化俱乐部参加学习。一、二组合并。东莼主席,由志成传达统战工作副部长刘述周在民盟集中学习开幕式上的报告。于周总理政府工作报告第一、第二两部分所及诸问题结合当前国内形势大有阐发,凡三小时乃毕。十二时就食堂午饭。饭后与颉刚同车归休。巫宝三附乘至王府井。下午二时半,民进车又来,复接颉刚同赴南河沿就第一组继续学习。纯夫主席,到研因、冰心、汉达、洁琼、楚波及予七人。六时十分始散,与颉刚、纯夫同车送归。

升堉在,知明日与同学卅人赴卢沟桥五里庄农场劳动,为期仍将一年云。七时,与之同饭。有顷,宜孙自濬家归。饭后升堉即去,云至汉家话别也。

九时,予洗濯就寝。十时后,琴、元、润三人先后归来。

8月18日(七月廿二日　甲辰)**星期三**

晴热。早晚凉。

晨六时起。八时半民进小刘车来,乘以过接颉刚,同赴南河沿文化俱乐部参加学习。第一组到东莼、纯夫、汉达、楚波、研因、冰心、洁琼、颉刚及予九人。东莼主持,仍谈文化革命问题。十二时散,就食饭厅。饭毕与颉刚、仁懿同乘小刘车送归休息。偃卧至二时起,越半小时,小刘载仁懿来,同过颉刚,续赴南河沿学习。本组东莼未到,守义来。(与上午比较言,仍到九人耳。)纯夫主持,续谈当前形势。六时散,仍与颉刚、仁懿同乘送归。

夜与润、琴、元、宜同饭。饭后,润、琴去王府井购物,元、宜及两妪看电视《平原游击队》影片。九时,予就寝。十时许电视毕,润、琴亦归。

8月19日(七月廿三日　乙巳)**星期四**

晴热。较昨有加。

晨六时起。八时四十分车来,仍与颉刚同赴南河沿参加学习。本组惟东莼未到,由纯夫主持。下午同场,谈文化革命问题。晚归时,楚波、纯夫附车行。

夜与元、宜同饭。饭后孙辈看电视,予八时半即洗濯就寝。十时后琴媳、润儿始先后归。

8月20日(七月廿四日　丙午)**星期五**

晴热。

晨六时起。八时四十分车来,即乘以过接颉刚,同赴南河沿学习。本组到研因、守义、汉达、冰心、洁琼、纯夫、颉刚、楚波及予九人。纯夫主席,续谈知识分子改造问题。十二时午饭。饭后,仍乘车归休。午后赴学习如旧。上午、下午以汉达所提供各问题为最精切。六时散,仍偕颉刚、楚波同车送归。

夜与润儿、元孙、宜孙共饭。饭后孙辈看电视。予八时半拭身就寝。九时,湜儿归,明日起暑假休息四天云。十时后琴媳归。

8 月 21 日(七月廿五日　丁未)星期六

晴热。

晨六时起。八时三刻民进车来,即乘以过接颉刚,同赴文化俱乐部参加学习。本组到东莼、冰心、洁琼、汉达、楚波、纯夫、颉刚、守义及予九人。纯夫主持。休息时东莼先行,会开至十二时十分乃就餐。以纯夫与洁琼相持颇久也。饭后,仍与仁懿、颉刚同车送归。下午二时半车再来,复过接颉刚同赴会。仍由纯夫主持,颉刚发言。亦久持。六时散,与纯夫、志成、颉刚同车送归。

七时,文修来,遂与湜、修、元、宜共饭。润、琴则以往人民剧场听音乐未归晚饭。燕孙则所中仍不听接出也。晚饭后,孙辈看电视,予却洗濯就寝。九时半,湜送文修上车即还。十时三刻,润、琴乃归。

8 月 22 日(七月廿六日　戊申)星期

晴热。

晨六时起。润儿、湜儿、元孙为西屋粉刷。八时予出,乘廿四路南转十路到中山公园,再转五路到西华门访乃乾。谈至十时许,高谊至,不期而遇,为之欣然。十一时半,与高谊起行,高谊走南道,予行北道,乘五路至地安门转十一路无轨,到东单,再换廿四路北归。在车上复遇高谊,巧极。并遇宜孙,盖伊赴校缴费,亦适于其时归家也。乃与宜偕归。到家,见西屋已大体刷完。有顷,文修至,琴媳亦率其甥女滕秋梨至,遂与润、琴、湜、修、元、宜、秋同饭。饭后小卧,阅新出《文物》杂志,三时起。五时镇孙来。近晚,汉儿、鉴孙来,遂及家人同饭。饭后,九时,湜送文修行,汉、镇、鉴亦旋去。予乃洗拭就寝。有顷，湜儿归。十时半，其同事袁君来，留住西屋。

8月23日（七月廿七日　己酉　处暑）**星期一**

晴加热。不图秋暑甚于伏暑也。

晨六时起。袁君即去。八时半，小刘车来，径赴文化俱乐部参加学习。颉刚曾有电话见告，以赴北京医院就诊，不必过接也。本组到纯夫、楚波、研因、冰心、洁琼、汉达、守义及予。颉刚旋亦至。谈至十二时散，就食餐厅。饭后与颉刚、仁懿同车送归休息。下午二时半车来，仍与顾、杜二人同赴南河沿学习。下午守义未到。六时散，与颉刚同车送归。

夜与润、湜、元、宜共饭。饭后润出购物，湜则往文修家。九时，予洗濯就寝。润儿归。十时，琴媳归，又越半小时湜儿亦归。

8月24日（七月廿八日　庚戌）**星期二**

晴，奇热。终日通宵浴汗不止。

晨六时起。八时五十五分民进车始来，过接颉刚同赴南河沿学习。本组到研因、楚波、守义、汉达、纯夫、冰心、洁琼、颉刚及予九人。纯夫主持，汉达发言最切当，如演算之获答案。十二时散，就餐于饭厅。饭后偕颉刚、仁懿同车送归。下午二时四十分小刘车来，仍载颉刚、仁懿同赴学习。颉刚谈封建文化，大为称说苏州，颇引人反感，予亦苏人，似亦不乐闻此也。今天奇热，休息时大啖西瓜。六时十分散，与纯夫、颉刚同车送归。到家知湜儿已襆被入山，匆匆暑假倏过，闻将即日开课云。

夜与两孙及两妪同饭。九时洗濯就寝。

8 月 25 日(七月廿九日　辛亥)星期三

晴,依旧奇热。北地秋暑希见之象也。

晨六时起。八时四十分小刘车来,乃乘以过接颉刚同赴南河沿学习。第一组到纯夫、守义、楚波、汉达、冰心、洁琼、颉刚及予八人。纯夫主持,仍谈政治与业务问题。十二时散,就饭于餐厅。饭后与仁懿、颉刚同车送归休。到家即接佑民电话,谓小刘另有任务,将别雇一车于二时四十分来接,并顺接顾、杜二位云。予小休即起,待车至三时乃来,再过接顾、杜,岂知到土儿胡同后,杜以不及待行矣。赶即回驶向俱乐部,入门杜亦方到。于是迟半小时。第一组已在谈。下午,谢、雷缺席,研因来,实到八人。谈至六时散。与顾、葛、梁、徐同车送归。又由小刘驾车矣。

夜与润儿、元孙、宜孙同饭。饭后孙辈看电视《白毛女》。予在庭纳凉,无风,反躁,即取汤洗濯就寝。琴媳八时半归,以未饭,再具餐。

8 月 26 日(七月三十日　壬子)星期四

晴热。

晨六时起。七时,元、宜两孙入学,盖暑假期满,又届新学期开始矣。

八时四十分小刘车来,乘以过接颉刚同赴南河沿学习。本组到东莼、纯夫、研因、守义、楚波、汉达、冰心、洁琼、颉刚及予十人。休息时东莼先行。十二时散就餐。餐后与顾、杜同车送归。二时四十分小刘载杜来,过接颉刚同赴学习。到九人。会上大有人对颉刚提批评,反映前日所谈者甚烈。休息时仍大啖西瓜,闻之志成云，每日用瓜八九十斤。六时十分散，与楚波、颉刚同车送归。

夜与两孙、两姬同饭。饭后取汤洗濯，就坐庭中纳凉久之。九时就寝。十时后琴媳、润儿先后归。宜孙感不适早睡。

8月27日(八月小建乙酉　癸丑朔)**星期五**

晴，偶多云，午小阵雨，不能破块也，炎威少杀，而闷塞依然。

宜孙上午就医赵家楼，又为扁桃腺肿胀，打两针，由沈姨扶之归。夜发高烧。

予晨六时起。八时半小刘车来，过接颉刚同赴南河沿学习。本组到研因、颉刚、冰心、洁琼、汉达、楚波、守义、纯夫及予九人。下午同。讨论"二为"(为工农兵，为社会主义)与"双百"(百花齐放，百家争鸣)。

下午散归，文权、濬儿、小安在，知后日濬将亲送小安返青岛云。待润儿久之，七时半始夜饭(与濬、权、琴、元、安)。八时，润儿始归。以菜肴俱尽，乃享以蛋炒饭。九时半，濬、权、安去。予乃洗濯就寝。

七月六日北京医院体格检查总结，七月卅日该院始发寄，今日乃由所中转到。

8月28日(八月初二日　甲寅)**星期六**

阴，午前阵雨，午后转晴。傍晚又起云，入夜雨旋止。夜半大雷电雨，气稍凉，

晨六时起。八时四十分民进车来，即过接颉刚，同赴南河沿文化俱乐部参加学习。到研因、守义、楚波、汉达、冰心、洁琼、颉刚、纯夫、东莼及予十人。谈民主与集中。十二时过餐厅饭。饭后仍

偕顾、杜二位同车送归。下午二时五十分车又来,杜已先在,乃过接颉刚、静秋同到文化俱乐部。三时开会,到九人,东莼未至。谈三结合问题。六时散,与纯夫、颉刚同车送归。

夜与润、琴、元、宜、燕同饭。盖周末矣。燕孙已四星期不归,今该托儿所防病隔离已告解除,故得接归。颇慰我念。饭后,看电视。九时半,湜儿归,已在文修家饭过云。十时半洗濯就寝。

8月29日(八月初三日　乙卯)星期

晴热。深夜有雨。

晨六时起。九时许,接子臧电话,谓张福崇将来访予。未几,二人联袂见过。知福崇来京住子臧家,后日便返沪。廿年不见,彼此老矣。福崇已六十三。谈移时,二人辞去。予亦旋出,乘廿四路北转一路无轨,径到团城参观江苏工艺美术展览会。以星期游客綦众,聚观者层立,不得近,匆匆历四室,欲至小卖部购取扇面及毛笔亦围立几层,无法知有无,只得出而他适。过北海公园,亦游人稠叠,无由获一坐处,乃绕琼岛一周即出。仍乘一路无轨东行,转廿四路归家。

午与润、琴、湜、元、宜、燕同饭。饭后小睡,三时起,湜儿即往文修家,当晚即入山写思想小结云。

夜与润、琴、元、宜、燕同饭。八时半即洗濯就寝。

8月30日(八月初四日　丙辰)星期一

晴热。早晚凉。

晨六时起。七时后儿孙辈分别上班入学。家庭气氛又顿归岑寂。

八时四十分小刘车来，乘以过接颉刚同赴南河沿学习。本组到东莼、纯夫、冰心、洁琼、研因、楚波、守义、颉刚及予九人。纯夫主持之，谈知识分子改造问题。十二时就餐。餐后与顾、杜、雷同车送归。下午二时四十分，小刘复来，仍接颉刚同赴学习。东莼、守义、洁琼未到，续谈改造问题。六时五分散，与楚波、颉刚同车送归。

汉儿来，因与汉、润、元、宜同进晚饭。九时，汉、润同出，汉径归。润则赴车站送濬儿去青岛，送小安回去。予洗濯就寝。十时许，琴媳归。有顷润儿亦归。

8月31日（八月初五日　丁巳）**星期二**

晴热。早晚凉。

晨六时起。八时半民进车来（由司机老温开），即乘以过接颉刚同赴南河沿文化俱乐部学习。本组到东莼、纯夫、汉达、研因、楚波、冰心、洁琼、颉刚及予九人。仍谈改造问题。十二时就餐。餐后仍偕顾、杜二人同车送归休息。午后，正在小睡，晓先至，遂起与酬谈。二时半，民进车来，晓先乃去。予即过接颉刚，仍赴学习。下午东莼未到，守义来，各谈此次集中学习中所得体会，盖十七天来作一小小结束耳。六时散，与纯夫、楚波、颉刚同车送归。

夜与润儿、元孙、宜孙同饭。八时半即洗濯就寝。是日沈姨休假。九时半始归。十时，琴媳亦归。

9月1日[①]（八月小建乙酉　癸丑朔　初六日　戊午）**星期三**

晴热。黄昏雷雨。早晚凉。

---

① 底本为："习习盦日记 第廿三册"。原注："一九六五年九月一日至十月卅一日，凡六十一天。巽斋止叟负暄手装。时乙巳冬十月下旬二日小雅一廛南窗，年七十有六"。

晨六时起。十七天民进中央集中学习,昨日小结,今天松动矣。因电约乃乾茶叙北海揽翠轩。九时出,乘廿四路北转一路无轨至北海,拄杖徐步上白塔,在揽翠轩北栏觅座,瀹茗以待。有顷,乃乾伉俪至,长谈达午,乃行。三人同下琼岛,度陟山桥出陟山门,在西板桥大街候五路南行,乃乾夫妇至西华门下,予则至中山公园转十路回东单,再换廿四路北归。

到家已十二时半,润儿以为予在外午饭,已饭过。少坐,予乃啖馄饨一碗当餐。餐后,润儿上班去。予就榻小憩,三时乃起。久不点阅《续通鉴》,今稍得闲,乃展点第一百六十七卷。时当金源灭亡,南宋亦垂垂,趋徽、钦后尘矣。民生衰飒之状所不忍睹。至暮仅点十二页,未克终卷也。

入晚,雷雨。宜孙已先归,元孙值雨矣。七时,与两妪、两孙同饭。八时半洗濯就寝。九时半,琴媳归。未几,润儿亦归。

9月2日(八月初七日　己未)**星期四**

晴暖,盖积暑渐退,新凉初荐之候矣。

晨六时起。九时许出,乘廿四路北转七路无轨,到西直门外白石桥下,步往紫竹院公园,一赏秋色。东湖满植荷蕖,北湖亦西半皆莲花,虽已卸而翠叶不凋,弥望一碧。西湖清波涟漪,群山遥峙若屏障,垂柳拂岸掩映如画,立堤上延赏久之。适有两队青年在彼习泳,下水前集体操练筋骨。屈伸抑扬,应令齐作,英气勃勃,直可使老人亦带劲矣。徐步沿岸而东,憩于原活鱼食堂前,今改茶点小卖部。瀹茗,移时乃起行。度红桥,穿花径,仍出大道,(紫竹院路也。)复乘七路无轨返城,至东直门小街,再换廿四路南还。到家已十一时五十分。十二时半,润儿始归,遂同午饭。饭后小休,卧阅

《宸垣识略》。四时许起，展点《续通鉴》卷一百六十七，垂暮毕之。

夜与琴媳、两孙、两妪同饭。八时半就寝。收听林彪国防部长为纪念抗日战争胜利二十周年而作的文章，历时两小时五十分，近十一时始毕。义正辞严，对美帝苏修勾结的阴谋揭露无馀，随处以日寇惨败为殷鉴。越听越兴奋，十二时后乃合眼，良久始入睡。

9月3日(八月初八日　庚申)**星期五**

晴爽。

晨六时起。七时至九时四十分听再播林文，文凡九章，每章阐明"人民战争胜利万岁"，贯穿联络，缺一不可，谨严之至。十时，展点《续通鉴》卷一百六十八，点至十五页。纪元见过，知即将赴香河县办四清。谈至十一时五十分辞去。濒行以方瓶绍酒两瓶为赠，诸承关切，极感。

午与润儿同饭。饭后小休，二时起，廿分出门，徐步往建国门科学院文学研究所，应本组之召，纪念抗日胜利廿年座谈会，谈林彪《人民战争胜利万岁》一文，及昨日《人民日报》社论《美帝国主义照样是可以打败的》。三时开会，到唐棣华、钱默存、陈友琴、吴子臧、陈翔鹤、俞平伯、范叔平、曹道衡、胡念贻、王水照、蒋禾生、徐公恃、董乃斌、白鸿、陈毓罴及予十六人。冠英以夫人病未能到，由默存主持。发言极踊跃，除水照执笔纪录未及置词外，仅禾生一人默然。六时半乃散。仍走还，与子臧、友琴同行。

夜与润儿、元孙、宜孙同饭。饭后，孙辈看电视转播影片《苦菜花》。予八时半即洗濯就寝。大约积劳之故，偏头痛又发，数数痛醒也。

9月4日(八月初九日　辛酉)星期六

晴爽,时有云翳。

晨六时起。七时,润儿为予包扎《四库全书总目》五部,备分赠其芳、冠英、平伯、默存、友琴。此书出版,中华仅送样书两部,其一已赠颉刚。日前偶为乃乾言之,乃乾转陈灿然允再送五部。前日始由士春带到,今乃一一分别备送。范围即限本所,亦未能遍也。九时出,乘廿四路南转十路,到南樱桃园,再转五路到陶然亭,独坐湖畔柳荫下,悠然久之。十时半起行。仍乘五路东行,至中山公园转十路回东单,再转廿四路归家。

堉孙、镇孙、汉儿先后来。遂与润及伊等同饭。饭后,汉、润上班去,镇孙亦赴美术馆上班,筹备体育展览会。伊毕业后,已被派工作,在山西。以第二届全国运动会在即,特留京派临时工作,须会后始往太原报到也。予午后小休,三时起,堉孙亦去。堉孙此次派在卢沟桥农场工作,情绪尚好,予勉以善言,一切好自为之。四时三刻出,乘廿四路北至东四九条下,走赴圣陶之约。六时前,平伯、元善、颉刚亦先后至。七时许,纪元至,乃开筵小酌。盖纪元即日有远行,又值家栽昙花即夕可开,因邀予等同饮赏花。且为纪元祖饯也。席次渐见花开,至八时乃圆满,形如菡萏而别具幽香。观赏移时,且闲谈云。九时,纪元车来,遂与平伯、颉刚、元善偕乘送归。

到家小燕刚睡,元、宜两孙及润、琴皆未睡也。予少坐即解衣就寝。

9月5日(八月初十日　壬戌)星期

日不烈,风不扬,温适,真宜人天气也。

晨六时起。七时十分,挈元、宜两孙出,在禄米仓西口候车,盖本所工会组织乘休假作郊游也。未几,子臧偕其大女至,所中所雇车(即三路公共汽车临时调用者)亦随至,乃与子臧等登,润儿、燕孙送予等上车后归去。车中晤蔡仪(挈其两女)及本组徐公恃,皆同事眷属(孩子特多)。别有一车(亦公共汽车加车)从我车后。至老君堂口接平伯伉俪及一女一戚,至文化部门首,又接友琴等(皆后一车载)。两车开至西四,又有四五人(亦同人眷属)上,乃齐驰出阜成门,径往潭柘寺,十时到达。散队游览,予挈两孙随众登最高处观音殿,即下就寺门口小卖部独坐饮茶。两孙则随蔡仪往游黑龙潭。十一时半,子臧父女来小卖部,予遂邀与同坐,各出所携干糇啖之。有顷,两孙亦至,俟伊等进食讫,已十二时半,始晤平伯亦来就食。予与子臧等出寻东观音洞,遇友琴,因同行。至其地则门加锁钥,未得入,即返。抵山门已将一时廿分,乃仍各依原乘之车登上,一时三刻开车返,过戒坛观松,又盘桓久之,乃下山入城。三时自戒坛寺开车,五时即归家。甚感快速。

到家,汉儿及韵启在,知润儿为予出送书,琴媳挈燕孙去王府井购衣物,湜儿、文修午前归,饭后即去云。韵启语予,接致仁电,谓七日在沪起程来京开会,先闻致仁患瘤疾,突然来京,颇滋疑,因就予商量耳。傍晚,润、琴等皆归,遂留韵启共饭。饭后少坐。八时,汉、润俱因同事有被调下放者,须去车站送行,韵启亦同行归去。予乃取汤洗濯然后就寝。九时三刻润儿自车站归,就予榻前谈湜儿事,琴媳亦参与焉。予为怫郁久之,十二时后乃得合眼。

家蓄黄猫已十年,昨夜偶于邻家吃到卫生点派置之有毒咸鱼,今午死去。

9月6日(八月十一日　癸亥)**星期一**

晴爽,有风。

晨六时起。九时出散闷,乘廿四路北转九路无轨,到景山公园,由倚望楼东侧上周赏亭,稍坐便西上万春亭周览全京,自西而北,而东,山色苍郁,环抱如椅背,南望万瓦鳞次,转不若山色之特妙矣。伫望久之。西下富览亭,在辑芳亭北觅路下,在柏林中小坐,十时三刻起行,出东门,乘十一路无轨到东单,再廿四路北还。到家已将十二时。

午与润儿同饭。午后小休,三时起,抹牌作打五关之戏,藉遣闷怀。傍晚接默存书,谢予赠书,语多过扬,阅之滋愧。文权来,出濬儿青岛来信呈予,知已安抵矣。未几,润儿亦归,(今周起改六时下班,两孙亦先已放学归。)遂留共晚饭。餐后,润儿以馀事未了,仍入馆。予与权闲谈。九时润归,文权乃归去。予亦就寝。十时,琴媳归。

9月7日(八月十二日　甲子)**星期二**

晴爽。

晨六时起。八时后,展点《续通鉴》卷一百六十九,至十一时半仅得十一页。汉达来访,遂掩卷接谈。因留与共饭。润儿陪同进餐。下午一时半,汉达辞去。二时廿分老赵车来,乘以过接子臧、冠英同赴赵登禹路政协礼堂参加科技组报告会。遇圣陶、平伯、景耀、洁琼及诸熟人。三时开始,茅以升主持之,请范长江报告参加农村四清运动的体会。六时散，乃偕冠英、平伯、子臧同车送归。

夜与润儿、元孙、宜孙同饭。饭后，润儿入馆加班。八时半，拭身就寝。十时，琴媳归。十一时润儿始返，以赶作统计图表费时良多也。

9月8日(八月十三日　乙丑　白露)**星期三**

晴爽。入晚多云。

晨六时起。秋高气肃，不安久坐。遂于九时许出，乘廿四路北转七路无轨，出西直门到动物园。园内葺理正新，高树未凋，池荷犹绿，秋花繁缀，鸟语时闻，环水禽湖新设铁栏髹以浓绿，城市中有此境界殊足快心矣。予入园绕水禽湖一周，且赏览鸣禽室。出园已十时半，乃乘十五路到复兴门内大街麟阁路口下，转十路回东单，再换廿四路北归。

到家已将十二时。午间吃面，润、琴俱归，以今日为宜孙十岁初度。(本系夏历八月初四日，因予集中学习，忙中忘却，遂改用阳历，亦革新之意尔。)伊等晚上均有事，未能归饭，故中午赶回点景耳。

下午二时半民进车来，乃过接颉刚同赴辛寺胡同本部参加常例学习。一、二两组合开，到杨东莼、张志公、黄国光、吴研因、顾颉刚、杜仁懿、傅彬然、贾祖璋、严幼芝、张纪元、徐楚波、葛志成、梁纯夫、谢冰心、雷洁琼、车问忱、林汉达、章矛尘、陈麟瑞及予，与一未识之人，共廿一人。东莼主席，先由志成传达双周座谈会上徐冰所作报告，继由东莼对此次集中学习作总结，并商定下周开始学习项目。六时散，仍偕纯夫、颉刚同车送归。

元、宜两孙放学归，汉儿、镇孙亦先后至，遂同进晚餐，仍以面代饭。九时汉儿、镇孙归去，予亦洗濯就寝。十时后润、琴先后归。沈姨傍晚出访友，十一时许始返。

9 月 9 日(八月十四日　丙寅)**星期四**

拦朝雷阵雨却不大，至午霁。午后放晴，气乃大凉。

晨六时起。上午点完《续通鉴》卷一百六十九。午与润儿同饭。接漱儿信，知冯致仁今日可到京，因即电话属韵启届时往接。

午后小休，三时许起，续点《续通鉴》卷一百七十，亦于五时毕之。

今日工人体育场有第二届全国运动会开幕式预演，昨日镇孙以赠券一纸呈予，请往观之。今忽雷雨，近午虽晴，而地泞，未必能实现。正彷徨间，镇孙电告因雨顺延至明日下午三时举行，乃安。六时后宜孙、元孙先后归。有顷韵启来，遂与韵及两孙同进晚餐。七时半，韵启去车站接致仁。八时许，琴媳、润儿先后归。

九时，予就寝。宜孙归时有罗福亭、贾宝兴二位来访，出澄儿信见示，乃贵阳同事去包头四清，路出北京，故特托带寒衣与堉、基两孙者。因延谈良久。入晚乃去。衣包当与两外孙耳。

夜十时，韵启复来，谓已接得致仁，送往前门饭店，(同来开会者由政府招待也。)特将漱儿托带月饼等物送来也。其诚可感，起与谈，略坐便辞去。

9 月 10 日(八月十五日　丁卯　中秋节)**星期五**

晴。

晨六时半梦扰始醒，颇不适，觉凉，初御棉毛裤及羊毛衫。十足老人行径矣。

八时后展点《续通鉴》卷一百七十一，抵午毕之。

午与润儿同饭。下午二时与润儿同出，乘廿四路北转十三路无轨，赴工人体育场参观第二届全国运动会开幕式预演及团体操，人多车挤，在十条转车时立候六辆始得上，到场已将三时，亟觅门各登，（润在九台上，予在廿三台下。）不能相顾，予得坐第六排，太低。幸可看到北台变动布景及东台时计及字幕。三时正开始，各省市区入场式以次进行。首为上海，最后为北京，盖亦示东道之谊，例得从谦乎，凡廿八省市区，加以解放军，共廿九单位，庄严肃穆，令人欢愉振奋不能自已。继为团体操，凡七场，场场精采。五时完成，予随众拥出场，知不可能挤得上车，亦无法寻见润儿，乃决意步回，在人丛中勉行半小时，始达朝阳门，见有三轮，遂雇乘以归。到家，鉴孙、宜孙已在，鉴亦在体育场看团体操，以御骑车故先到。未几，镇孙、元孙、汉儿、韵启、润儿皆源源来，知致仁亦将来我家，韵、润皆至禄米仓口接候。七时半，亦接到，乃就南屋设圆桌合坐小饮，藉赏中秋。餐后，在北屋杂坐长谈，啖饼果。惟琴媳以事忙未归饭耳。

九时三刻韵启、致仁及汉、镇、鉴皆归去。予亦收拾就寝。十一时许琴媳乃归。

9月11日（八月十六日　戊辰）**星期六**

晴爽，偶有云彩。

晨六时半起。八时出，步往建国门科学院哲学社会科学学部二楼会议室参加六十七次中心学习座谈会。谈哲学社会科学研究工作如何面向农村，如何为五亿农民服务的问题。导生主席，到各所室人员至众。晤及子臧、默存、琢如、藏云、刚主、叔湘等,唯颉刚、平伯不见到。十二时散,仍步归。大雅宝、什方院等处正在修治下水道,往返皆上下泥堆,且须绕道也。

午与润儿同饭。下午二时三刻开电视,备收转当日下午三时第二届全运会开幕式及万人团体操,正与两妪同看,而朱遵鳌来访,盖自合肥又来京洽事也。因与同看电视。五时,观完,两孙及润儿亦归。薄暮琴媳挈小燕归,遂与润、琴、元、宜、燕及遵鳌同饭。饭后,小谈移时,遵鳌辞去。予乃取汤洗濯就寝。

湜儿未归饭,又无电话,深念之。乃倚枕阅《辍耕录》,十时许湜儿始归。

9月12日(八月十七日　己巳)**星期**

拦朝大雨,终阴。午后略晴,气温稍减于昨前。

晨六时起。竟日未出。九时,晓先夫妇来。十一时,文修来。十二时与晓先夫妇、润、琴、湜、修及宜孙、燕孙同饭。饭后一时,润挈宜、燕去自然博物馆游览。元孙上午去美术馆参观体育展览会,一时后乃归饭。三时,晓先夫妇去。琴媳仍入社办事。

四时基孙来。有顷,汉儿来。予遂与汉儿、文修及湜儿谈。至晚汉儿归去。润、琴及宜、燕皆归。遂与润、琴、湜、修、基、元、宜、燕同饭。饭后,湜儿、文修告归修家,湜仍于明日清晨入山云。基孙即将在朝阳区干四清,亦取其母托人带来之冬衣返校。

九时,予就寝。

9月13日(八月十八日　庚午)**星期一**

晴爽。

晨六时起。午前堉孙来，谓奉差入城调查，当晚即回农场云。至午，润儿归，遂与润、堉同饭。饭后堉孙去，润亦上班。下午二时半民进车来，遂乘以过接颉刚同赴辛寺胡同本部参加学习。本组到东莼、纯夫、研因、楚波、冰心、洁琼、汉达、颉刚及予九人。讨论林彪文章《人民战争胜利万岁》。六时散，予与颉刚以候车故，延至七时乃得车。盖全运期间出租车一时调度不济也。比到家，润儿已电话催询民进矣。七时半乃与润儿及元、宜两孙同进夜饭。九时拭身易衣就寝。

9月14日(八月十九日　辛未)星期二

阴凉，午后开霁。傍晚雷雨中夜始止。

晨六时起。八时一刻出，乘廿四路北转一路无轨到动物园应乃乾约。入园径至牡丹亭茶棚，尚无一客就坐，予忽后急乃如厕，及还坐，乃乾夫妇已在，遂纵谈不觉近午，十二时始出园，乘三路无轨直达崇文门，径造崇文门食品商店楼上冷饮部(即旧法国面包房，后曾改国际友人服务部云。)午餐，所谓酒吧间也。品不多而精，价亦不贵，先闻陈万里介绍，今乃过之，颇惬意。二时离楼，同乘三路至东单，予先下再转廿四路归。知锴孙、翠英夫妇及镇孙俱来饭，以候予不及，行矣。入晚雷电交作，幸元孙、宜皆已归，乃同进夜饭。八时，雨隙琴媳亦归。九时，予取汤洗濯就寝。十时，润儿会毕归。

今日为先父沛田公百岁诞辰，废除一切俗仪，只铭心纪念而已。

9月15日（八月二十日　壬申）星期三

晴爽。

晨六时起。上午阅读学习文件。午与润儿同饭。下午二时半民进车来，因乘以过接颉刚，同赴辛寺胡同本部参加学习。本组到东莼、纯夫、颉刚、研因、汉达、冰心、洁琼及予八人。仍讨论林文。六时散。予与颉刚同车送归。汉达明日去晋临汾等处视察文改业务，须两星期始返京云。

宜孙放学回家后，以其母电话去人教社看电影。六时半，予与润儿同进夜饭。饭已，元孙始归。再具餐。予则偕润儿同出，步往米市大街宝泉堂浴室就浴，擦背修脚，真得刮垢磨光之乐。九时一刻始离宝泉堂。乘十一路无轨到东单，转廿四路归家。到家已将十时。有顷，琴媳、宜孙归来。予少坐即寝。

9月16日（八月廿一日　癸酉）星期四

晴爽。

晨六时起。九时出，乘廿四路北转九路无轨，到汉花园大街东头美术馆参观体育运动成就展览会。券系镇孙所赠。门前已停有大型轿车十馀辆。知必人多，比入门则小学生数队亦正由老师率同入览，遥见镇孙在登山模型前指挥讲解，而听者围之数匝，无由招呼。转入第二部，亦复人山人海，只得望望然而立之。草草历第三、四、五、六诸部，即匆匆出场，乃附三路无轨到王府井。先过美术服务部，无所欲购。北行至百货大楼，以盘点故，上午不开。复北过荣宝斋购得加料冬狼毫小楷笔两枝。经东安市场西门往稻香春，购得虾子鲞两块，即出北门，雇三轮东归。到家已十一时。午与润儿同饭。饭后小睡，三时许即起，而意绪疏懒，乃摊骨牌打五关，又感头晕，亦即罢，瞑目默坐久之。

入夜与元孙、宜孙同饭。八时半即就寝，然睡不着，听九时半琴媳归，十时，润儿归，十一时后始合眼。二时又起溲，只索开灯看书，随抽插架之《帝京景物略》阅之。至四时，又合眼稍休，未得熟睡矣。苦甚。

9 月 17 日(八月廿二日　甲戌)**星期五**

晴爽。

晨六时起。积倦难舒，颇不适。

八时半，正拟出行藉遣闷损，而锴孙、翠英至。近午，镇孙亦至。午与润儿及锴等同饭。饭后，润、镇皆上班去，镇约明晨八时来接予同行美术馆补看展览会云。二时，锴、英去劳动人民文化宫看运动会。予就榻小休，不觉至四时乃起。夜与润儿及元、宜两孙共饭。九时即寝。

9 月 18 日(八月廿三日　乙亥)**星期六**

晴爽。气较昨稍热。

晨六时起。八时，镇孙来，即与同出，乘廿四路南转十一路无轨，到汉花园大街美术馆，入览体育运动成就展览。以为时早，得从容听讲，阅时出，复看摄影展览(新华社副社长访问非洲七国所摄取)。在场晤永宽、力子、学文。十时半离馆，别永宽。与镇循原路归家已十一时。少坐便与镇同饭。以镇十二时四十分须往美术馆接班也。润儿本说须去前门饭店布置版本展览，今晚且住在彼处矣。乃当局临时变计，不复搬动，因而归饭，遂重具餐。

下午二时半民进车来，乃径往辛寺胡同本部（颉刚以发烧假）。两组合开。到纯夫、麟瑞、志成、研因、楚波、洁琼、冰心、国光、锡彤及予十人耳。漫谈时事，以我国最近与印度照会及今日《人民日报》社论为主，发言盈庭，颇热烈。六时散，候车半小时，与纯夫同车送归。

夜与润、琴及三孙并文权、硕孙同饭。盖今又届周末，燕孙例得归，权等亦来省予也。饭后，琴媳往景山学校参加家长会。预孙、桂本来告十一国庆结婚矣。九时，权等皆去。予乃取汤洗濯就寝。十时，湜儿归。十一时琴媳乃归。

9 月 19 日（八月廿四日　丙子）**星期**

晴暖，残暑犹恋馀光耳。

晨六时起。九时半，汉儿来，湜儿已往前门候文修矣。十一时，予偕汉儿出，乘廿四路南转十路到南河沿，应云彬文化俱乐部午饭之约。至则圣陶、满子及乃乾夫妇均已先在。云彬夫妇早率其女庄婿伯宁及从妹与孙候客矣。盖云彬今年金婚，兹特邀知友小叙耳。先在庭中合摄一影，然后团坐小酌，治馔者为恩成居，肴核皆精，谈谯至下午二时始散。予仍偕汉儿循原路归。到家倦极，汉儿以家有客至，即去。孙辈开看电视团体操，予则小睡焉。五时起，知湜儿未归饭，今晚未必返家矣。夜与润、琴、三孙、两妪啖蟹。八时半，拭身就寝。

9 月 20 日（八月廿五日　丁丑）**星期一**

初阴，转晴还暖。

晨六时起。八时半，锴孙、翠英小夫妇及镇孙偕来，请予出游故宫。遂同乘廿四路南转十路到天安门下。度外金水桥，直入天安门、端门、午门，复度里金水桥，上太和门憩焉。旋上太和殿，历中和、保和两殿到乾清门，复憩焉。既又历乾清、交泰、坤宁内三殿，出月华门厅，观养心殿及西六宫。近午乃至御花园，茶于摛藻堂前之浮碧亭。所经各处，都为三孙指点讲解，颇倦矣。有顷，出神武门，乘三路无轨到崇文门，同饭于崇文食品商店楼上，遇李云亭。

饭后二时，予等四人乘八路车，出崇文门直抵太阳宫体育馆，参观二届全运体操比赛。二时半开幕。予等坐东南台观之，予最赏女子平衡木、高低杠及自由体操，优美活泼。至四时半，锴等言附近龙潭湖正在作航海表现比赛。乃不俟终局退出馆，觅径至龙潭，比到已五时，正散场矣，不得不废然作归计。还至法塔寺仍附八路加车回东单。到东单时，翠英乘九路先归其家。锴、镇则仍转廿四路随予归。到家少息，各御骑车归去。知今晚还须看乒乓赛也。青年兴高力强，宜其有此。予则耄荒，百不逮一矣。竟日乘兴，坐下即惫累难振耳。

夜与润儿及元、宜两孙同饭。饭后，润挈宜出理发。八时，予即拭身洗足就寝。九时，润、宜始返。十时后，琴媳始归。

9 月 21 日（八月廿六日　戊寅）**星期二**

晴，仍感热。

晨六时起。竟日未出，以积倦。政协有关于四清体会报告会亦未往也。午与润儿共饭。饭后小睡，四时起，闲翻架书。

夜与元孙、宜孙共饭。八时半拭身就卧。十时许，琴、润先后归。

9月22日(八月廿七日　己卯)**星期三**

晴暖。

晨六时起。八时出门闲散,乘廿四路南转十路到西单,再转九路无轨出宣武门到菜市口,一观新修之百货商场。以尚未至九时,不开门。少顷,门启,予亦随入,列货平平,一转即出。仍乘九路无轨回程,入宣武门到西单商场下,欲就该地食品商店选购食饵,乃大门紧闭,而门上悬牌固为九时开业也。其实过时一刻矣。然则,管理得法亦虚传耳。只得望望然去之。仍乘九路无轨到北海下,入园度桥,径至漪澜堂前登渡船北行。今日偶遇巧事,以该船缺工,乃改用摩托小拖驳牵引至铁影壁。登岸东行出园后门,乘十一路无轨到东单,再换廿四路北归。到家已十一时。终感神思懒倦也。

午饭时,接润儿电话,谓已挂号,将赴赵家楼医院看病,可先饭,不必等候云云。予乃独饭。心中放不下此突然信息也。饭甫毕,而润归,始知感冒引起扁桃腺肿胀,恐妨办公时间,特挂十二时号耳。稍为释然。午后二时半民进车来,乘以赴本部学习。仍两组合开,六时与纯夫同车送归。

夜与润儿、元孙、宜孙同饭。八时即拭身就寝。元孙坐予案作校课,十时半始返其卧室,其母亦启门归矣。

9月23日(八月廿八日　庚辰　秋分)**星期四**

晴暖,多云燥热。

晨六时起。八时接笙伯航信,二十日写,廿一日发。知漱儿患急性盲肠炎,十六日发觉,入院割治,已经过三天,但尚未出院云云。笙伯素懒笔，今不得不写信，其急可知矣。因伸纸作复，嘱注意出院调养。顺笔再作四信，分寄濬儿青岛、清儿太原、澄儿贵阳、滋、佩合肥。（此信编京十二号，寄沪者亦用航空。）抵午始毕。十二时十分润儿归饭，因须值班竟不暇看信即饭而后行。有顷，汉儿来，遂与同饭。饭后，汉儿看信封好即携出付邮。二时就榻小睡，四时起。新建设社赵幻云见过，出程金造《史记校识》稿属为审阅，谈至六时辞去。

夜与宜孙同饭。元孙持予票与其同学杜安夏七时半在政协礼堂看新疆剧《喀喇昆仑颂》，未归晚饭。予近来目力不济加深，入晚竟不敢出门行走。

八时，予取汤洗濯，偃卧摇扇以自休。盖近日天忽转为躁热，难受甚于暑天也。九时三刻，琴媳归。十时一刻润儿归。十一时十分，元孙乃归。予俟家人毕归始合眼。十二时朦胧入睡。

9 月 24 日（八月廿九日　辛巳）**星期五**

晴间多云，躁热。

晨六时起。八时出门，乘廿四路南转十路到大华路口下，步往北京医院门诊部就诊。盖昨日预先挂号者。至则候诊者綦众，（近日开放接诊，不限于各机关高干。）坐候久之，幸遇蔡仪，乃得闲谈。知象钟一行十七人已抵江西丰城，入手四清云。郭敏文大夫适调开，乃改由牛福康大夫接诊。据查血压尚正常，惟心律不齐加甚，嘱多休息，少活动，处方仍用萝芙木、安乐神、派力苯沙明三味，即就药房配取以行。穿东单公园到东单，附廿四路北归。到家已十时半。

午与润儿共饭。饭后小睡，四时始起。阅《湧幢小品》。入晚同润儿、元孙、宜孙同饭。饭后,润入馆加班。

八时半拭身就寝。九时半,润儿归。十时,琴媳亦归。

9月25日(九月小建丙戌　壬午朔)**星期六**

阴转多云。气亦稍凉。

晨六时起。八时走访雪村,以昨晨予去医院时曾来访予,未悉何事,故特访之。至则静庐在座,知伊退休欲返沪,竟以户口报不进而搁浅云。谈有顷,静庐辞去。雪村告予,昨日之访正为伊即将返沪,谋所以共饯之耳。今既搁浅,只索且缓也。十时,予辞归。

午与润儿共饭。下午二时廿五分民进车来,仍独乘以往。颉刚有电话通知,仍在假也。三时开始,仍两组合开,到东莼、纯夫、研因、廷谦、冰心、洁琼、国光、祖璋及予九人耳。盖大部分同志往房山县参观半农半读教育设施也。六时散,予仍与纯夫同车行,先过无量大人胡同冯仲足家,纯夫入访,属予径归。

夜与润、琴、湜、元、宜、燕同饭,以今日又届周末,湜亦下山径归也。

夜饭后,润儿挈宜、燕两孙往东单看预演国庆游行。未几,致仁来访,知韵启今赴越南公干,顷自车站送行,顺过予家叙谈。湜儿、琴珠、元孙及予偕同畅谈,颇悉漱儿一家详况。九时半,致仁辞归前门饭店,琴、湜、元送之上车。有顷,润挈宜、燕两孙归。予亦就寝。

9月26日(九月初二日　癸未)**星期**

晴爽。

晨六时半起。上午未出,亦无客至。午与润、琴、湜、元、宜、燕同饭。饭后,予偕润、湜出游,湜先赴二里沟约文修。予则与润乘廿四路北转七路无轨直出西直门到白石桥,步往紫竹院公园,就原活鱼食堂(现改茶点小卖部)瀹茗以候湜、修。庭罗桂榴而茶客无多,正好静憩也。三时一刻,湜、修奉修母同至,坐谈移时,乃起行,立柳堤望远山,湖光映之,绝妙夕阳山村图也。在堤畔及土山之半,各摄数影而出。五人联步返白石桥站,湜偕修母女返修家,予与润仍乘七路无轨入城,时正五时。返至东直门南小街,再转廿四路归家,未及六时也。

夜与润、琴、元、宜、燕同饭。饭后,润、琴偕往长安戏院看西北地区小型话剧。予八时即拭身就寝。十一时,润、琴始归。

9月27日(九月初三日　甲申)**星期一**

晴爽。

晨六时起。九时独出散步,往城外日坛公园少坐,踽踽凉凉终感乏味。不久即由光华路绕至雅宝路入城豁口返于家,瀹茗自劳已十一时,午与润儿同饭。

下午二时,予又独出散步,乘廿四路南转九路,至人大会堂前,再转五路径往陶然亭,在抱冰堂西首培高之土坪上寻赏月季花。无意中见到印光和尚塔,塔前石供桌完好,其两旁各有道光二十三年碑一座。(一昔不在陶然亭范围内,今园地逐渐扩大,近旁刹庙颇有圈入者,此殆近年栏入。)此印光和尚似与民国时示寂于苏州灵岩寺之印光法师为两人?俟考。自土坪下,径度新筑小堤而南,绕出云会楼东石桥,略憩于西湖东畔之铁椅即起行,仍出园北门,乘五路返大栅栏,徐步至老车站,再乘九路回东单,换十月月票,遇静庐,同上廿四路归。静庐过予小憩,长谈至暮乃去。

夜与两孙及文权同饭。文权傍晚来省予也。八时半,文权辞去。润儿亦自外归。九时,予就寝。琴媳旋归。

9月28日(九月初四日　乙酉)**星期二**

晴爽。

晨六时半起。八时半出,乘廿四路北转一路无轨径抵西郊动物园,沿途遇学生多队分赴天安门及钓鱼台宾馆者,时时阻路,因思今日元孙亦告须往天安门欢迎柬埔寨元首西哈努克亲王,恍然此等队伍皆参与此役者也。在园内鸣禽馆及水禽湖略一眺望后即出,已十时半,恐东西长安街等处必见阻,乃仍乘一路无轨东返至朝内南小街,廿四路已无南行之车,遂徐步而归。到家已十一时半。汉儿本约来饭,以长安街见阻,临时电话禀知不来云。

午与润儿共饭。饭已,宜孙归取书,再具膳焉。时润儿为予往东安市场购物,比归,宜孙已返校矣。二时许,润上班去,予遂倚枕假寐,不觉入睡,而梦扰不安,四时偃蹇起床,无聊之至。抽书《梦溪笔谈》阅之,书为胡道静所校,正用力甚勤。较并时加工古籍远胜数倍。道静为朴安之侄,寄尘之子,现在中华书局上海编辑所任编辑。顾未尝识其人也。

六时,宜孙归,即令往禄米仓口候致仁,盖致仁应予约来晚饭也。有顷,与宜孙同归。七时,元孙亦归。遂与致仁、元、宜同饭。八时许,汉儿来,以水果等物托致仁带与漱儿。有顷,润儿亦归,盖致仁约伊同赴人大会堂看新排节目,回家后即偕致仁同去。九时半,汉儿归去。予亦就寝。十时,琴媳归。润儿十二时半始归。予竟未之闻,但二时即醒来起溲,嗣后即未能安睡,迷糊中听到时钟报三、四、五时之声,殊不舒服也。

9月29日(九月初五日　丙戌)**星期三**

晴爽。

晨六时起。九时,书友刘清源来,送到中华书局新出版《全宋词》(唐圭璋编订),并将前两次书款一并收去,共四十元。与谈良久乃去。午独饭。以润儿在馆练习羽毛球比赛也。

下午二时半,民进车来,乘以过接颉刚,同赴辛寺胡同本部,参加学习。到梁纯夫、葛志成、陈麟瑞、徐楚波、谢冰心、雷洁琼、张锡彤、黄国光、章矛尘、柴青峰及颉刚与予,凡十二人。仍两组合开,麟瑞主持之,讨论长期备战问题。最近布置之学习单元又告一段落矣。国庆后当有新的布置也。六时散,予与纯夫、颉刚同车送归。

夜与润儿、元孙、宜孙同饭。八时半取汤洗濯易衷衣就寝。琴媳九时半归。润儿晚饭后出看电影,十时半始归。十一时偕琴同往车站送致仁行,十一时半琴先归。隔窗见告,致仁所乘车须十二时五十分方开,现尚未见致仁到站,润独留在彼相候,伊乃先返云。翌晨一时,润儿始送致仁上车然后归,予已入睡矣。

9月30日(九月初六日　丁亥)**星期四**

晴。又还暖。

晨六时起。九时一刻,老杨驾车载子臧过予,谓十时棣华又传达报告,询予去未,予即同乘以往文学所参加本所全体会,听棣华传达国内经济生活形势报告。知农业、工业、文教、医卫、国防、体育各方面都有突飞猛进成绩,闻之神王气足,不禁自豪难抑。今日之中国在历史上真亘古罕匹矣。十二时散,仍与子臧同车送归。

午与润儿共饭。

下午二时出，乘廿四路南转十路到中山公园，再转五路到西华门访乃乾夫妇。长谈至四时半行。乘五路至地安门转十一路无轨返东单，再换廿四路北归。

接漱儿廿八日航信，知已安全出院，此后只须注意调摄。为之心头更松。惟滋儿、佩媳终无信至，不免悒悒耳。入夜与润、琴、元、宜、燕同饭。盖明日国庆，今乃等于周末矣。饭后，看电视汉剧《借牛》及歌剧《红松店》。九时，湜儿偕文修同归，修即住下，备明日在电视中看游行。十时就寝。

10月1日（九月初七日　戊子　国庆节）星期五

晴暖。

晨六时起。七时前，琴媳、元孙、润儿皆出，各赴机关及学校集合，俾分别参加游行。七时半，老杨亦驾车来接，即乘以行，一一过接子臧、晦庵、其芳，然后循指定路线径诣中山公园停车。沿途游行队伍已纵横交集，路不好行，几于十步一歇，到停车，时已九时矣。四人相将出园前门，登西四台观礼，先在台下休息室小坐，晤叔湘、士琨、云彬诸人。十时上台，典礼开始，在台上又晤守义、桂庭、觉明、寰澄、觉农、孝通、冰心、公培诸人。今日天热，在日晒下未免汗出，而游行队伍之精整年胜一年，通过时间亦紧凑，十二时完成。予等散，入中山公园乘原车送归。

到家时，湜、修偕宜、燕两孙并两妪亦正看毕电视未久也。有顷，琴媳、润儿、元孙先后归来。遂及湜、修、宜、燕同进午餐，并小酌焉。饭后小睡，三时起。润、琴挈三孙出看电影《东方红》，湜、修则往王府井购礼物，备送预孙结婚作纪念，独予一人在家。因默思予每年参加国庆典礼时，必考验自己体力，始终维持在台上植立不下憩于休息室，今日居然仍得维持三小时，甚为引慰。惟目力日退，遥望游行队伍仅辨为一片五色缤纷之人海而已，是则不无缺憾者耳。

六时湜儿、文修归。七时许润、琴率三孙亦归。乃共进夜饭。硕孙来迓，于是润率三孙与硕先行，予偕琴媳、湜儿、文修乘廿四路北转九路无轨到朝外神路街九十六号张宅吃喜糖，以预孙今日与桂本结婚。在京亲属特往贺喜也。至则文权、汉儿、大璐、锴孙、镇孙、鉴孙、基孙皆在矣。欢谈至九时半，始辞张宅各归。予与湜、修仍乘九路无轨入城，转廿四路归家。润等一行五人则御骑车先返。今夜群众凑集东西长街观放礼花者，车车皆满，几于无法挤上。予等所需路线恰与一般所需者方向相反，于是往返都得安坐，亦一奇迹矣。到家已十时，夜深矣。少坐即寝。

10 月 2 日（九月初八日　己丑）**星期六**

晴，偶多云。仍热不类季秋也。

晨六时起。八时，润、琴挈燕孙往红楼看电影。九时后，文权、硕孙、汉儿、大璐、锴孙、翠英、镇孙、鉴孙、基孙陆续来。十二时，润等亦归。遂合坐共餐，藉志国庆。湜儿、文修晨即去二里沟未与焉。

午后权、汉等先后归去。元、宜二孙往看电影。二时一刻，老杨驾车来接，盖今日体委会又在工人体育场举行团体操表演，有请柬招待往看，故由子臧电请所中派车接送也。硕孙适亦有票，因附车同行。先过接子臧及其少女，然后直赴体育场，已二时半。予与子臧执柬为十九台即联袂偕登，人已挤塞，直至最上以次数排处得坐位,恰与觉明、郑昕临近。三时开始,此一伟大庄严丰富多彩之场面,又得亲临一番,诚感欣幸耳。觉明谓予劲头不差,予笑谓此乃抢镜头实非真劲头也。相与一笑。四时半毕,接有柬埔寨队与北京队足球比赛一场,予与子臧看至五时半,下台归车小休。有顷,子臧之女至,乃俟硕孙。讵知等至六时十分未见来,遂开车径行。比到家,硕已与琴媳同饭,以七时半有音乐可听,先已赶归耳。润儿则因送同事之母离京,已出多时矣。而元、宜两孙尚未归。有顷归来,遂与同饭。

饭后八时半取汤洗濯就寝。十时许,琴媳归。十一时,润儿乃归。

10月3日(九月初九日　庚寅　重九节)**星期**

晴,颇热,入夜渐阴,宵深雨作。

晨六时起。七时后润、琴俱到馆社加班。八时半,偕湜儿挈元、宜、燕三孙同出,乘廿四路南转廿路到人大会堂前,再转五路径赴陶然亭公园,先登抱冰堂,略一展览图片即出,在慈悲院南台啜茗憩息,并买葡萄分享儿孙。十时三刻起行,仍出北门,乘五路至友谊医院门前,转十五路往菜市口,登美味斋菜馆之楼觅座午餐。值节后星期,食客云集,竟不得坐,幸遇熟识服务员始设法与人并桌乃得从容进餐。一时许食毕,五人缓步西行,过菜市口菜场一看,然后行至牛街北口,乘十路东返东单,再转廿四路归。到家已将二时。予小睡片晌。五时,永宽来访,因留共夜饭。饭后,润、琴出看湖南花鼓戏。振甫见过。遂与湜及永宽闲谈。八时半,振甫及永宽、湜儿俱去。湜仍住文修家,备明日清晨上山云。九时,予就寝。润、琴何时归家竟未之闻。翌晨四时,为檐溜所醒。

10月4日(九月初十日　辛卯)**星期一**

阴雨转晴。气遂转凉。

晨六时起。六时三刻,与润儿同出,往首都影院看宽银幕电影《东方红》,时正各机关上班,且值雨,以故廿四路及十路皆甚挤。七时半开演,九时卅五分毕。出影院天已晴,而气乃大凉,偕润步往西单,在桂香村及西单食品商场各购食饵一二事后,乘九路无轨北行,转由北海等处回朝内南小街,再转廿四路返家。近十一时到家,堉孙在,润儿仍上班去。午,润归,遂与堉等同饭。饭后小睡,二时三刻起。三时三刻,偕堉孙步往米市大街红星影院看《革命赞歌》彩色片(即团体操表演)。坐第八排十一、十三号。有顷,润儿亦至,坐十二排。四时半开,先为科教片《工业技术革新》等数片,最后乃为正片。六时始毕,仍与堉孙步归。润骑车,往东单邮局为友人购杂志,未几亦追随同归。燕孙已回托儿所,琴媳亦未归来晚饭。六时五十分,与润、堉、元、宜同进夜饭。八时半拭身就寝。

许妈昨日回家休息,今晚九时乃返。堉孙今宿西屋,翌晨回农场。琴媳十时归。

10月5日(九月十一日　壬辰)**星期二**

晴爽。

晨六时起。沈姨休假。八时展点《续通鉴》卷一百七十二,近午毕之。民进干部吴廷勤来访,移时乃去。予仍接点前书卷一百七十三,及润儿归饭始停。得十一页。即起与润同饭。有顷,汉儿来,及共饭焉。

午后一时半,汉上班去。二时润亦上班,予顿感岑寂,遂独出散闷,乘廿四路而南,无意中跨上十路,直抵白纸坊始下,乃转十九路北行出广安门,经西便门、复兴门、阜成门外径达西直门,再转十一路无轨回东单,复换廿四路北归。到家已五时,自笑无聊,竟效儿童溜车,然亦无如何也。

夜与元、宜两孙共饭。九时就寝。十时许,琴媳、润儿先后归。

是日又接漱儿三日航信,知致仁已安返,所带诸物俱未坏。

10 月 6 日(九月十二日　癸巳)星期三

晴爽。夜有月色。

晨六时起。上午点完《续通鉴》卷一百七十三。午与润儿同饭。下午二时半民进车来,即乘以赴辛寺胡同本部参加学习。颉刚以便血请假,电话告予,予乃独往。三时开始,仍两组合开。到杨东莼、梁纯夫、赵鹤亭、柴青峰、吴研因、林汉达、王恪丞、傅彬然、徐楚波、董守义、葛志成、张锡彤、黄国光、许广平、谢冰心、雷洁琼、章廷谦及予十八人。纯夫主席,座谈当前形势,多兴奋语。六时散,与纯夫同车送归。

夜与元、宜两孙共饭。八时半取汤洗濯就寝。

是日午前写信两封,一寄上海漱儿,一寄合肥佩媳(编京十三号)。饭后即交由润儿付邮。

十时前后,润、琴归。沈姨亦先此返回。

10 月 7 日(九月十三日　甲午)星期四

晴间多云。早晚加凉。昨夜加厚褥矣。

晨六时起。午前接所中电话,今日下午二时集体参观日本工业展览会,约定在北京展览馆门首会齐同人。十二时半,润儿归,遂与同饭。一时即出，乘廿四路北转一路无轨，径往赴会。在一路车上遇同事周镇，乃得寻见先在之同事。各单位参观者甚众，排队候行良久。二时四十分始得入馆。排队时晤吴子臧、张伯山、汪蔚林、吴子嘉、朱静霞（领队人）、王灵凤及老赵诸人。入馆散队，自由阅览，遂不复能再行整队，各奔前程。展出面积既广，观众复挨肩叠背，竟无法接近展品，且工业机械品种繁多，不但不识性能，并名子亦不知也。深滋惭愧而已。循路略一周行，已将四时，乃独寻出口出场，即附七路无轨入西直门，径达东直门，再转廿四路南归。到家正四时三刻。

夜与元、宜两孙同饭，琴媳亦归饭。饭后汉儿来。两孙看电视《红旗谱》。予与琴、汉闲谈。适接清儿来信，知伊本拟于国庆请假来京，因突奉领导指示，需下去蹲点四清，遂不果行云。九时，汉儿归去。予亦就寝。十时，润儿归。

10 月 8 日（九月十四日　乙未　寒露）**星期五**

晴爽。夜月甚朗。

晨六时起。九时出，乘廿四路南转十路，至中山公园再换五路，到西华门，应乃乾之约。坐有顷，于思伯（新吾）来，盖乃乾约来共饭者。至午，云彬亦至，乃同饭。饭后，思伯即行。予久耳于名，且赏读其著作，惟从未谋面，今得把晤同饭，亦一快也。于行后，予与乃乾、云彬复畅谈，至四时乃行。云彬南去，予北行。仍乘五路至地安门转十一路无轨回东单，复转廿四路北归。到家朱增鳌在，谓滞京，尚须七八天始返皖，傍晚去。

六时半，润儿归，即饭。饭毕即复入馆加班。七时，予与元、宜两孙同饭。

日间在乃乾所借归刻本《梦蕉亭杂记》两册,署名庸庵居士,实贵阳陈筱石(夔龙)所撰。前冯蒿庵(煦)序。盖逊清遗老追叙一己官迹。自庚子义和团事变,迄辛亥革命十馀年事。其人历官京兆、豫、鄂,尝一度巡抚吾吴,官至直隶总督,清亡遁居沪上,实一巧官。此书颇存故实,尤于当时朝政及官场动态言之綦详。八时半就寝,遂倚枕阅毕一册。

九时半,琴媳归。十时后,润儿始归。

10月9日(九月十五日 丙申)星期六

晴爽。

晨六时半起。早饭后续阅《梦蕉亭杂记》第二册,卓午乃毕。午与润儿同饭。下午二时一刻民进车来,乃独乘以赴之,颉刚今日仍假故也。三时开始学习,仍两组合开,到梁纯夫、王却尘、林汉达、贾祖璋、吴研因、赵鹤亭、傅彬然、柴青峰、董守义、徐楚波、葛志成、张锡彤、陈麟瑞、谢冰心、雷洁琼及予十六人。志成主持。休息时却尘、青峰先退。漫谈当前时事。六时散,与纯夫同车送归。纯夫先在王府井北口下,予乃从金鱼胡同、干面胡同、禄米仓等处径返于家。有顷,润、琴、宜、燕皆归。盖又周末矣。元孙今晨参加学校所组织之劳动队,襆被前往朝阳区金盏公社,须十日后始归。接湜儿电话,谓已在文修家,今晚不归云。七时晚餐,餐后阅《琉璃厂小志》。九时就寝。

10月10日(九月十六日 丁酉)星期

晴爽。

晨六时半起。九时许,将欲出访颉刚,而晓先至,遂同过颉刚。

颉刚近来体中不安,故往候之晤谈。谈顷,其夫人静秋为说其病状,但颇以不进步责之。夫妇间遂致龃龉,予为两解之。十时半辞出,仍与晓先同乘四路环行车,到张自忠路下,走八条访圣陶,顺以前送宋君仪物分资还之。谈至午,晓先以欲访其旧同学胡叔异先去。予则留圣陶家小饮。午后二时,与圣陶及满子驱车往团城参观四川省工艺美术品展览。展品中以漆器、陶器、刺绣品为最,予在附设小卖部中购得小方竹篮一事,有盖,日用竹筷八双,旋入北海公园,绕琼岛一周而出,仍附圣陶车送至禄米仓口而别。

到家知湜儿未归,且亦无电话,待至六时半,予与润、琴、宜、燕同进夜饭。湜儿仍未见耗,此儿真不晓事,奈何!

晚饭后拭身易衷衣,八时半就寝。

10月11日(九月十七日 戊戌)星期一

晴。加凉,早晚为添衣。

晨六时起。七时润、琴、宜、燕同出,宜上学,琴挈燕到社候车送托儿所,润则挟小棉被送社,备燕用,旋入馆上班也。八时,为《新建设》阅程金造《史记校识》稿,移时乃竟。录《梦蕉亭杂记》中关于清代科举之终始及状元分布之疏密一则于别册。

午与润儿同饭。午后二时出散步,先乘廿四路南转廿路,出前门到天坛西门,即在天桥商场略一徘徊,无所欲购,便在门前乘十五路西行,出复兴门到展览馆前转七路无轨,入西直门至厂桥,转十一路无轨回东单,再换廿四路返家。到家已四时一刻,倦矣。

六时,润儿归,匆匆索饭,谓饭已仍须入馆开会也。适宜孙已放学,遂即饭。饭后,润即去,予无俚之至,只索摊床就寝。夜凉而阴,恐致雨,但终宵无声焉。

10月12日(九月十八日　己亥)**星期二**

阴雨,向晚晴。骤加凉,须御棉矣。

晨六时半起。书程金造稿审读语,电刘幻云饬人来取。近午来持去。

午与润儿同饭。饭后小休片晌,即起阅《宋大诏令集》。夜与宜孙同饭。九时就寝。

琴媳九时归,润归较晚竟未之闻。

10月13日(九月十九日　庚子)**星期三**

阴转晴,北风大作,渐有寒意矣。

晨六时起。八时展点《续通鉴》卷一百七十四,越两时而毕。久辍思奋,而目眩头晕,竟未能再展下卷。老不中用如此乎?为之一叹。汉儿午间来,润儿亦归,遂与之共饭。饭后一时半,汉、润先后上班去。

二时半民进车来,即乘以赴辛寺胡同本部参加学习。颉刚仍以不适未往。三时开始,两组并开。到杨东莼、梁纯夫、林汉达、巫宝三、张志公、吴研因、章矛尘、张锡彤、柴青峰、傅彬然、陈麟瑞、徐楚波、赵鹤亭、黄国光、谢冰心、雷洁琼及予十七人。纯夫主席,仍谈国际形势。六时散,与纯夫同车送归。

夜与宜孙及两姬同饭。润、琴仍皆加班工作,未能归饭也。九时就寝,换厚被。

10月14日(九月二十日　辛丑)**星期四**

晴,北风甚烈,大扇寒意矣。

晨六时起。八时一刻出,步往文学所参加组会,讨论文学史话编写问题。九时开会,其芳、冠英主持之。到棣华、平伯、默存、子臧、翔鹤、友琴、叔平、白鸿、水照、道衡、念贻、禾生、乃斌、公恃、毓罴等。他组亦有参加者,如唐弢、毛星、贾芝、剑冰等亦到。蔡仪则未至。休息后平伯、唐弢先退。十二时五分散。予与其芳、棣华、冠英、默存同车送归。

午与润儿同饭。饭后,接湜儿香山电话,谓星六当能回家云。下午未出。今日为湜儿生日,锴孙夫妇、镇孙来吃面,四时半即至。六时半宜孙始归,遂同面,且小酌焉。九时,锴等一行去。予亦就寝。润、琴何时归来,竟未之闻知也。

10月15日(九月廿一日　壬寅)星期五

晴冷,殆富有冬味矣。

晨六时起。阅《啸亭杂录》。其书于清初掌故甚悉,曩尝略翻,旋亦置之。今更阅,颇津津有味,遂难释手云。九时半,介泉夫人见过,谈至十一时去。午与润儿同饭。上午曾点《续通鉴》卷一百七十五,午后二时毕之。

二时半独出散步,先乘廿四路南转廿路,出前门到珠市口下,回首北走,沿正阳门大街闲逛,进前门,在东江米巷(讹作“交民”)口附四路无轨到东安市场下,复往北步行至八面槽北首广东餐厅(即萃华楼旧址改建大同酒家并此营业)一观,居然门面焕然,非复旧时景象矣。购得白鸡一盘,(据云鸡由广东运来,与北京所产殊异,售价一元。)裹以重纸。走灯市西口乘十一路无轨回东单,仍换廿四路北归。到家已四时半。

夜与润儿、宜孙同饭。饭后,润挈宜出购帽。予开看电视,九时三刻毕,润、宜亦已归。予即摊床就卧。有顷,琴媳归。

10月16日(九月廿二日 癸卯)星期六

晴冷。

晨六时起。七时半接民进电话,询今日下午开会去否。予以精神不爽复言不赴矣。午与润儿共饭。饭后小休片晌,锴、镇两孙午前来辞行,镇今晚即乘火车去晋报到。锴夫妇则明晨亦返窦店上课云。留之饭,以翠英已在家具餐辞,即相将归去。

下午四时半,朱增鳌来。傍晚,文权来。七时润、琴、宜、燕皆归。

元孙本约十八日始归,今乃于下午五时前归。谓劳动甚欢,而教育部派车接归,同学中有不愿遽返者,足见大家热情甚高云。予以其提前归颇为欣快,老幼心理之不同有如此者。夜与文权、增鳌、润、琴、元、宜、燕同饭。饭后,权、润、琴、元、宜、燕皆往车站送镇孙行。增鳌坐至九时亦行。

予竟日未出,晤接诸人外,惟阅《啸亭杂录》。夜九时半就寝。元孙先归,湜儿继返。又有顷,润、琴及宜、燕皆归。谓站上甚热闹,汉、璐、锴、鉴、翠、硕皆在云。

10月17日(九月廿三日 甲辰)星期

晴,较昨暖。

晨六时起。十时,湜儿出,约文修、文平姊妹来饭。润、琴俱加班。近午皆归。汉儿及大璐、鉴孙亦至,遂设圆桌共饭。饭后,汉等先行,润仍加班,湜、修、平亦于三时去。予乃展阅《啸亭杂录》。四时三刻汉达见过,谈移时去,留之晚饭不果。

入晚与润、琴、元、宜、燕同饭。饭后看电视,十时始寝。盖青海省民族歌舞团在民族宫演出之《昆仑战风雪》话剧也。

10 月 18 日(九月廿四日　乙巳)**星期一**

晴暖。

晨六时起。阅《啸亭杂录》。平伯见过,谈移时去。元孙上午休息,下午入学。

午与润儿、元孙同饭。下午二时出,乘廿四路南转十路无轨,到中山公园前转五路,到西华门访乃乾。顺还《梦蕉亭笔记》,适于思伯来访,因又得共谈。四时半,与于同离陈家,于北行,予乃独由中山公园穿行,在公园前门乘十路返东单,转廿四路以归。

夜与润儿、元孙、宜孙同饭。饭后润仍入馆加班。九时就寝。十时,琴媳归,又有顷润儿亦归。

10 月 19 日(九月廿五日　丙午)**星期二**

晴。温如昨。

晨六时半起。上午未出,阅毕《啸亭杂录》。午与润儿共饭。

下午二时半出,乘廿四路南转八路无轨到灯市西口下,在广东餐厅购得面包等饵,扬长而南,入东安市场穿行至南门出,复过百货大楼一转,仍南行至东长安街乘一路回东单,再转廿四路归。

夜与元、宜两孙同饭。饭后看电视甘肃歌剧《向阳川》。十时就卧。琴媳、润儿先后归。

10 月 20 日(九月廿六日　丁未)**星期三**

晴暖。

晨六时起。九时出散闷,先乘廿四路南转九路,到王府井,略一徘徊,复乘四路环行到西单,转二路无轨到前门,步由人民广场穿至天安门,乘廿路到东单,再换廿四路归。到家正十一时。印度尼西亚于九月卅日发生政变,驯至反共反华局面剧异,消息阻绝,直至今日始由新华社根据各地前后收到广播及文告等件发表综合报道,证实事由美帝嗾动而苏修从而和之。世局翻异一至于此,是可不倍加警惕,坚持革命到底乎?

午与润儿同饭。下午二时半民进车来,乘以赴之(颉刚仍未往)。三时开会,仍两组合开,由东莼主持。第一组到纯夫、研因、汉达、楚波、守义、冰心、洁琼、彬然及予。第二组到志成、麟瑞、廷谦、国光、鹤亭、志公、祖璋、德赓、锡彤。又本市民进主席均正亦参加,凡二十人。先由志成传达最近各民主党派双周座谈会情形并董必武副主席在会上所作讲话,于备战、防荒、为人民三端条分缕析,阐精述微,历二小时而毕。休息后分组谈最近印尼政局剧变事,均正即参加第一组。六时散,予偕纯夫同车送归。

夜与润儿同饭。元、宜两孙随其母往红楼影院看电影,均未归饭。夜饭后,润去王府井大明配眼镜架。予独看电视。九时润归。元、宜亦归。知琴以事忙未往红楼,仍留社赶办云。九时半关电视就寝。十时,琴媳乃归。

10月21日(九月廿七日　戊申)**星期四**

多云间晴。气与昨同。

晨六时起。阅戴璐《藤阴杂记》。汉儿十二时四十分来,遂及润儿三人同饭。饭后,汉、润均各上班。二时半,予亦独出散闷,先乘廿四路南转十路,拟往陶然亭一豁秋目,乃上车后人多,植立几无所稳住，至东单即下，因缓步前行，至王府井南口，适有四路环行至，乃夷然登之，至西单商场下，入场一转，无欲购者，即沿马路折回西单南，又附九路无轨北行，回至朝内南小街，再换廿四路南归。

接所中电话，谓星六上午学部组织去石景山参观钢铁厂，询去否。予实愧不懂，只索谢之。仍阅《藤阴杂记》。

夜与元、宜两孙同饭。八时半，取汤拭身洗足易衷衣就寝。九时半，琴媳归。十时，润儿始归。

10 月 22 日（九月廿八日　己酉）**星期五**

晴和，较冷于昨。

晨六时起。八时半独出，乘廿四路北抵东直门转六路无轨，出正阳门，在珠市口换五路西南行，经陶然亭半步桥到右安门内南樱桃园转十九路西北行，经白纸坊、枣林前街、报国寺、北线阁等处，出广安门，过天宁寺、西便门外、阜成门外直达西直门，再换十一路无轨东南行，十一时抵东单，复换廿四路北行，近午到家。按诸图乘，所经处咸有名迹，尤以宣武区为明季清初以来士大夫燕居游息觞咏之地，今虽革新而旧朝市犹依稀，可由相象得之，若一一实指则负地方之责者亦未必能了然，甚或瞠目结舌相对耳。予暇日恒出，所经必冥索当年景象，不但阅市，抑且默访胜迹也。昔人云“一日看遍长安花”，予亦可以“半日踏遍长安尘”自诩矣。不禁莞尔。午独饭。饭后假寐。五时乃起，接润电话，夜亦不归饭，以须在外购物，准备去豫参加四清也。

接所中通知，明晨九时，所长何其芳将作学习毛著动员报告。

夜与元、宜两孙共饭。九时就寝。十时后，润、琴始归。

10月23日(九月廿九日　庚戌　霜降)星期六

晴暖。早晚甚凉。

晨六时起。八时廿分出，步往文学所参加全所大会，由所长何其芳作动员报告，展开学习。盖院属各所发动整风矣。十二时一刻始散。予与默存、子臧同车送归。

午独饭。饭后二时半，民进车来，即乘以赴辛寺胡同。仍两组并开，到东莼、纯夫、汉达、宝三、矛尘、彬然、德赓、祖璋、楚波、志成、鹤亭、却尘、洁琼及予十四人。讨论董老讲话及国际近况。六时散，予与纯夫、祖璋同车行，由小刘驾驶，先送予及祖璋到八条叶家。纯夫则往王府井外文书店选书云。

今日为圣陶生辰，与夜宴者有云彬、阿庄父女、晓先、雪英夫妇、圣陶之妹绍铭、圣陶之女至美及婿蝬生、满子之兄龙文、满子之表姊婿祖璋，暨予与汉儿，凡十二人。满子则督厨治馔，未及与席，散始率其子女啸梅、永和饭。盖家宴耳。九时客散，汉儿陪予乘廿四路归家，少坐乃归去，已十时矣。予到家时，湜儿亦方自文修家归来未久也。十时就寝，润、琴及三孙皆已归矣。

10月24日(十月　大建丁亥　辛亥朔)星期

晴间多云。气温与昨仿佛。

晨六时半起。八时后展点《续通鉴》卷一百七十六。十二时，湜儿、文修偕归。湜儿于十时去王府井约文修同购物，至是乃归，遂与润儿、元孙、宜孙、燕及予同饭。琴媳赴出版社加班未归饭。午后三时三刻，湜儿、文修回二里沟。予与润儿挈宜、燕两孙同出散步。元孙已先偕其同学杜安夏出游矣。予等四人由小牌坊南水关至朝阳门，折而西行，在百货商场为宜孙购玩具，复往朝内市场阅市，购得食饵数事。遂由万历桥、礼士胡同转出南小街，折入小油房胡同，出仓西夹道，从禄米仓归家。则琴媳、元孙俱已在家矣。此行纵步约七八里，殊感困疲，亦试年力之一法，深愧不如幼孙耳。

入夜与润、琴、元、宜、燕同饭。饭后，润儿出往百万庄同事处洽事。八时半就寝。九时，润儿归。

10月25日(十月初二日　壬子)星期一

晴间多云，偶起风。气温如昨。

晨六时起。八时半出散步，曾乘廿四路南转四路环行至西单，以风作，即乘十路东还东单，仍附廿四路北归。少坐即展点《续通鉴》，除午与润儿同饭外，至下午五时始辍，凡得一百七十七至七十九三卷。近日以来，希有奇绩矣。傍晚，文权来，告濬儿将于三十日返京。即留夜饭，与润儿、元孙、宜孙同餐。饭后，润仍入馆理事。八时半，文权去，予亦就寝。九时半，琴媳先归，润亦旋归。

10月26日(十月初三日　癸丑)星期二

晴间多云，无风，温和。

晨三时即醒，拥衾看平景荪《霞外攟屑》以待旦。盖近又失眠大发耳。六时起。八时半出，乘廿四路南转一路至中山公园，应晓先之约。入园循西廊，先过唐花坞，正在布置菊花展览，匆匆即行，就茶点部。晓先偕叔异已在。叔异为草桥教师胡石予先生之哲嗣，向不甚熟，今已退休，来京游览，介晓先约见，欲以石予诗稿属题辞云。谈移时，乃乾夫妇来。乃乾有兴，欲去八大处一游，予等赞之，遂移坐来今雨轩午餐。餐已，即乘十路往西单转二路无轨，到西郊动物园,再换四十七路,径往八大处。到四平台正三时,五人步上灵光寺,在归来庵前轩临池啜茗,四时一刻下山,便附四十七路回动物园。晓先在黄庄下,转卅四路归去。予等四人乃转一路无轨入城,乃乾夫妇在北海下,予在南小街下,叔异则前往朝阳门转车,归其次子寓(在建国门外齐家园)。知渠日内即返沪云。

予到家已上灯,宜孙亦方归。未几,润儿、元孙先后归,乃同进夜饭。饭后八时半即寝,琴媳之归竟未之闻矣。是夕尚得稳睡。

10月27日(十月初四日　甲寅)星期三

多云间晴,气仍暖和。

晨六时起。上午阅《柳南随笔》。午与润儿共饭。下午一时半独出散步,乘廿四路南转廿路,直出永定门,在车站换十路无轨北行到西单,再转二路无轨到动物园。在水禽湖边观赏天鹅。未几即出园,乘一路无轨到沙滩,转十一路无轨到东单,在公共汽车站换购十一月分月票,然后乘廿四路归家。在车上遇王剑侯。到家正四时半。坐定,宜孙放学归。

是日为润儿四十初度之辰,晚治面,文权、昌硕父子、汉儿、元鉴母子俱来同饮。琴媳亦抽暇早归,遂及润儿、元孙、宜孙同面。夜九时,权、汉等皆归去。予亦就寝。忆润儿初生,仿佛犹在目前,匆匆四十年矣。予安得不骎骎老乎?珏人若在,不将又作何感耳。

10月28日(十月初五日　乙卯)星期四

晴,较昨暖。

晨六时起。午前阅《柳南随笔》。午与润儿同饭。下午二时,予出散步,乘廿四路而南,遇棣华,知同事路坎病殁医院,年仅四十五,惜哉。到东单,复转六路无轨出前门,欲一逛劝业场,讵已改为百货批发部,谢绝入览,只得去之。适五路车自南至,乃登以赴西华门访乃乾。座客先有张静庐,后有柴青峰,交谈至四时半乃偕静庐先行。乘五路至地安门转十一路无轨到东单后转廿四路至禄米仓同下,静庐送予及门而别。

接颉刚北京医院昨日书,知已住院,谓结肠生有息肉,须割治,下星三请协和医院外科专家曾宪九大夫为之奏刀云。当俟时一往探慰之。又接滋儿廿五日来安十号信,知出差多次方归,佩媳又调出蹲点,本人体弱,患有滴虫,须阿滴平治疗,而当地药肆遍访不得云。予为深念之。

夜与润儿、元孙、宜孙同饭。饭后,润儿复出,元孙在予书案作功课。九时,予就寝。十时,琴媳先归。润儿亦旋归。

10月29日(十月初六日　丙辰)**星期五**

阴,偶显阳光。气润而凉,凝致雨。

晨六时起。午前阅毕《柳南随笔》。午与汉、润两儿同饭。饭后,汉、润各上班去。予乃于二时出,乘廿四路南转十一路无轨到美术馆,参观今日开始之藏品展览(第一次展出)。在二楼三楼分陈,予往该多次,上楼却为初遭也。建筑漂亮塏爽,真有崭新之感。展品有国画、雕塑、油画、水彩画、版画、年画、宣传画,予最赏其中宣传画之《做好红旗送英雄》一幅,画中人拈线绣旗,既端穆,又俊逸,线条、色彩均好,呼之欲出,不禁神往。遍历各室后已四时,即离馆。乘十一路无轨返灯市口,走广东餐厅,欲稍进点,乃小吃已暂撤,遂往稻香春买得干点半斤,复过百货大楼买得义利苏打饼干一匣,扬长而南,在王府井南口乘廿路返东单,再转廿四路归家。

夜与润儿及元、宜两孙同饭。饭后润出购物，盖准备去河南林县四清矣。两孙在家看电视放映影片《年青的一代》。予乃于九时就寝。十时后琴先归，润后返。

10月30日(十月初七日　丁巳)**星期六**

晴间多云。气与昨同。

晨六时起。八时出，乘廿四路北至东四九条下，走至十条，转十三路无轨，到交道口，再转四路无轨出前门，经虎坊桥、菜市口到牛街，复上十路，径回东单，即转廿四路，归家正十时。

坐定阅法梧门《陶庐杂录》。午独饭。下午三时，圣陶车过予，因同往北京医院二一〇病房看颉刚。晤其夫妇，知目前一切均好，约下星期内动手术云。谈至四时一刻，辞出，复过楼下一二四病房看仲足。仲足正在日坛医院用钴照治，且由广内中医院配中药服用，似前施手术后又发展矣。心为忧之，而不能明言，殊苦闷也。略谈便行，仍由圣陶车送予到小雅宝口而别。五时到家。

升基来，燕孙亦接归。夜遂与润、琴、元、宜、基、燕等同啖饺子。晚餐后，孙辈看电视，予与润儿谈家常。伊事忙，经常加班，或工会工作，父子晤谈之时极稀。今又将远离，乘周末之晚，稍稍久谈耳。九时半，湜儿自修家归。予亦就寝。基孙即宿西屋，与湜同榻。

10月31日(十月初八日　戊午)**星期**

阴，较冷。午后曾有小雨，即止。

晨六时起。七时半装火炉工人来，有润、湜两儿及基孙在照料，予本应汉达之约，遂提早离家，藉避烦嚣。先乘廿四路北转一路无轨，到景山公园。在倚望楼西侧铁椅上小坐，旋步出园西门，由陟山门街入北海公园，径登琼华岛，茶憩于揽翠轩，至十时乃下山。出园乘九路无轨到西四南甘石桥下，步往辟才胡同十号（现已更换新门廿九号）林宅。陆高谊、薛慕回皆在，遂长谈，看画。即午饭其家。下午二时，慕回先行。予与高谊又纵谈至四时一刻乃起行。高谊由南道，予由北道，仍乘九路无轨返朝内南小街，再转廿四路。归家已将五时，湜儿、基孙皆已行。四室火炉亦均装好，度寒无虞，为之一慰。

夜与润、琴、元、宜、燕同饭。饭后，元、宜、燕往其姨母家询访，润、琴则去王府井购物。九时，予就寝。润、琴归。打电话促元、宜、燕等归，越半小时乃归来。

11 月 1 日[①]（乙巳岁十月大建丁亥　辛亥朔　初九　己未）**星期一**

未晓前即雨，天明后濛濛不休，近午雨渐止。气乃陡冷，终阴。午后转晴。

晨六时起。八时三刻冒雨出，乘廿四路南转十一路无轨，到厂桥下，步往嘉兴寺吊同事路坎之丧。十时，参加公祭，由其芳主祭，毛星致悼词，路坎夫人刘建波致答词，哀痛激昂，大为感动。与祭者多有啜泣者。祭毕，起灵送八宝山，予乃与友琴、燎荧、水夫等同乘十一路无轨各归。予到东单后再转廿四路。返家正十一时。

午与润儿同饭。饭后，予独出散步，乘廿四路北转七路无轨到北海后门入园，信步行在濠濮间坐息久之，复前行，度陟山桥。桥

---

① 底本为："习习盦日记 第廿四册"。原注："一九六五年十一月一日至十二月卅一日，凡六十一天。丙午岁五月二十日止叟手缀。目益眊，手益不灵，真堪自哂矣。此后改用线装成册耳。"

之南侧有屋新辟休息之所,乃又入坐片晌,然后出南门,乘九路无轨回朝内南小街,再换廿四路归家。

夜七时与元孙同饭。润儿挈宜孙在大华看电影,八时半始归饭。九时,予就寝。十时,琴媳归。

11月2日(十月初十日　庚申)**星期二**

晴。初寒,晨有雾。

六时起,即由沈姨为升火生炉,自此将与炉火共度此漫漫隆冬矣。八时出,步往文学所参加本组学习。到余冠英、俞平伯、钱默存、陈友琴、陈翔鹤、范叔平、胡念贻、陈毓罴、蒋禾生、徐公恃、白鸿及予十二人。冠英主持。十一时三刻散,予雇得三轮归。

接润儿电话,有事不归饭云。十二时一刻,予遂独饭。饭后,小休,未久即起。阅《听雨丛谈》。夜与润儿、元孙、宜孙共饭。八时半附炉火洗身易亵衣就寝。

是日初生炉,卧床热甚,次日近明煤尽遂辍火。

11月3日(十月十一日　辛酉)**星期三**

晴还暖。

晨六时起。辍炉火,俟寒再升火矣。北京今年天气之忽变异于常时,骤寒陡暖,竟莫能测,殊令人纳闷也。

午前写信两通,一复漱儿,一复滋儿(编京十四号)。

午与润儿同饭。盖润以将去豫,今起作行李准备,可不上班,故午后伴予出。先乘廿四路转十路到中山公园,再换五路去西华门访乃乾夫妇,同往琉璃厂中国书店参观装帧展览。乘五路南至北纬路,走至虎坊路转十四路,北抵厂甸乃达。入门晤陈济川及刘、孙两君。遂登楼参观陈列各种新装之品。有蝴蝶装、背装、溜口原装复样衬订,金镶玉裱托补蛀眼等等,皆最近该店招各省区书店及各图书馆从业员来京训练传授所得之成绩。闻第一批已结业,俾还原地后得展转传授,并将分批陆续轮训云。济川出素册属题,因书"薪传不竭"四字与之。坐谈至四时,四人同行,先在李福寿笔铺购得净尾狼毫小楷四枝,又在荣宝斋购得日记用纸两刀、(即此种蓝格纸,乃纸样减短与此不称,只得将就。)旧信笺两匣,然后成行。仍偕乃乾夫妇同乘十路无轨南至陶然亭东首太平街,转五路还中山公园,乃乾夫妇径归去,予与润儿再转十路还东单,复换廿四路。归家已五时半。

六时半,汉儿来,遂与润及宜孙同饭。元孙看电影未归夜饭。饭后,堉孙来,场中休假,即宿西屋中。九时,汉儿归去。予亦就寝。十时后琴媳乃归。

11月4日(十月十二日　壬戌)星期四

多云偶晴,气仍暖。

晨六时起。八时半出,步往东总布胡同廿二号文联旧址,参加本所主办之日本访中京都学术代表团讲演会。除平伯、默存外,几乎全所皆出席,由该团团员京都大学助教授田中谦二讲中国文学、元曲。九时开始,十二时十分结束。中间休息十分钟,曾与其芳、冠英、叔平、蔚林、蔡仪、毓罴、翔鹤在休息室中与田中晤谈。其人尚有学者风度,所研究者亦尚细致云。散会后,仍步归。

与润儿、堉孙同饭。午后一时许,润儿往西城丰盛胡同中直俱乐部听报告。有顷,予亦出,乘廿四路北转十一路无轨,到三里屯农业展览馆,参观全国大寨式农业典型展览。在场遇熟人不少,惜所列五十二单位花色既多，而观众又挤，无从容遍观之可能。乃择山西省昔阳县大寨公社大寨大队、山东省黄县大吕家公社下丁家大队、河南省林县、山东省临沂专区、江苏省苏州专区、广东省珠江三角洲七县三市、北京市、上海市等八单位看之。虽不能详悉，亦得其大略。总之，可敬可佩，可喜可慰。不禁赞叹社会主义社会之伟大优越焉。四时出，乘北酒线无轨回方巾巷，以展览会故，乘客之挤，竟难以形容，予左履屡为人踏脱，幸未失落耳。到方巾巷转廿四路绕东单，回禄米仓，走归已五时矣。

夜与润儿、元孙、宜孙及堉孙同饭。饭后，润出料理赴豫事项，仍到馆，堉孙旋出访友。九时，接堉电话，谓为友所留，不回宿矣。许妈是日休假，夜九时半始返。予九时一刻就寝。近十时，琴媳先回，润儿亦继归。

11月5日(十月十三日　癸亥)**星期五**

多云偶晴，仍暖。风亦微，似在作雨。

晨六时起。七时与润儿出，步往八面槽广东酒家进早点。八时，过清华园浴池浴，擦背、修脚，休息至十时乃行。人稀而水清，茶亦佳，颇舒适也。过百货大楼购得棉线内衣裤一套，复过儿童百货店及美艺公司一行，无所购，乃折至文物出版社购得《毛主席诗词廿七首》一册，及主席手书诗词印片两张，已十一时，遂往东安市场东来顺，欲啖涮羊肉，临时以天暖不适，改就五芳斋楼上小酌。一时许行，顺在果摊购得香蕉一提，仍扬长而归。往返未一用车，父子同行，且走且谈，竟未觉累也。予到家小憩，润则入馆料理行装。盖伊被推为生活干事，同行者之行李集运均须照管耳。

接所中小康电话，谓明日田中谦二等将来所访问，望予亦前往加入接谈云。傍晚,民进干部赵济年来访,谓东莼以予多次未往辛寺胡同,恐有不适,特属访问云。且言昨曾来过,以出外未晤云云。予深感同志之关切,先为陈谢,继说明所中亦正加紧学习,未能抽身之故。谈半时辞去。

夜与润儿、元孙、宜孙及堉孙同饭。饭后,堉孙去同学家。九时,予就卧。十时,琴媳归。

11 月 6 日(十月十四日　甲子)**星期六**

阴,午后转多云,亦偶晴。气仍未甚冷。

晨六时起。八时十分出,步往文学所,中途老赵车来接,参加日宾谈话会。到其芳、冯至、冠英、默存、叔平、水夫、冰夷、念生、毓罴、季康、朱寨、蔚林等,日宾到京都大学助教授田中谦二、同志社大学教授里井陆朗二人。交谈至十二时一刻散。予与念生由老赵车送归。遂与润儿同饭。

润儿午前去永定门车站结送同人行李。饭后又去文化部听报告。予乃为其友俞鸿模书一斗方,即系五年前北京饭店宴会讨以付之。平生做斗方名士,实为第一次,可笑之至。

五时,润先饭,饭后又出料理。六时半,琴媳及元、宜、燕三孙皆归,遂同进夜饭。正举箸间,濬儿、文权来,盖濬甫自青岛回京,归放行李后即来此,因得同饭。饭后,略谈,濬、权便去,约明午偕汉儿等来饭云。八时半就寝。十时许,湜儿始归。有顷,润儿乃返。

11 月 7 日(十月十五日　乙丑　立冬)**星期**

晴兼多云。较昨为冷。

晨六时起。八时润、湜两儿为予卧床撤去棕绷，易铺弹簧褥，完全备冬矣。九时半，润儿携燕孙出，琴媳则加班，八时前已行矣。湜儿十时出。十时半，大璐、堉孙来。有顷，锴孙来，文权、濬儿来。十二时汉儿、鉴孙来。又有顷，湜、润等归。琴媳亦返。乃团坐小饮。饮次永周、颉孙亦至。惟琴媳同三孙别坐于东屋，以圆桌有所不容矣。濬儿昨日归来，明晚润儿将离京，于是儿孙辈乘星期休假为濬洗尘，为润祖道，故午间倍形热闹耳。饭后，谈谯至三时，锴孙先行，将御骑车直驶房山，濬、权、汉、璐、堉、鉴、周、颉亦各归去。湜儿去文修家。润、琴挈宜、燕两孙出购物。惟元孙偕其同学二人在南屋作功课。予独坐北屋又块然无俚，顿感岑寂。

五时许，韵启见过，盖前日始自越南归，特来省予者。入晚，润、琴及二孙归，乃与韵启及元孙等同进夜饭。饭后润又出外料理。予独与韵启谈南中见闻。九时润归。有顷，韵启辞去。予亦就寝。

今日傍晚颇见寒恻，遂属沈姨复燃火炉，乃睡至夜深，一时起便旋，炉火竟熄矣，只索拥被再睡。

11月8日（十月十六日　丙寅）**星期一**

阴，近午渐开，晚晴。气亦渐寒。夜微雨。

晨六时起。再点炉火，是夕封闭火门得窍，竟未熄。易新炉后，摩揣性能亦非易易也。

润儿上午仍出料理，午归，与予同饭。饭后，予偕润出，乘廿四路北至朝内大街，步往隆福寺商场闲逛。久不涉足此间，容貌整洁，大变昔状矣。在街头购得水仙花头十枚，继在王府大街北口乘三路无轨到百货大楼等处一转，复购得水果数事。再乘三路无轨到王府井大街南口下，步往东单，在菜市场购得南京运来鲜蟹四枚。然后乘廿四路北归。

六时，濬儿、文权、汉儿俱来，琴媳亦归。遂与润及宜孙同饭。饭后，润儿及入馆与同人会集出发，赴永定门车站，乘夜车前往河南。濬等皆送至大门口。琴同出门，仍往社中赶工作。润行后，元孙始归饭。九时半，濬等归去。予亦就寝。十时许，琴媳乃归。

11月9日（十月十七日　丁卯）**星期二**

初阴渐霁。近午放晴。气加寒，非笼火不能宁坐矣。

晨六时起。八时半出，步往文学所参加本组学习。到冠英、平伯、默存、翔鹤、道衡、念贻、友琴、叔平、毓罴、白鸿及予十一人。谈学习毛著心得，棣华亦莅会。十二时散，予与冠英、平伯乘其芳车送归。

午独饭。念润儿必已安抵彰德矣。饭后假寐片晌，阅报。点《续通鉴》卷一百八十一，至晚得九页。其卷一百八十则昨日上午先已点完也。

夜与元孙、宜孙同饭。八时半就寝。琴媳十时许归。

11月10日（十月十八日　戊辰）**星期三**

阴冷。日光仅显昼而已。

晨六时起。八时半出，仍步往文学所继续参加本组学习。默存未到。昨日出席之十人俱至。棣华亦未见也。十二时散，仍步归。与两妪同饭。饭后炉畔小休片刻即起。续阅《四友斋丛说》。夜与元、宜两孙及两妪同饭。饭后，孙辈看电视。予则就炉旁洗足拭身易衷衣就寝。枕上听广播《人民日报》及《红旗》杂志文章《驳苏共新领导的所谓联合行动》。自八时半始,十时十分毕,将苏修附美反本实状揭发尽致,俾一般对苏犹存幻想者憬悟焉。听毕,琴媳适归。

11月11日(十月十九日 己巳)星期四

阴森,午后略一显昼,气渐寒。

晨六时起。九时对报再听《驳苏共新领导的所谓联合行动》。

午前,点毕《续通鉴》卷一百八十一。午与两妪同饭。饭后二时出,乘廿四路南转十路,到中山公园,再转五路到西华门访乃乾。谈至三时半辞出。本拟往北京医院看颉刚,乃出门骤觉寒噤,衣未加厚,不敢久耽在外。乘五路到中山公园即转十路回东单,径换廿四路遄返。

到家,濬儿在。有顷,书友刘清源来,送到中华新出版《甲骨文编》。入夜与濬儿及元、宜两孙同饭。饭后,濬儿即归去。盖初寒亦不敢在外久耽也。琴媳旋返。

八时半就卧。九时,民进干部赵济年见过,乃起与接谈。知政协正将组织各项参观耳。移时赵去。予复就寝。

11月12日(十月二十日 庚午)星期五

阴,微雨濛凇,竟日森冷,不愉之至。

晨六时起。十时,濬儿来,旋为予去王府井购棉裤料,十二时归。遂与同饭。饭前,接湫儿十日来信,复予及湜儿,知体虽弱而工作已如常进行云,对湜尤多加勉励。俟明晚湜归,将转与之,俾再好好作复。久不去医院复诊,今日午后电话向北京医院预挂十六日下午二时内科号,届时当偕濬儿前往就诊。三时濬儿归去。

独坐幽室，殊无聊赖，抽架书《少室山房笔丛》阅之。

夜与元孙、宜孙同饭。八时半就寝。

11月13日（十月廿一日　辛未）**星期六**

雾转晴，气温亦较回升。

晨六时起。八时半，学部有六十八次中心学习座谈，予以往返感喘未果往。只索展纸写信，一寄清儿太原，一寄上海漱儿，一寄合肥滋、佩（编京十五号）。至十一时半写竟。

午与两妪同饭。饭后自出投邮。顺上廿四路南行，在方巾巷口转十路，到南樱桃园，再转十九路经白广路出广安门，沿城壕而北，经西便门、复兴门、阜成门外直达西直门，又转十一路无轨东南行，还于东单，再转廿四路北归。费两小时，又碾遍长安尘矣，自笑痴顽，竟亦无以自解也。

到家后，阅《少室山房笔丛》。傍晚元孙、宜孙即饭，饭后，同往首都剧场看话剧《阮文追》。有顷，琴媳挈燕孙归。又有顷，汉儿来。遂共夜饭。饭后，开看电视北京市农业大跃进。九时，汉儿归去，燕孙随往即宿彼处。湜儿适归，在门口遇见汉、燕。予少顷即就卧。

11月14日（十月廿二日　壬申）**星期**

晴，较暖。

晨六时起。八时后，湜儿率元、宜两孙往叶家，乞得两小猫归。予家自大黄猫死后，缺猫已两月馀。孙辈忽得此两稚猫乐可知也。惟饲养亦非易事，恐不免又饶唇舌耳。十时，文修来。午与湜、修、元、宜同饭。盖琴媳星期加班，燕孙在汉所，皆未归饭也。下午三时，湜、修偕去。予午前手装日记本三册，虽仅打三眼，以线缀之，亦颇费事也。五时，琴媳归。六时半，汉儿送燕孙来，遂与同饭。饭后，濬儿、文权来，共谈至八时半，与汉偕行各归。

接润儿十二日林县招待所来书，知近况尚好，谓第二信须俟分配停当后乃能寄发云。

九时就寝。下午，新建设社田森来谈，移时乃去。

11月15日（十月廿三日　癸酉）星期一

阴霾，近午风作，逐渐加大，向晚始稍戢，气又转冷。

晨六时起。十时，濬儿来，乃同往东四双顺服装店量制棉衣裤。先乘廿四路南到东单，转六路无轨以行。至双顺后，不接西装活，仅定制棉袄一件、棉背心一件，而取活期须在下年一月三日。棉裤以不接西式故，转介至演乐胡同西口对面大方服装部。承制以先有三人在洽制，坐候至十二时始得量尺寸。定期为十二月三日，则取活较双顺为近，亦可取也。十二时五分，在灯市东口乘十一路无轨到东单，再转廿四路北归。在车上晤厚宜，略谈。到家后，琴媳已归，遂与濬同饭。饭后琴仍上班，濬归去。予炉旁小休，时逗小猫为乐，以南屋炉熄，故抱来北屋取暖，予因得乘便逗之耳。夜与琴媳、元孙、宜孙同饭。琴午晚都归饭，仅有之事矣。九时就寝。

接镇孙长治市来信，知被派在潞安中学任教云。是日曾点阅《续通鉴》卷一百八十二。

11月16日（十月廿四日　甲戌）星期二

晴兼多云。气与昨同。

晨六时起。十时，友琴来访，谈有顷，晓先电话云陈稼轩已来京，欲偕之来访。十一时许，稼轩与晓先至，友琴行。予与稼轩已十馀年不见，近依其女迁住来京，老态弥增矣。近午，稼轩、晓先亦行，而濬儿来谓已将应添购之料办妥，分别送与双顺及大方云。遂与同饭。

饭后一时半，与濬儿出，乘廿四路南转十路到大华路，步往北京医院门诊部就诊。所识大夫大都调走，即由王国祥大夫接诊。据量血压又略高，仍照前方续药而已。三时至二一〇探望颉刚，坐定，静秋亦至。据云手术后拆线较早，又重行缝合，当然痛苦。慰谈至四时许，与濬儿辞出。穿公园到东单，途遇循正，立谈片时。到东单后，予仍乘廿四路归，嘱濬儿即乘九路径归去。到家正四时半。

上午写信复镇孙，午后就医时携出付邮。

夜与元孙、宜孙同饭。八时半就寝。琴媳何时归竟未之闻，大概所服导眠能之效耳。

11月17日（十月廿五日　乙亥）**星期三**

晴，室外初见冰。

晨六时起。八时三刻出，乘廿四路北转九路无轨，到王府大街下，步往美术馆参观景德镇瓷器展览，在门首遇圣陶孙女小梅，遂相将以入，询知圣陶入川后有信寄回，不一定下农村云。伊本人正参加劳动，在学校附近开挖运河，因到期有人接班，放假三天，今日下午即须返校也。与之同看展品，其中出国精制品大有进步，而技术上一般多有改进，如结晶釉及注浆造型雕瓷及用煤代柴等等均是。近十一时，予先出，即乘十一路无轨到东单，再转廿四路归家。

午与两妪同饭。下午二时,民进派车来,因乘以赴辛寺胡同本部。参加学习。予已多期未往。今日到梁纯夫、吴研因、赵鹤亭、柴青峰、傅彬然、张志公及予七人。志公以社中电话招去,实到六人耳。纯夫主席,谈《驳苏共新领导的所谓联合行动》一文,讨论颇热烈。五时半散,与纯夫同车送归。

北地昼短已满街灯火矣。六时到家,两孙已先返。少顷即同饭。八时半就寝。九时,琴媳归。

11月18日(十月廿六日　丙子)**星期四**

晴,略还暖。

晨六时起。上午未出,闲翻架书。下午一时半出,乘廿四路南转廿路,到天桥参观自然博物馆,并看合川恐龙化石模型。以室内暖气颇旺,不能久耐,四时即出。南走至天坛,欲仍附廿路回东单,乃站牌有揭示,谓修路绕道,并不说明何途之从出。遂仍北走至天桥,乘六路无轨。到前门,转九路回东单,再换廿四路北归。到家已五时,宜孙已放学归来。有顷,元孙亦归。六时半,与两孙及两妪同饭。八时取汤就炉边拭身洗足易衷衣就寝。十一时许,琴媳始归。赶编教材之任务总迫乃尔。

11月19日(十月廿七日　丁丑)**星期五**

晴。晨有雾,气较暖。

六时起。眼花神昏,枯坐无聊,乃于九时半独出散步,由大雅宝胡同东出豁口,经雅宝路到日坛公园,沿途雾塞益增烦恼,到园中择坐稍休,雾渐开,信步出坛北门,道路新修,路北有北京市六十四中学及朝阳区日坛小学两大建筑并立向阳,气象迥然昔比。我家初迁来京时,此一地带俱系荒塚,足征近年建设之日进也。且行且慰,转感高兴。遂循原路步归,正十一时。

午与两妪同饭。下午,展玩旧蓄云阳贺虚谷藏本《阁贴》,与日本所印明肃藩本对堪,旧本虽有残脱,而神采奕奕,固不能与印本相衡也。乘兴更展余清斋帖及戏鸿堂帖玩之,不觉薄暮矣。

夜与两孙、两妪同饭。八时半就寝,倚枕阅《能改斋漫录》。十时半琴媳归。

11月20日(十月廿八日 戊寅)**星期六**

阴寒,见微雪,转晴。

晨六时起。八时,濬儿来,少坐即偕之同出,乘廿四路南转十路到王府井,在百货大楼买得方瓶花雕两事,在稻香春买得寿字蛋糕一匣,配以家存双喜牌香烟一条,备送与乃乾,祝其七十生辰(明日)。时已飘雪,遂分乘两三轮驰往西华门陈家。乃乾尚未起,致意后,稍谈即行。仍与濬乘五路北至地安门,转十一路无轨返东单,再换廿四路归家。

午与濬儿共饭。饭后一时半,复与濬出,乘廿四路南转十路至东单,再转四路环行到西单商场,在桂香村一转,即至食品商店,买得米花糖、蛋糕、水果等,再过新修西单菜市场一转,见其分类精整,货色齐全,深赏之,顺购小虾米半斤。两人步至西单,仍乘十路返东单,再转廿四路北归。

少坐,濬即归去。五时半元孙归,六时宜孙归,所携钥匙遗失矣。琴媳在教育部听报告,云燕孙将自携以归。待至七时,未见返,乃与元孙、宜孙先饭。直至八时廿分,琴、燕始归,再具餐。八时半,看电视《红花记》。九时半,湜儿归。十时就寝。

11月21日(十月廿九日　己卯)**星期**

晴间多云,不甚寒冷。

晨六时起。琴媳仍加班,午未归饭。下午三时始归。

予与湜儿及三孙同午饭。饭后,元孙出就浴。沈姨携燕孙出游。宜孙在家补课。予与湜儿亦出散步。从什方院出南小街方巾巷,到北京站广场折东,经农业部过大小羊毛胡同到建国门,然后由城根折入东总布、北总布两胡同,仍经什方院归。到家已三时,倦矣。

夜与琴、湜等同饭。汉儿、鉴孙偕来,因共饭。饭后,文修来,同看电视。九时半,汉、鉴归去。文修留与元孙同宿。予即寝。

11月22日(十月三十日　庚辰　小雪)**星期一**

阴。

晨五时起。六时,湜儿出,径赴香山。六时半文修出,径赴陶然亭四清办公室。七时后,琴媳及元、宜、燕三孙皆行。八时半出,步往文学所参加学习。到余冠英、俞平伯、陈友琴、王水照、胡念贻、曹道衡、陈毓罴、蒋禾生、白鸿、陈翔鹤、范叔平及予十二人。讨论十一日《人民日报》、《红旗》杂志社论。十二时散,雇三轮归。

到家,元孙自校归,盖归取背包,预备下午参加行军演习也。乃与共饭。饭后,目送元去,然后就炉边小休。二时起,微现日光耳。展点《续通鉴》卷一百八十三,至五时毕。接十九日润儿林县采桑公社来信及二十日镇孙长治潞安中学来信,知近状都安,为之一慰。

夜元孙演习毕事归来,宜孙亦放学回。遂与共饭。八时半就寝，倚枕阅《云麓漫钞》，近十时入睡。琴媳何时归，竟未之闻。连日阴沉，明日日环食，海南岛能见，馀地只见偏食，如不开晴，不将错过乎？

11月23日（十一月大建戊子　辛巳朔　日食）**星期二**

晴间多云，当午日食，不可遍视，竟未之见。

晨六时起。八时写信，凡三通，一复润儿（编京一号），一复镇孙，一寄滋、佩（询何久无信，编京十六号），至午乃毕。十时后，濬儿来，为予理出绒布等，属沈姨缝制床单。

午与濬同饭。饭后，濬归去。予就炉边小休。三时展点《续通鉴》卷一百八十四，毕之。续点卷一百八十五，垂暮得十一页。

夜与元、宜二孙同饭。风声大作。九时就寝，倚枕阅《南部新书》。十时后，琴媳始归。

11月24日（十一月初二日　壬午）**星期三**

晴，风加急，气加寒。初御丝棉袄。

晨六时起。八时接点《续通鉴》卷一百八十五，近午点竟。午与两妪同饭。午后二时，民进派车来，乘以赴辛寺胡同本部参加学习。到吴研因、傅彬然、赵鹤亭、黄国光、柴青峰、张志公、梁纯夫及予八人。仍两组合开。纯夫主持之，讨论昨日参观顺义焦庄户地道观感。予虽未亲往，而听人移述亦大得启示，于人民战争必然胜利之信念益切矣。五时半散，已万家灯火，与纯夫同车送归。

夜与元、宜两孙饭。汉儿适至，遂共餐。是日买得蟹四枚，因得一遂擘螯之乐。在南方亦难于此时获此矣。饭已，汉儿即去。将往看云瑞，一听镇孙之近况耳。云瑞新自长治差毕归。九时就寝。十时,琴媳归。

11 月 25 日(十一月初三日　癸未)星期四

晴,有风。寒。

晨六时起。上午阅《南部新书》。午与两妪同饭。饭后,风稍戢,予颇思出外散闷,乃披氅独行,乘廿四路南转廿路,到前门大栅栏下,在大街两侧各商店略一入览,以风又作,亟走正阳门东侧,乘九路回东单,转廿四路北归,尚未及三时也。乃展点《续通鉴》卷一百八十六,迨晚毕之。夜与元、宜两孙及两妪同饭。饭已,就炉取汤洗身洗足易衷衣,八时即就寝。睡至深夜二时起便旋,再服药然后得眠。

11 月 26 日(十一月初四日　甲申)星期五

晴寒,仍有风。

晨五时半起。七时半接滋儿廿四安十一号信,知近状尚好,惟事忙不可开交耳。并言,林县遭旱,曾乞援合肥调干菜等济之云云。则润儿之会逢其适,生活必更艰苦矣。九时半,濬儿来,遂同出,乘廿四路北转九路无轨到西单商场,欲在食品商店选购食饵,乃恰值该店盘货停业,竟遭闭门羹。因于附近桂香村买得之。平日生涯较清淡,今因邻店突停之故,顾客遂盈门,竟以排队许久乃得,可笑也。一路南行,至西单长安大戏院前,乘十路返东单,再换廿四路。归家正十一时。

午与濬共饭。饭后就炉边小睡,三时起。濬四时许归去。夜与两孙、两妪同饭。八时半就寝。九时半,琴媳归。

11月27日(十一月初五日　乙酉)星期六

晴,微有风,寒不甚烈。

晨六时起。八时三刻所中车来,其芳、蔚林已在车上。盖昨日冠英电约往文津街北京图书馆看善本展览也。即乘以过东四头条接冠英、友琴,五人同赴之。今日馆中停止阅览,似专为接待特招之客者。入门后寻其新建之办公楼,在其二楼一大室中陈孤本、古帖及宋元本、精钞本书。晤其主者赵斐云及中国书店陈济川、王子霖诸人。子霖正携带学徒指示一切也。其他参观者亦不鲜,围而观之,且多笔录者,殊少空隙,予等草草阅过而已。最足留念者汲古阁精钞诸本及袁寒云所藏之精钞《汉书》,皆出宋刻影写,综而计之不过数十种,而皆妙绝人寰之品,非国家之力,安得来此南北藏家之珍秘萃于一室乎!十时出馆,仍乘原车,依次送归。坐有顷,记之。又忆及一奇品补记之,即宋刻小版大纸印蝴蝶装《梦溪笔谈》,版匡仅占全纸六之一,印其中,天地头及两边却占六之五,诚奇觏也。胡道静校释沈书,悉力以赴,终以未见此书为恨。可见书囊无底,真古今同叹耳。

午与两妪同饭。下午二时出散步,随乘廿四路南行,车上遇友琴,至方巾巷口转十路去西单,适二路无轨至,乃乘以赴动物园。略一涉览,便沿水禽湖东畔迤逦出园,乘一路无轨东归。讵此车只驶至北池子,不到朝阳门,只得在北海下车,再等第二辆一路至,始附以回南小街换廿四路南返,至禄米仓下。在副食商店买得小动物点心三件归遗三孙。六时后,宜孙、元孙、琴媳、燕孙陆续归。七时,遂共进晚餐。餐后开看电视播送八一制片厂新片《秘密图纸》。九时半,湜儿归。十时半电视完毕,予亦就寝。

11月28日(十一月初六日　丙戌)星期

晴,时有云翳。夜大风,气温类昨。

晨六时起。九时后,湜儿以传呼电话招文修,拟约地奉予同游,乃久久无复,再电促之,竟为传呼者所误,未之达。及二度约达,文修妹文萍传语招湜去,时已十时三刻矣。湜遂飘然而往。琴媳仍加班,亦未归饭。午间本拟炒年糕飨之,都未及与,遂与两孙、两妪共啖之焉。午后一时半,琴媳归,尝未饭,复具餐。予闷卧炉旁,不觉入梦。三时醒,起,展张江裁所辑《东莞袁督师遗事》阅之。崇焕经略辽事,中满洲反间,卒以冤死,志节凛然固不当泯没。而张江裁此作则动机不纯,一以夸其乡里,一以迎合当时大憝袁世凯之野心,力陈风水一柱擎天,远荫项城之说。今日视之,不大可笑耶?载笔固不可不慎也。四时,琴媳携元、宜、燕三孙往蟾宫看电影。六时,薄暮矣。正独自闷坐,而预孙、硕孙及桂本叩门入,询知已饭,遂与晤谈。七时,琴及三孙乃归,乃与琴等共饭。饭后,复与预等谈,至九时许,三人皆辞归。有顷,湜儿、文修偕归。九时半,予就寝。文修仍留与元孙同宿。

11月29日(十一月初七日　丁亥)星期一

多云转晴,风大增寒。

晨六时起。七时,儿孙辈分别上班入学去。八时后,阅《章氏遗书外编·丙辰札记》,继又阅《知非日札》、《信摭乙卯札记》。除午间独饭及饭后炉旁小休外,直至下午五时都毕。户外风吼如虎,室内块处如絷,脱无实斋杂著作伴,其何以处之?

宜孙午后归,未饭即就睡,谓头眩感困。旋接琴媳电话,知伊已晓，故遣令归耳。予属宜盖热静卧。不久入睡，近晚始醒。乃饮以温水，饲以蛋糕。据云平复多矣。为之一慰。

傍晚，元孙归，汉儿亦至，遂同夜饭。八时半，琴媳亦归。九时，汉儿归去。予就寝。未几沈姨告归。盖是日休息，早晨即出也。

11月30日（十一月初八日　戊子）**星期二**

晴寒。

晨六时起。七时后，琴媳及两孙俱出上班上学。八时后，写字四小幅，录毛主席诗词四首，应漱儿之请，将寄与之也。

十一时，濬儿来。午与共饭。饭后二时偕濬同出，乘廿四路至东单，换十二月分月票讫，乘十一路无轨往灯市西口，自八面槽走至金鱼胡同稻香春及王府井王府食品店，购得水果、点心等，顺道南行，在东长安街乘十路返东单。濬转九路归去，予则仍换廿四路北归。

六时与元、宜两孙同饭。饭后元孙持予票去政协礼堂看话剧《沂河两岸》。八时半，琴媳归。九时就寝。

元孙十一时乃归。在场与鉴孙并坐，盖鉴孙亦先持予票前往云。予近来目力愈不济，政协每有晚会辄放弃，但迩演戏处迥非昔比，题材既多现代事，实涵义尤富有社教作用，白白放过确甚可惜，爰令儿孙辈择宜往观，俾多得教育，不仅文娱活动已也。是晚接润儿廿八日复信。

12月1日（十一月初九日　己丑）**星期三**

晴寒。

晨六时起。八时后写信,直至下午二时半始写毕。共四通,一寄上海澂儿,一复林县润儿(京二号),一复合肥滋、佩(京十七号),一复长治镇孙。中间仅午饭耳。三时后,交沈姨出付邮。新建设社田森来访,与谈久之,近晚始去。

傍晚,湜儿、元孙、宜孙、汉儿先后归来,因与共进夜饭。饭后,看电视《山村姊妹》。九时琴媳归。九时半看毕电视,汉儿归去。予遂就寝。

12月2日(十一月初十日　庚寅)星期四

晴寒。

晨六时起。八时,湜儿出,为其社中购物,洽事讫即径还山云。予展点《续通鉴》卷一百八十七,近午毕之。午与两妪同饭。午后独出散步,乘廿四路北行,车上遇许觉民。到朝内大街,予转一路到北海公园。湖冰初合,百花俱凋,游艇皆拔岸待修,纵横道旁,荒率之感袭人,匆匆即循东岸出北门。实亦惫而思归矣。即乘十一路无轨回东单,再换廿四路北归。到家未及四时也。

夜与两孙、两妪同饭。饭后看电视转播话剧《电闪雷鸣》。八时半,汉儿来,为龙文致予辣酱一大碗,至感龙文盛意,则汉尚未饭,亟煮葱油面飨之。未几,琴媳亦归,同看电视毕,汉归去,予乃就寝。

12月3日(十一月十一日　辛卯)星期五

晴,寒,有风。

小雅宝住所门牌今日改编为七十号,原存五十一号室牌闻将保存半年,俾资熟习云。

晨六时起。七时三刻所中老赵驾车来接。盖昨日张慧珠电话见告,谓学部组织全体干部在地质部礼堂举行录音报告会,放送周扬最近作报告也。乃乘以过接平伯,同驰前往。至则人已将满,予与平伯即坐末排。八时四十分开始,至十一时五十分,只及一半,主持者宣布散会,下午一时再接续听讲。予与平伯仍由老赵车送归家。以太累,下午未往矣。

到家时,濬儿在,已为予取到新制棉裤,当即试穿,遂竟着之,尚合适。十二时半,与濬同饭。得湜儿电话,谓因公入城,将归饭。一时归,遂再具餐。下午三时,濬归去。湜去王府井等处为其社中购打字机,为漱写件即交湜付邮。入晚始归。

夜与湜儿、元孙、宜孙共饭。饭后,看电视影片《雷锋》。九时就寝。琴媳十时一刻始归。

12 月 4 日(十一月十二日　壬辰)**星期六**

晴,寒。

晨六时起。七时左右,湜儿、琴媳分别上班去。元、宜两孙亦挟书上学。八时后写信复清儿,昨晚接伊来信,遂复之。许妈今日回家休息,即以信件付伊带出投邮。

午与沈姨同饭。饭后,接湜儿电话,谓明日上午将突击劳动,参加京密运河掘土工程,今晚不归矣。

下午风作,未能出,伏案校黄本骐《历代统系录》,抵暮得三卷,已及其半矣。

夜与琴媳、元、宜、燕三孙同饭。饭后看电视影片本年国庆节及《山村会计》。九时半就寝。十时后许妈已归。忽叩门声急,琴起开视则堉孙自农场返城,前来投宿也。

12月5日(十一月十三日　癸巳)星期

晴,有风加寒。

晨六时起。仍校《历代统系录》,直至下午三时乃校完全书。

午与升堉及家人同饭,饭后堉去。下午四时半,农祥来谈,悉伊曾被动员去晋就亦秀,伊未能行,现静待发落云。有顷,韵启至,亦许久未晤矣。询悉致仁住院已将一月,仍检查不出究系何症,真堪为担心耳。近暮,升基、元鉴来,有顷,汉儿来,又有顷,濬儿来。七时,予与农祥、韵启、濬、汉在东屋共饭,且小饮。琴媳则率领元、宜、燕三孙及鉴、基在南屋同饭。饭后,在北屋长谈。八时半,湜儿归。九时,农、韵、濬、汉、基、鉴皆去。予亦就寝。

12月6日(十一月十四日　甲午)星期一

晴寒。

晨六时起。书跋语于《历代统系录》。

午与两妪同饭。午后独出,乘廿四路南转十路到中山公园,看园中所陈菊展。虽花时已过,而室内诸盆景犹存,留连良久乃行。出公园西门,步往西华门访乃乾,长谈至四时半行,仍乘五路北至地安门转十一路无轨回东单,再转廿四路北归。

夜与元、宜两孙同饭。八时半即寝。十时后琴媳归。

12月7日(十一月十五日　乙未)星期二

晴,寒。

晨六时起。八时半出,步往建国门文学所参加本组组会。到冠英、翔鹤、友琴、禾生、叔平、水照、公恃、乃斌、毓罴等。讨论吴晗所写《海瑞罢官》剧本及姚文元对此的批评文章。十一时三刻散，雇三轮归。到家不久升堉来，元孙亦以就医及取眼镜等事未及入学而归来午饭，于是三人同饭。饭后，为汉达修改方苞《狱中杂记》译文。四时，升堉去。夜与元、宜两孙共饭。饭后，宜孙及两妪看电视，予乃取汤就炉拭身洗足易衷衣，九时就寝。服眠而通两枚，居然好睡，琴媳何时归竟未之闻。

12月8日（十一月十六日　丙申）**星期三**

大雾转多云，偶晴，气乃稍暖。

晨六时起。八时三刻，濬儿来，乃偕出，乘廿四路至东单，转三路到崇文门同仁医院求诊。盖本月一日起，医疗关系自北京医院转在该院矣。今日初往，一切陌生，展转问至医务室，始接通关系。原病历亦已转到。坐候良久，乃递及药剂，又不如原院之全，颇有异感。候诊及取药时都晤及藏云，彼此俱有同感，皆以药不满足为言。习服之剂忽有忽无，骤易代替之品，在心理上终不大熨贴耳。出院后已十一时，乃与濬乘六路无轨出前门，在大栅栏换四路无轨，径达菜市口，欲上美味斋午餐，讵顾客云集，而楼上又休息，竟无立足地。盖近日报章宣传该店廉美，于是食指动者遂麕至，予亦不免，真堪自哂也。不得已，退出，乘十五路至虎坊桥湖北餐厅午饭。途遇汪季文，久未晤谈，立谈少顷而别。

湖北餐厅新到白鬐鮰鱼，甚腴美，亦不虚此行也。餐后，在虎坊桥果品店买到橘子两斤，便乘四路无轨东行，直达王府井南口转十路回东单，再转廿四路，归家已将三时。濬儿少坐即归去。五时许，文字改革杂志社许中一派人来取件，即以林译方苞文与之。明日琴媳须参加劳动，在紫竹院开掘京密运河，今晚特裹制馄饨全家共享,乃伊社中晚间尚有会,下班后匆匆赶回,食后仍入社。予与两孙、两姬却从容进食。现在当干部者如此,其忙实非旧社会人所能了解矣。

九时就寝。琴媳何时归未闻也。中夜起便旋,庭中月光如昼。

12月9日(十一月十七日 丁酉)星期四

晴,不甚寒。夜月朗。

晨六时起。琴媳八时半襆被自负,径往人教社。据云上午仍办事,下午集中前往紫竹院工地矣。

十一时,堉孙来,午与同饭。饭后,堉出看同学,今晚即须回丰台西农场云。

予二时出,乘廿四路北转七路无轨,径达西郊动物园,看到仔河马、狒狒、斑犀鸟等。四时出园,乘一路无轨,回朝阳门南小街,转廿四路归家。堉孙正先已饭过,提包赴车站也。匆匆即别。

夜与两孙、两姬同饭。九时就寝。

12月10日(十一月十八日 戊戌)星期五

晴,无风,寒不烈。

晨六时起。八时写信,分付上海漱儿,(询字幅到否,并告改钉新门牌,寄润照片。)林县润儿,(京三号,告新门牌。)合肥滋、佩:(京十八号,寄润近照,并告改新门牌,仍望常有信来。)潞安镇孙,(复告近状。)至十一时许乃写毕。适濬儿来,欲往大栅栏购棉鞋(为文权),因以四信交伊带出付邮。

十二时濬归,遂与同饭。午后一时五十分与濬同出,濬归去,予则步往文学所参加组会。到冠英、平伯、友琴、叔平、念贻、毓罴、水照、公恃、禾生等。总结青年同仁本年学习收获,禾生故态依然,颇受指摘。吾恐禾生长此不改,前途殊见黯澹也。五时半散,天已昏黑,一时又无三轮可雇,只得拄杖摸索而归。电灯光初接天光,正对目昏人一大打击耳。

到家,宜孙已归,坐有顷,元孙亦归,遂同饭。正举箸间,汉儿至,乃共饮焉。饭后,与汉谈至八时半,乃嘱令归去。予亦检点两孙就卧及门户诸事,亦服药就寝。二时起便旋,四时复入睡。

12 月 11 日(十一月十九日　己亥)**星期六**

晴,大风,增寒。

晨六时起。午前点毕《续通鉴》卷一百八十八、八十九。独饭。饭后,打五关数盘。接潄儿九日信,知所寄字幅已收到。又接润儿九日片,知上林县开会。四时半,接湜儿电话,谓有事入城,即将归。六时许归来。宜孙放学归,又往红星购票,欲看一九六五年国庆节彩色片,得票归,匆匆先饭,即往看。元孙往教育部托儿所接燕孙,七时半始归。予与湜儿候其归乃共饭。

饭后,孙辈看电视《昆仑山上一棵草》。予八时三刻即寝。

12 月 12 日(十一月二十日　庚子)**星期**

晴寒。

晨六时起。九时偕湜儿挈燕孙往遂安伯胡同(新门牌已改七号)访雪村,谈移时归。即令湜往东单邮局续订《参考消息》一年。

午与湜、元、宜、燕同饭。饭后,湜儿即出,谓过访永宽后径往文修家。明日仍须下山办事,当归家晚饭云。元孙去学校看同学。宜、燕两孙往其小姨家看表妹。近暮,元孙归。入晚宜、燕乃归。

六时即同三孙共饭，以形寒停饮，煮素面一中碗代餐。

八时就寝。临卧服羚翘解毒片二枚。十二时起便旋，竟畏寒颤抖，虽傍炉火无觉也，返床后，咳喘大作，痰涌不已，挨至二时始渐合眼。平明发汗，疾稍间。

12月13日（十一月廿一日　辛丑）**星期一**

晴寒。大风。

晨六时强起，惧恋褥酿大病也。坐炉旁终不舒耳。

七时，三孙皆出，燕孙仍由元孙送往人教社附公车去托儿所。午，仍煮面条代餐，无味之至。正举碗时，元孙归，谓燕孙已妥送，伊本人亦形寒不思食，因属盖被安睡。至下午四时发烧至卅九度，不得不令许妈陪伊往赵家楼医院求诊。不料流行病太多，院中挤甚，六时许妈先归，谓挂号为四十五号，现方看至三十号，我不得回来烧夜饭云。盖沈姨今日休息，非速归不可也。又移时，元孙归，谓行将收场，匆匆由耳鼻科大夫一看，亦说不出何病，草草给药而归。予深为不满，而无如何。其时，宜孙已自学校归。永宽六时半来，湜儿七时归。汉儿亦旋至。予午前电话招来看我。遂与汉、湜两儿、宜孙及永宽同饭。饭次，门铃作，宜孙亟往启视，则其母归来也。盖社中有急事相招，派人往工地召唤入城者，乃合坐啜粥。夜九时半，永宽、汉儿去，沈姨始返，予亦就卧，痰嗽增剧，喉音且为嘶哑矣。二时半起便旋，幸未发抖，返床后吐痰不少，近四时乃入睡。乱梦颠倒，颇不适。

12月14日（十一月廿二日　壬寅）**星期二**

晴寒，有风。

晨五时即起。备挺出，往昌平参观半工半读教学设施，但身软无力，喉喑益甚，家人坚劝弗行，乃由琴媳电话向民进中央说明缘故，不复参加云。湜儿六时半即出，往定福庄第二外语学院交流教学经验。元孙已退热，属令在家休息。十时半，濬儿来，盖昨晚汉儿归后，属鉴孙前往通知，故来省予云。十时前，漱儿托贾荣江带来食物，予接谈久之，颇感累。贾君因公来京，尚须他去洽事，坚不肯留此一饭而去。

午与濬儿、元孙同餐。予仍啜粥一盂耳。下午四时，濬为予出购食物，初出门，风尚微，少选大作，尘漫声吼，颇为不安。入晚始归来。文权亦至，宜孙已归，乃与濬、权、元、宜同餐。予仍啜粥。虽强饮一杯而百物无味，殊难振食欲也。今日为琴媳生日，傍晚令元孙电话招归吃面。由其同事代接，谓已去食堂晚饭矣。只得听之。乃予等食方半，琴媳亦归，伊自忘生日，且已饭过，遂不煮面，仅再啜粥而已。七时半风声更大，因属濬、权速归去。

八时半，予亦就寝。家人俱劝看中医，最近决定明日即在南小街药店访杨荔波大夫一诊云。予临卧前仍服羚翘解毒片二枚，翌晨拂晓仍发汗，似稍松矣。

是日接滋儿十二日来信(安十二号)复予京十六七号，告身体尚好，铿孙更利朗，佩媳已于本月九日被调到安徽省新华书店工作，与旧同事卢漱玉共事。正式上班，居然得遂本行之愿，为之大慰。

12 月 15 日(十一月廿三日　癸卯)**星期三**

朔风狂扇，玻窗已凝冰花。严寒至矣。

晨六时起。病势似大松，早餐饮牛乳一碗外，居然吃赤豆糕一块(即昨日漱儿托人带来者),并不感到不舒。八时,沈姨出买菜,依大家主张,顺便挂号。九时许,濬儿来。有顷,沈姨归来,谓药店门诊已停止,未得挂号云。予本不愿枉自求医,且亦畏风怕出门,如此反觉适我意也。濬儿旋出,为予往同仁医院续取眠而通片等药物,近午归,伊竟在南小街联合诊所挂得下午二时半陈凤瀛大夫门诊号。盖该所即设在药店内,上午由杨荔波大夫应诊,下午由陈大夫应诊。杨近因病久停诊,故沈姨上午折回耳。濬即为我如此,只得前往。午与濬共饭,吃一碗尚香。下午二时半,濬伴我出,御重裘而往。一到即由陈大夫应诊。据案云感冒后余热未尽,脘闷纳少,咳嗽不扬,痰白稠粘,脉象浮滑,拟两解里热,用生石膏八钱、杭白菊三钱、杏仁泥三钱、五味子二钱、北细辛一钱、川贝母三钱、清半夏三钱、桂枝尖一钱、冬桑叶三钱、生甘草二钱、鲜杷叶三钱、生姜一钱、麻黄六钱,十三味,嘱服一帖。当即在店撮药,计一元另三分,计费挂号只三角。旋与濬偕归,以所掣对号筹交沈姨,令过半小时后往取之。予向不喜服煎药,幸平生不大发疾,故不注意及之,今偶因小极,儿辈坚欲予试之,遂得从容录此,亦可笑也。

薄暮两孙、文权、韵启先后来,最后汉儿至,遂与韵、权、濬、汉及两孙同饭。予仅啖煮面,仍未小饮。夜九时半,濬、汉、韵、权皆归去。有顷,予服药就寝。十时,琴媳归。湜儿是日曾有电话见省。

12月16日(十一月廿四日　甲辰)星期四

风烈寒酷,滴水坚冰。

晨六时起。仍有汗,精神已渐爽,而喉音仍嘶哑耳。不以为意则亦不以为奇矣。十时接水照函,以吴甡先判后抚之说出处见问,正检书备答,而汉达见过,盖入蜀参观归来,先以电话见告,旋即来访也。备述所见所闻,殊资开益,惜以体衰未能偕行,虽憾无裨耳。谈至午辞去,临行承以峨眉顶茶少许见贻,万里情深,致足感也。

午独饭,似稍有味。午后二时作书答水照"吴说"。盖仅见于梅村《绥寇纪略》卷一,自注所引《明史》本传及有关诸人传皆不载也。

午前接澄儿十二日来书,知近来身体亦远不如前,劳悴伤人,可悯也。

夜与元、宜两孙共饭。饭后,孙辈及两妪看电视《霓虹灯下的哨兵》。予八时半即就寝,琴媳何时归来竟未之闻也。十二时起便旋,一时后复入睡。

12月17日(十一月廿五日　乙巳)**星期五**

晴寒。

晨五时半起。八时接人民大学冯其庸电话,谓即来访予。九时许其庸至,知曾往陕西从事社教工作八个月,以是久疏访候云云。谈次以《海瑞罢官》问题见询,与谈至十一时辞去。十一时半,濬儿至,谓顷自西单来,为予购得熏鱼等物,并告在车上见到劳动人民文化宫发生火灾,且有一殿屋被毁,但未悉究竟云。至午,即与同饭。饭后,就炉边打盹,三时始起。濬儿归去。予感冒渐解,胃口亦渐开,惟音嘶尚未复亮耳。但畏风不能出门,故今日下午民进学习及明晨学部中心学习皆谢不往。恐旬日内未必能逢会必到,闻召皆行也。

夜与元、宜两孙同饭。饭后,汉儿来,为治面享之。食后,看电视《秘密图纸》影片。九时毕,汉儿归去。予等各就寝。

今日上午九时,琴媳往车站偕其同事蒋仲仁等前往天津,参访学校订证教材,约须三四天,星期天晚上能赶回否尚未确定云。

12月18日(十一月廿六日　丙午)星期六

晴寒。

晨六时起。今日精神似稍复,乃伸纸写信。上午写两封,分寄润、漱(与润者编京四号,仍寄队),下午写两封,分寄滋、佩(京十九号)及澄,直至四时半乃已。宜孙放学归,即以四信令出投邮。

夜与元、宜、燕三孙同饭。盖又周末矣。晚饭后,看电视新疆歌舞。九时就寝。十二时起便旋,取服眠而通两片,未几仍入睡。

12月19日(十一月廿七日　丁未)星期

晴寒。

晨五时醒,拥衾看胡孝辕《唐音癸签》,七时始起。

十时许,元鉴来,有顷,汉儿率大璐、翠英亦至,午遂共饭。饭后二时半,汉等四人皆去。元孙亦出就浴,家中仅宜、燕两孙在。接润儿十七日采桑来,知已由县还队,予所寄京三号亦收到云。

傍晚,韵启来。入晚琴媳自天津归,元孙亦返。遂与韵启及家人同饭。予与韵启且小饮焉。晚饭后,与韵启谈,不觉苏然思睡。九时许,韵启去,予即就寝。琴媳夜饭后出访同事,十时许归,予已入睡未之闻。

12月20日(十一月廿八日　戊申)星期一

晴寒。

晨六时起。久未出门,颇思松散一下,藉换空气。乃于八时半出,乘廿四路南行,车中挤甚,几不能托足,至方巾巷换十路,西至王府井,走至新华书店服务台,讯内部发行处何在,该服务员态度冷淡,欲理不理,予即出,自往东安市场等分摊问讯。展转乃得之于市场西门之侧,登楼始得之。遂出证购到新出《文史资料》五十三辑。下楼步往灯市西口,乘十一路无轨还东单,再转廿四路北归。脚力浮浮,然虽小小之感冒亦影响乃尔耶。

到家,湜儿在,谓连日开河,昨夜发烧,今归休息云。不禁又为之一顿,未识略一休息后即能痊复否?

午与湜同饭,饭后属令服药,拥被安睡,予亦就炉边裹毯小休。三时起。五时,刚主见过,盖先有电话通知,故俟其来。与谈,亦不免涉及《海瑞》问题,六时许去。

夜与湜、元、宜共饭。饭后,炉边解衣洗濯并由湜为予擦背,事毕,易亵衣就寝。琴珠十时后归,予又未之闻,以服药头惚总能好睡耳。但今虽服药,转不若昨夜未服药之酣,亦一奇也。

接镇孙十六日复信,知正带领学生连日作登山运动,兴致蓬勃也。

12月21日(十一月廿九日　己酉)星期二

晴寒。

晨六时起。湜儿仍休息,电话香山续假。十时半,濬儿来。午与濬、湜同饭。下午二时半,翼之来。翼之久无信息,前日得其电话,予适未在,沈姨传语不清,殊不料伊能遽来也。昨日又亲接电话,始知伊夫妇半年前离苏去西安探其五女德钫,伊又独赴酒泉探其七子德铸。十日前始夫妇偕来北京探其六子德铮,铮任职总参谋部,近患目疾住院治疗,故来京探望,即住厂桥兴华胡同四十六号该部宿舍云。因详指路线，俾乘车来晤，今乃依嘱到家。阔别乍晤，极快慰。正谈次，晓先来访，以与翼之亦曾在草桥中学同学，故留下长谈。薄暮，文权、元鉴、汉儿先后至。元、宜两孙亦放学归。入夜，琴媳亦归。遂设圆桌共餐，且畅饮焉。盖今为冬至前夕，俗称冬至夜，会逢其适，乃能与亲友欢度冬至夜，殊为欣慰。夜饭后，谈至九时，晓先、翼之、文权、濬儿、汉儿、鉴孙都辞去，予乃就寝。

12月22日(十一月三十日　庚戌　冬至)**星期三**

晴，时多云，仍寒。

晨六时起。七时前，湜儿出，赴香山销假讲课。琴媳以社中大扫除亦早出。七时后，元、宜两孙亦上学去，顿馀予一人，独坐岑寂而已。

九时，平伯见过，长谈移时，写示清平乐一阕《题牡丹亭记》：春归何速，好梦迷离。续一片飞花红影逐，还要阿娘叮嘱。荒台池馆沉沉，独怜梅树情深。记压黄金钏扁，不知何处相寻。(游园、惊梦、寻梦都括入矣。)

又录偶作一绝云：何用卑词乞稻粱，天然清水好阳光。倘教再把真经取，请换西天辟谷方。(盖嘲近日印度当局之措施。)相与嗟赏久之。十一时许，乃辞去。

午独饭。饭后二时，民进车来，遂乘以径赴辛寺胡同本部，(颉刚已出院，住香山疗养院休养，平伯云。)出席常务会议扩大会议。到者不少，恪丞、纯夫迭主之，研因、志成、汉达、彬然、祖璋、守义、楚波、洁琼、冰心、德赓、国光、均正等都晤及。传达双周座谈会平杰三谈话。五时半散。与均正同车送归。

到家已瞑黑，元、宜两孙皆已归，乃同饭。忽感不适，废饮，仅啜粥半碗即已。八时半就寝。琴媳十时归。

12月23日(十二月小建己丑　辛亥朔)**星期四**

晴,大风怒吼,增寒。

晨六时起,似已霍然。八时十分出,冲寒步往建国门文学所,应其芳之招,出席全所大会,讨论《海瑞罢官》问题。其芳主席,冠英、平伯、默存(新自山西八县参观归来)、子臧(新自江西参观学习归来)、叔平、蔡仪、翔鹤、友琴、绍基、水照、毓罴、公恃等都见及,学部书记苏季(其芳介绍之,未审无误否)暨其他有关人员亦列席。十一时三刻散,与其芳、平伯、冠英同车送归。明日上午仍续开。其芳知予畏风,嘱勿往。

午独饭,以馄饨皮代餐,所谓片儿汤也。胃纳不佳,不敢多食也。四时前,汉儿电话见省,予告以明日不能践翼之同游故宫之约,属转告濬儿,令独往陪之。把电话筒时风声正作虎啸也。

夜与两孙同饭,似比昨夜为强,居然啖馄饨一碗。八时半即寝。九时,琴媳归。

12月24日(十二月初二日　壬子)**星期五**

晴寒。

晨六时起。八时后,展点《续通鉴》卷一百九十,近午得十六页。颓然而止。十二时,濬儿偕翼之来,已同游故宫,虽匆匆,竟遍历各开放处所云。遂与同饭。饭后二时半,属濬数事,即偕翼之乘廿四路北抵九条走访圣陶于八条七十一号。遂长谈川中经历观感,因留彼晚饭,开茅台酒共酌。饭后,元孙来叶家接予,八时半离叶家。翼之乘四路环行归其子舍,予与元孙走至九条,同乘廿四路南归。

到家，宜孙已睡，濬亦早去为我代取贵阳汇来之款未得，（邮局处事过死，遂致碰头。）而所购四号小电池却已办妥。予乘兴易置半导体收音机失效之电池，可笑手生技拙，竟触断线路，遂失响。废然就寝，只得待他日送修理处修理矣。

12 月 25 日（十二月初三日　癸丑）星期六

晴，风力转弱，寒感亦稍杀。

晨六时起。十时许出，先过南小街耀明电料行，一询修理收音机。经柜员卸开一看，确系断线，即为焊接，立见声响。收费仅一角，真感敏速为慰也。嗣走至东总布胡同邮电所取澄儿汇来之款，本人亲取，自无话说，随到随得。即在外交部街东口乘廿四路回禄米仓，步归已十一时。

午独饭。饭后就炉旁小睡，三时半乃起。薄暮，湜儿、元孙同时归。宜孙先已归。又有顷，琴媳率燕孙归，遂同饭。饭前元孙同学陈宝中在电视中讲述如何克服困难努力学习，甚有条理。八时半湜儿在北屋拭身易衣，予九时就寝。

12 月 26 日（十二月初四日　甲寅）星期

晴寒。

晨六时起。十时，琴媳挈宜、燕两孙往前门大栅栏内联升鞋店购棉鞋。十二时回，遂同湜儿及元孙同进午饭。饭后，就炉边小盹，三时半起。湜儿去文修家，知修父五十生辰，予即以红双喜香烟一条为寿云。

五时，韵启来。夜与韵启及琴媳、元、宜、燕三孙同饭。八时半，韵启归去，予亦就寝。

12 月 27 日（十二月初五日　乙卯）**星期一**

晴寒，时有云翳。

晨六时起。八时半续点《续通鉴》卷一百九十，至十时半毕之。接点卷一百九十一，亭午亦竟。午独饭。而濬儿至，盖为予去同仁医院取药来也。遂与同餐。午后，予就炉旁小盹，濬儿即归去。三时起，俟翼之电话，不至，又俟继文之来，亦失望。继文自合肥来，曾电与元孙，谓星一或星二当来我家云云。

入晚，乃与元、宜两孙同饭。饭后八时半即寝。近来畏冷早拥衾也。九时电话机铃声大作，予已睡，未之应，究不知何人耳。十时琴媳始归。

12 月 28 日（十二月初六日　丙辰）**星期二**

晴寒。

晨六时起。上午所中有会，继续讨论《海瑞罢官》问题。通知上注明如因身体关系，可不参加，遂未往。思欲写信与在外诸儿，终以惮于捉笔而止。十一时，濬儿来。午遂与同饭。饭后，予就炉边小睡，濬即归去。三时起，展点《续通鉴》一百九十二，仅得八页。而志成来访，遂与长谈，薄暮乃去。

入晚与元、宜两孙同饭。饭后看电视中央广播文工团演出文艺晚会。九时，琴媳归，同看至十时毕。予乃就寝。

12 月 29 日（十二月初七日　丁巳）**星期三**

晴寒。

晨六时起。八时写信复镇孙。十时出投邮，乘便附廿四路到东单购换下一年一月月票，即附原车返禄米仓。风虽不大而寒感凛烈，不得不急于还家矣。怕风怕水与年俱增，总系耄及之兆，实亦无可讳言者也。接润儿廿五日信，知予所寄京四五号俱已收到。伊仍在做查账核实工作，事情并不简单云。

午独饭。饭后炉边小盹，二时半，朱继文电话，谓即将来看我。俟至四时十分乃来。知来京参加盐斤价格会议，已竣事，明日下午乘京沪车返皖云。谈次询知滋、佩近况，因留夜饭。薄暮元、宜两孙放学归，汉儿亦来看我，遂共夜饭。饭后，与汉儿、继文共谈至九时，伊二人同去。汉归家，继文将住往农祥家。

予服药就寝，未几即入睡，琴媳何时归，未之闻也。

12月30日（十二月初八日　戊午）**星期四**

晴寒。

晨五时半起。今日民进中央在文化俱乐部开大会，由前往四川、江西及本市各参观地点开门学习诸人分别交流心得，约九时开会，八时半即放车来接，乃一再等候，直至八时五十五分，出租汽车始至，乘以径赴，已迟到十分矣。是日到杨东莼、王却尘、许广平、巫宝三、徐楚波、吴研因、傅彬然、黄国光、葛志成、梁纯夫、贾祖璋、董守义、雷洁琼、谢冰心、林汉达、章矛尘、张锡彤、顾均正、杜仁懿、赵鹤亭等。十二时午餐，人出粮票三两，币三角。下午在原坐位略打盹。二时即续开会，发言者多，实至五时三刻始散。而出租汽车又出岔子，所有各路都开出，独东路送予者以不肯久待飘然引去。比散会，主事者始发觉，电话屡讯，该公司支吾其词，迁延过半小时车始来。予枯坐如受罚，懊恼殊甚。服务态度如此其劣，诚有愧当前时代矣。及车送到家,已七时。湜儿在,知元孙有电话来,已偕同学径往政协礼堂参加晚会,不归饭矣。遂与湜儿、宜孙同进晚饭。

饭后。湜儿出赴晚会,盖今晚伊社校在北京饭店举行此会也。九时,予就寝。十一时许,元孙始归。琴媳则九时已归矣。湜儿深夜乃返,予竟未之闻知也。

12月31日(十二月初九日 己未)**星期五**

晴寒,

晨五时半即起。七时后,琴媳、元孙、宜孙皆上班上学去。八时半,湜儿始出,上山参加校中年终集会,须明晨入城云。九时后,展点《续通鉴》卷一百九十二,至十一时毕之。再点卷一百九十三,至午得十页。

午独饭。饭后无风,因于二时半出,乘廿四路南转十路到中山公园,再转五路到西华门访乃乾夫妇。谈至四时半行。循原路三转车始归。

今日为一九六五年年终,居然有大除夕景象,街头肉摊林立,车中拥挤特甚,往访皆植立,几不能插足云。夜与琴媳、元孙、宜孙、燕孙及两妪同饭。饭后看电视。琴、元同出购物,九时半归。予不俟电视之终即就寝,属元孙料理焉。

1966年

1月1日（乙巳岁十二月小建己丑　辛亥朔　初十日　庚申）**星期六**

晴寒。

晨六时起。九时半偕元、宜两孙同赴小庄汉儿家。乘廿四路南转九路东行，直达针线路站下车，无多路既至汉家。盖九路路线延长至金台路，其地新设之站也。坐有顷，翼之偕其夫人至，濬儿预先约定者。十二时十分，湜儿、文修犹未至。予与翼夫妇、汉儿、大璐、锴孙、翠英、鉴孙、元、宜先入座。盖元、宜一时半有电影须往看也。越刻许，湜、修乃来，遂同饭。元、宜已先遣行，属看毕即先归。三时，予偕翼、丽、汉、湜、修过濬家，晤道始夫人、宗鲁及永周、预、硕等，濬坚留吃饺子，至五时乃起行。与翼等五人走至呼家楼，乘十二路无轨入朝阳门，在南小街转廿四路南归。

到家已上灯久矣。元、宜亦早归。七时合坐晚餐。餐后在北屋长谈。八时半文修归去。九时，汉及翼、丽亦各归去。予乃就寝。

十时鉴孙来，盖在红星看电影，就近住来，与元孙同榻也。堉孙亦已入城，午在我家饭，饭后去，夜十时前有电话来，湜儿接之，谓今晚住同学家，明日上午再来云。

1月2日(十二月十一日　辛酉)**星期**

晴寒,无风。

晨六时半起。文权、濬儿、硕孙、汉儿、大璐、锴孙、翠英午前均至,鉴孙昨住我家,堉孙亦至,午间遂同坐小饮,藉茗新年。予与权、濬、汉、湜、璐、锴、英、堉在南屋设圆桌,琴媳、鉴孙、元孙、宜孙、燕孙在东屋又设一席。午前,祖文见过,谈移时去,坚留午饭不果。午后三时,锴、英归房山窦店中学,权、濬、汉、璐去和平里访亲戚,湜儿去文修家,堉出访友及看电影,惟琴及三孙在家耳。

五时,韵启来,遂留饮。六时开饭,琴及三孙同饭。饭已,琴往首都剧场看话剧。予与韵启饮至七时半方罢。孙辈及两妪看电视。予与韵启长谈。九时,堉孙归来,韵启辞去。未几,琴媳亦归。予九时半就寝。堉等看完电视乃各就卧。

1月3日(十二月十二日　壬戌)**星期一**

晴寒。

晨六时半起。八时后写信两封,一寄上海漱儿,速其来京,一寄本市顾寿白,答谢贺年。年前接其贺柬也。书毕,展点《续通鉴》卷一百九十二,至十一时许竟。赓点卷一百九十三,至午得十八页。濬儿十一时来,堉孙则未出,午遂与濬、堉同饭。饭后,濬小休,予打五关为遣。二时半,濬起,与谈,四时去。予展玩《南昌万氏百汉砚碑》拓本,垂暮始已。堉孙午后有同学来,在西屋大开湜儿所蓄唱片,上灯乃偕其同学辞去。谓今晚住同学家,明日回卢沟桥农场云。傍晚,接元孙电话,谓偕同学去滑冰,不归晚饭云。少顷,宜孙归。入夜遂与同饭。甫举箸,琴媳亦归饭。

饭后,就炉边洗足拭身,易衷衣就寝,贴枕时正九时。有顷,元孙归。十时,许妈归,本日休息也。

1月4日(十二月十三日　癸亥)星期二

晴寒,无风。

晨六时起。八时点阅《续通鉴》卷一百九十四,十时竟,接点卷一百九十五,至午,得廿一页,即罢。独进午饭。接翼之电话,知下午将来看我。四时许,果偕其夫人丽华至,于是长谈达暮。元、宜孙皆归,遂共进夜饭。饭后,看电视《带兵的人》。九时,琴媳归。有顷,翼夫妇归去,约明日再来。盖六日即将南返吴门也。沈姨今日休息,晚九时乃归。

接讣告知孙伏园二日晚十一时九分逝世,胡愈之等十三人组成治丧委员会,定六日下午二时在嘉兴寺举行追悼会。届时当一往吊之。

1月5日(十二月十四日　甲子)星期三

晴寒,入夜大风撼户振窗,殊可怕人。

晨六时起。八时半硕孙至,予正写信与润儿(京六号),复告家中近况,并以孙伏老讣告寄之。有顷,濬儿至,欲予同其母子出游,予以翼舅将来语之,当然作罢。近午,翼之夫妇来,遂与濬、硕同饭。饭后,硕回厂,濬偕丽华往游故宫。三时许,予与翼之过访雪村,长谈移时,约伊过饮予家。五时,予与翼之先归。有顷,雪村即至,携鸡羹来。又有顷,文权来,丽、濬亦早返。湜儿亦有事进城,元、宜两孙放学归,琴媳随回。乃设圆桌共餐且少酌焉。夜饭后,湜儿送雪村归,丽等看电视。九时,翼、丽、权、濬皆去。予亦就寝。

翼之本拟留京度岁，以突接苏州来信，速其返里办社教，因定明日返苏云。

1月6日（十二月十五日　乙丑　小寒）**星期四**

晴寒，惟风势已稍杀。

晨六时起。八时与湜儿同出，乘廿四路北转一路无轨西迈，遇友琴及方白，友琴在东四下，将赴同仁就医，方白则与予同赴政协礼堂，参加学习经验交流会也。车至白塔寺，予与方白同下，湜儿则径往外语学院及北京大学，洽事后还香山也。予既下车，乘三轮往政协礼堂，与满子同坐。九时开会，陈此生主席，先后由胡愈之、叶圣陶讲四川观感，已十一时半，主席宣布尚有二人不及讲。休息十分后，由统战部秘书长平杰三讲学习年度总结及本年学习计划。十二时散。遇云彬、彬然，遂同乘圣陶车过饭其家。下午一时半，四人仍同车赴嘉兴寺吊伏园之丧，遇雪村、雪舟、力子、老舍、天挺、伯昕、建功、廷谦、愈之等熟人至夥。二时公祭，愈之主祭，陈翰伯致悼词，追悼式完毕，起灵往安八宝山。予乃与雪村同乘，径送村归遂安伯，留谈移时，至四时半，予与圣陶辞归。圣乘车，予步返。

到家见两妪正为南东两屋大扫除。五时许，接翼之电话，知车票一时买不到，行期须推迟数天云。夜与两孙同饭，饭后沈姨出看电影。予九时就寝。琴媳十时半归。沈姨十一时乃返。

1月7日（十二月十六日　丙寅）**星期五**

晴寒。

晨六时起。八时后点《续通鉴》，至午点毕卷一百九十五、六，并及九十七之十一页。午，元孙归，遂与同饭。饭后元即上学去。午前接漱儿五日来信，知春节一定来京，极喜，即复之，嘱勿带东西，以此间一切都有得买也。午后二时，独出付邮。顺上廿四路南行，在方巾巷口转十路西去，至中山公园，再转五路到西华门访乃乾，长谈，四时半行。仍循原路转三次车归。

夜与元、宜两孙及两妪同饭。九时就寝。十时琴媳归。

1月8日(十二月十七日　丁卯)星期六

阴，午后转晴，气仍寒。

晨六时起。上午展点《续通鉴》，点毕卷一九七并及卷一九八之七页。十二时许，濬儿为予取药后来，因共饭。伊前日在菜场被窃小皮夹，失去粮票三斤，人民币十七元余，颇见懊丧，予与同饭犹未平也。近日袺箧之流甚活跃，里中开会已屡提醒警告，相戒严防，足征坏分子混迹市廛，事态不轻，推行社会主义教育运动实不容缓矣。在学习时，听人言阶级斗争在城市街道尤为尖锐，于此益信。午饭后，濬即归去。

二时，民进车来，即乘以赴辛寺胡同(近改名辛安里)本部参加学习。仍两组并开，到王却尘、许广平、杨东莼、梁纯夫、林汉达、董守义、徐楚波、章矛尘、谢冰心、雷洁琼、黄国光、张锡彤、贾祖璋、顾均正、柴德赓、巫宝三及予十七人。纯夫主持之，漫谈政协三天学习经验交流会心得，并定春节前作六五年学习总结。五时半散，予与纯夫同车送归。

今日又届周末，琴媳、元、宜、燕三孙俱于傍晚前后归来。入夜遂与同餐。翼之本约今日来，但电话亦未接得，或已行乎？湜儿电话告已到文修家，今夜不归，明日将购物后归家云。九时就寝。

1月9日(十二月十八日　戊辰)**星期**

阴寒。

晨六时起。上午点毕《续通鉴》卷一九八。十一时许,湜儿押车归,送到五斗柜一具,安置讫即挈宜孙同出就浴。十二时半,湜儿、宜孙归,乃同饭。饭后湜儿即出,顺道送年仪与雪村(红双喜香烟一条、猪油年糕二斤),将出城至中关村访其同学云。下午偃卧炉旁,取阅报纸而已。入晚,汉儿来,遂与家人同饭。

夜饭后,元孙看电视。八时,汉儿以风作亟归去。九时就寝。十时半湜儿始归,未及言也。夜大风。

1月10日(十二月十九日　己巳)**星期一**

晴间多云,仍寒。

晨六时起。家中今日大扫除,器物挪移,飞尘坌集,家人劝予出,俾便工作。予乃于八时与湜儿出,同乘廿四路南转十路行。湜在东单下,为伊校中修理打字机事,干办后径还香山。予则至中山公园下,购本年游览年票,遂入园,先至唐花坞一赏水仙、腊梅、山茶、梅花,旋经兰亭碑亭径就小卖部瀹茗,独坐至十时起行,出公园西门,步往西华门访乃乾夫妇,长谈。十一时许,濬儿踵至,遂同饭于陈家。下午三时濬儿先行,为予取衣,予则至四时乃行,乘五路至中山公园转十路回东单。车中甚挤,转廿四路以归。

到家濬儿已在。接翼之电话,知明日午乘车返苏,今晚本拟来我家话别,恐夜行遇,不来矣,言到苏后即当来信云。夜六时即与濬、元、宜同饭。元孙饭毕即行,持予票去政协礼堂看话剧。濬儿八时行。未几琴媳归,谓在禄米仓遇见濬儿云。九时就寝。十时半，元孙归。

1月11日（十二月二十日　庚午）**星期二**

阴间晴，仍寒。

晨六时起。午前点《续通鉴》卷一百九十九，仅得十页。午与两妪同饭。下午二时民进车来，即乘以赴辛安里本部参加学习。仍两组并开，到许广平、王恪丞、杨东莼、林汉达、巫宝三、吴研因、章矛尘、梁纯夫、贾祖璋、吴容、葛志成、董守义、柴青峰、黄国光、谢冰心、雷洁琼及予十七人。纯夫主持之，二时半开会，谈六五年学习总结。五时半散，仍与纯夫同车送归。湜儿以入城听报告归家，因与湜及元、宜两孙同夜饭。八时半就寝。九时琴媳归。

1月12日（十二月廿一日　辛未）**星期三**

晴寒，夜有大风。

晨六时起。九时晓先来闲谈。十二时前，湜儿自第二外语学院归（清晨往），遂留晓先同饭。饭后晓先去，即以胡石予遗稿交还之。午后二时民进车来，予与湜儿共乘以行。湜在美术馆前下，将与其同事会齐，参观收租院塑像。予则径驰辛安里本部参加学习。今日两组分开，本组到东莼、纯夫、守义、楚波、汉达、冰心、洁琼及予八人。仍由纯夫主持，仍谈六五年学习总结，予亦简单发言。五时半散，与纯夫同乘送归。六时与元、宜两孙同饭。元孙饭已即行，持予票往政协礼堂看话剧，鉴孙亦径往焉。湜儿七时后归，再具餐。九时就寝。

1月13日(十二月廿二日　壬申)**星期四**

晴寒。

晨六时起。接滋儿66安一号书,知乙巳大除夕挈铿孙来京,丙午元旦上午八时半可到。又接汉儿电话,知清儿将于十五日挈新孙由晋垣动身,十六日可先来京,甚以为喜。展点《续通鉴》卷一九九,至十一时许,毕之。汉达见过,遂与长谈。近午濬儿来,留汉达饭不果,乃与濬同饭。饭后濬归去。

下午悠忽过去。入夜,与元孙、宜孙及汉儿同饭。汉儿下班时电话告予将来家晚饭,因待至七时始开饭。又有顷,汉始至,盖在城外稻香春为予购糕饵,竟排队良久,欲罢不能耳。九时,汉儿归去,予乃就寝。十时琴媳归。

1月14日(十二月廿三日　癸酉)**星期五**

晴寒。

昨晚临卧时服新安眠药两枚,初不觉其效,睡至三时起便旋,返床后睡复浓,迷迷糊糊至七时一刻乃起。

接颉刚香山枫林村一〇五室来信,知体气渐复,饭量渐复,脚力亦能一次走三四里路矣。为之大慰,即作书答慰焉。十时濬儿来,午遂与同饭。饭后濬率沈姨往其家及汉儿家借得桌面、锅炉、碗筷等件,于五时各乘三轮车返。

亦秀三时来访,谓昨自晋返京,今从圣陶家来,因谈晋中教课状及农祥移调问题。濬儿返时即行。

元、宜二孙及文权先后于薄暮时到家。入夜遂与濬、权、元、宜同饭。饭后权等看电视,九时,权、濬偕去。予乃取家就炉旁洗身濯足易衷衣就寝。十时,琴媳归。元、宜及两妪亦看毕电视各返寝处矣。

1月15日(十二月廿四日　甲戌)星期六

晴寒。

晨六时半起。精神不爽,头岑岑然,遂未出。所有上下午期会均谢不往。九时后展玩《版刻图录》。十一时濬儿来,遂留与同饭。饭后濬儿去。元孙、宜孙今日下午起都放寒假矣,以此亦同归午饭。

接漱儿电报,知今日乘廿二次车北来,与弥同偕,预计明晚可以到此。

傍晚汉儿、鉴孙来,琴媳亦挈燕孙归,遂同饭。谈次知清儿、润儿明日上午皆可到京。堉孙夜饭后来,取物后仍住往同学家,明晚即乘车返贵阳,盖其领导上准假探亲也。

八时,鉴、元、宜等看电视。九时半汉儿归去,鉴孙留与元孙同榻。予亦就寝。

1月16日(十二月廿五日　乙亥)星期

晴寒。

晨六时起。六时半琴媳携宜孙出,在机关集中乘大车,前往永定门车站接林县返京之四清干部。润儿即在其内。鉴孙、元孙往新车站接太原来京之清儿及新孙。予与燕孙在家等候。

九时后,濬儿、鉴孙、元孙、湜儿(一早自文修家径往)等接得清儿、新孙,琴媳、宜孙接得润儿先后归。少停,润出浴,濬归去。午与润、琴、湜、鉴、元、宜、燕同饭。(清、新在章家饭。)饭次,清来，遂同饮一杯。午后，文权、濬儿、汉儿、锴孙、翠英、镇孙、堉孙、韵启、预孙先后来，五时半具餐，享堉孙。（伊去车站接漱等后，即乘车返黔也。）然后权、濬、汉、润、锴、镇、堉、元、燕等前往新车站接漱儿及弥孙。七时一刻归来，文修、硕孙先来候之。遂与韵启、文权、濬儿、清儿、汉儿、润儿、湜儿、文修、弥同同坐晚饭。琴媳则与锴、翠、镇、鉴、预、硕、元、宜、燕等别坐同饭。一时热闹喧腾，顿破清寂。晚饭后聚谈至九时半，濬、汉两家都归去，弥同随住汉家，韵启亦归去，湜儿则送文修返工作处所，然后返。是夕，清、漱同住西屋，湜儿则支床睡北屋。

1月17日（十二月廿六日　丙子）**星期一**

阴转晴，仍寒。

晨六时起。琴媳仍上班，润儿则往版本图书馆汇报工作。清儿回章家。九时士敭、建孙、新孙及镇孙、硕孙来，盖敭、建父子今晨亦自晋来京也。聚至十二时，硕归去省母（濬昨因累小病），镇孙、建孙同归汉家，曰午后与弥同等同游天坛也。新孙亦归章家饭。予乃与权、敭、漱、润、湜同饮（三孙另桌饭）。饭后，得鉴孙电话，谓伊等径往天坛，请漱等于三时在祈年殿前相晤。于是，敭、漱、元、宜、燕同出，将过接清、新偕往焉。润赴展览馆出席文化部欢迎会，湜则陪同伊校外国专家参观雍和宫。一时又剩予一人在家，乃乘此闲暇补记两日来日记。五时，硕孙谓四姨、七姨等同游天坛后，伊骑车先行，四姨等随后即至云。湜儿自雍和宫还，告以文修在方巾巷候伊（予先得修电话）同往区人委会登记。六时半归言登记已办妥，文修仍返工作处所云。入晚，漱儿率元、宜、燕三孙归，知弥同仍随锴等返小庄，清则返章家云。有顷，润儿归，汉儿已至,遂与汉、漱、润、湜、硕、元、宜、燕同饭。饭次琴媳亦归与焉。饭后,硕孙返厂,士敭、清儿来谈,至九时三刻,士敭归去,清、漱仍同住西屋,予亦与湜儿就寝。

1月18日(十二月廿七日　丁丑)星期二

晴寒。

晨六时起。七时半,湜儿挈宜孙出,就浴于竹竿北巷(即老君堂)荣宾园。润儿赴馆出席工作汇报会。九时,湜儿、宜孙归,遂与清、漱两姊同出,往王府井百货大楼等处购办杂物。午前,镇、弥、昌三孙从美术馆参观毕同来,既而漱儿先归。良久,润儿返。又久之,清、湜始归。俟到齐开饭,已一时半矣。饭后,士敭、新孙来,润儿出买物,未几即归。湜儿往文修家取物。五时,士敭,清儿,漱儿,镇、弥、昌、元四孙一行七人同赴汉儿家,清、漱、元即住汉家。傍晚,湜儿归。以未遇修家诸人,徒手返。以伊校今夜在森隆有晚会,即往赴之。

入夜,琴媳归,遂与润、琴、宜、燕同饭。饭后润、琴出购物。九时予就寝。润、琴旋归。湜儿宴毕归来,已十一时,予未之闻。

1月19日(十二月廿八日　戊寅)星期三

晴寒。

晨六时起。八时后,展点《续通鉴》卷二百,至十时许,得十一页。而濬儿至,谓漱昨夜住其家,以牙痛竟发烧,今早陪伊赴朝阳医院挂急诊,由昌预力得亟治,刻已偕清、镇、弥、昌往福田展墓矣。现为送药来云。少坐即归去。予点书亦中止。士敭九时半偕润儿同出,赴福田会清、漱云。湜儿在家帮年事,并整治其新房。十二时，予先饭，以所中约一时半放车来接，同往民族宫应科学院学部之召，会见郭老，且看电影也。乃在家候车至。二时许乃来，司机老杨言等贾芝所误。（先说去，继又说不去云云。）车中友琴、子臧已先在，然后同过裱褙胡同接其芳，径驰民族宫已迟到十分。郭老已在当众讲话，颇感乏味，郭话至二时廿分毕，散出时乃见贾芝亦在座，不悉其何以捣玄虚如是耳。其芳颇责怪之。予与子臧、友琴过东首剧场看电影，主片为华北业余文工表演现代话剧，皆彩色，极感动。五时许即完，与书铭、子臧、友琴同车，承送予至东四八条七十一号叶宅。盖圣陶昨约过其家晚饮也。至则晤圣陶、至善、满子及大奎、小梅、永和等祖孙三代，云彬亦在约，已先在。有顷，元善至，近七时，纪元、志成同至，遂同饮逾时。饮罢，复坐谈至八时三刻行。纪元即以民进车同载坐客分途送归，予乃占先到家。时清、漱正在南屋与润、琴长谈，予以被酒，即就寝。湜儿仍支床住。予乃竟失眠，迷糊至三时后始稍入梦，然颠倒错乱殊不宁贴也。五时又醒矣。

1月20日（十二月廿九日　己卯　大寒　乙巳岁除夕）**星期四**

微雪，略见薄积，旋即转晴。

五时醒，六时即起，精神当然颓靡。儿辈有照常上班者，仍各自赴功己假，或自外地来者又各有所事，予婆娑一屋而已。午与润、湜、元、宜、燕同饭。夜与润、琴、湜、元、宜、燕及漱、弥同饮，两妪与焉。所谓吃年夜饭也。清儿在章家吃年夜饭后，仍住来与润、琴、漱、湜等叙话。予则于九时已就寝矣。伊等何时安睡未之知。

1月21日(丙午岁正月大建庚寅　庚辰朔　春节)**星期五**

晴寒。

晨五时半起。八时润、元、弥等往车站接滋儿,九时将滋、佩、铿接回家,于是文权、濬儿、预孙、硕孙、清儿、士勬、心孙、爱孙、汉儿、锴孙、翠英、镇孙、鉴孙、大璐、雪村、雪舟、小逸先后来集。十一时后,孝达夫妇、文修、文萍及修之姨父、姨母、表弟晶晶至。锴等燃爆竹夹道欢迎之,湜儿先往亲迎者也。至是,湜、修结缡礼成,予亦向平愿毕矣。举家腾欢,气象一新。陈趾华来贺岁,少坐便行。

午前先开一圆桌,孙辈之未及婚者先餐,坐椅不敷,效西俗鸡尾酒会例,立而饮啖焉。午正乃再设两圆桌,北屋一桌待新亲家,村、舟两翁及予与润、滋两儿,文权、士勬两婿陪之。南屋一桌待新人,琴、佩两媳,濬、清、汉、漱四女及孙辈之已婚者陪之。欢饮达午后二时乃罢。下午就庭中拍照,复在北屋表演歌唱。冠英、友琴来贺岁,见人多屋窄,坚不肯坐,一揖便行。然则,人多之气氛太高,竟致影响慢客,安得不衷心歉然哉。四时后,濬、清、汉三家人均各归去,漱、弥亦同行汉家云。夜,文修之弟文杰来,有顷其女戚瞿女士亦至,乃于南屋设圆桌聚饮。韵启下午来,亦与焉。夜饭后文萍等看电视,九时半孝达一行及韵启辞归。湜、修送之上车而后归。十时各归寝。滋、佩、铿即睡北屋东间。

1月22日(正月初二日　辛巳)**星期六**

晴寒。

晨六时起。振甫来贺岁,谈次,晓先夫妇及士方、士中至,振甫少坐便行。今午诸儿孙俱集濬、汉两家饭,以予须接待晓先家,润儿乃留家伺应。正午,予与丁家四人及润、湜、修三人同饭。饭后,丁家四人去小庄访漱等,润出看电影《地道战》,予则在家候车。三时,民进车来,乃乘以赴新桥饭店,直上二楼会议室参加春节联欢茶会。到四十余人,东莼主席致词,然后由张纪元、胡玉先后谈下去四清体会,最后由方明谈再度去阿尔及利亚斗争情况。六时一刻聚餐,即在底层大餐厅举行,凡四席,予与圣陶、麟瑞、仲足、冰心、陈慧、汉达、楚波、玉、纪元、广平同席。七时散,附圣陶车送归。到家知润已去小庄,家中只琴媳、滋儿、三孙在,正陪滋友罗君耀培同饭。予过湜儿房会见其同事。八时半,滋儿与其友同出,送友上车后亦径行小庄云。九时予就寝。十时许湜同事偕去。十一时三刻,润乃返。予翌晨询知之。

1月23日(正月初三日　壬午)**星期**

晴寒。

晨六时起。八时三刻湜儿、文修往省孝达家。九时,润儿去王府井为予购水果,十时半乃还。盖年头备物赠送者多,每一处所都须排队候卖也。十一时,予偕润儿挈燕孙出,乘廿四路北转一路无轨西出阜成门,径达三里河路北头二里沟。一路上下人众挤不堪言,熙攘之象有胜于前。比到站,孝达夫妇及湜、修、文萍皆在彼相候,邀同前往新疆餐厅治宴共餐。欢谈至午后二时,乃同返孝达家。燕孙则随文萍往北京展览馆看电影。予等长谈至五时,文萍、燕孙始来,遂与润儿偕同湜儿、修媳挈燕孙辞归。仍乘一路无轨入城,在德内大街转廿四路南返。到家时韵启、濬儿、清儿、士敭、漱儿、弥同及昌、新等都在,润儿因即与琴媳往看话剧,先饭即行。六时三刻,予等仍设圆桌同饮。有顷,汉儿、镇孙亦至,复加饮。夜饭毕，韵启及濬等在湜、修新房欢闹，部分孙辈则在小屋看电视。九时后，诸人皆去。濬、清、汉、漱则雇一小汽车送归小庄，惟滋、佩、铿留宿家中。十时予亦就寝。

1 月 24 日（正月初四日　癸未）星期一

阴雪凛寒，午后雪渐止，以雪量小，仅地面敷上一薄粉而已，入夜转晴。

晨六时起。竟日未出。午与清、汉、漱、润、滋、湜六儿及琴、佩、修三媳，预孙、桂本，元、宜、铿、燕四孙，元镇、弥同两外孙同饭。仍设两桌分坐。午后一时，外孙升基至，昌硕至，未几基、硕、弥、昌等出看电影。

近晚文权、濬儿、颉孙、永周来，夜遂与在家儿孙辈同饮。预孙、桂本、硕孙、昌孙皆去。清儿今晚八时四十六分乘车返太原，润、滋、元等送之。沈云阶、吴述琇亦往车站送行。九时后，送行者都来我家，濬、汉等皆归去。元孙仍随其六姑去，明日约同弥、硕、镇等往游香山云。十时后，漱儿及滋、佩、铿俱留宿北屋。

予以谈话兴奋竟又致失眠，至翌晨四时始迷糊入梦，六时又醒矣。

1 月 25 日（正月初五日　甲申）星期二

晴寒。

晨六时半起。修媳、琴媳先后上班去，润儿亦往展览馆听报告。九时，滋、佩、铿由湜导往修家谒其父母，宜孙往看新孙。家中惟予与漱儿及燕孙在。漱写信，予随息。午与漱、燕及两妪同饭，用汤饼，盖今日为元孙十六岁初度也。午后二时许，润儿归，再煮面享之。有顷，宜孙偕新孙同来，盖已在章家饭过矣。接廿三日翼之来信，知其夫妇已安抵苏州。四时后，滋儿、铿孙先归，佩媳稍后返。未几，琴媳归，汉儿、士敭、新孙来，湜儿亦归，谓送湜等至修家后即去香山，以校课尚未开，学生亦未到齐，因请假归，明日陪漱等游十三陵后径还山云。入夜，元孙亦归，知与弥等自香山归，弥等仍住往六姑家矣。遂开饭共餐。予与敭、汉、润、滋、湜、元等同坐，余人仍在东屋进餐也。晚饭后聚谈至九时半，敭、汉等各归去，予等亦各就寝。予以昨夜欠睡，亟服药两枚，居然十时即入睡。

1月26日(正月初六日　乙酉)**星期三**

晴寒，大风。

晨六时半起。七时半士敭来，即偕漱、滋、佩、湜、宜、铿、同出，径赴德胜门与弥、昌两孙会集，偕往十三陵游览。润儿上午为予出购物，并料理同行诸人换领粮票等事。午即与予同饭，琴媳赶归。下午二时，琴媳仍上班。四时润儿行往版本图书馆集合，六时在新车站出发，赴安阳返林县。傍晚，濬儿、文权、韵启陆续来。七时后，汉儿亦在车站送文化部一行四清工作队上车后来。惟久候十三陵游客不至，颇耽念。及八时，漱等始归，遂与韵启等同饭。九时半濬、韵等皆去，汉留与漱宿。予服药就寝，睡尚好。

1月27日(正月初七日　丙戌)**星期四**

晴寒。

晨六时起。十时濬儿、士敭等来，十一时偕濬、敭、漱、镇、昌、新、滋、佩、弥、铿、宜等同往前门肉市全聚德午餐，吃烤鸭子。将毕时，元孙寻至。(伊早出看同学云。)一时半散，予与滋、宜、铿先返。馀人各有所事,或购物,或游览云。

夜与濬、漱、滋、琴、佩、弥、元、宜、铿同饭。八时半濬归去,予亦就寝。九时歟来,遂在榻前与漱、滋等共谈。十时歟去,予以多谈,故又失眠,至十二时后始入睡。

1 月 28 日(正月初八日 丁亥)**星期五**

晴寒。

晨六时起。八时元孙偕弥、新同往军事博物馆游览,滋儿率宜、铿往福田省珏人墓,佩出访友。十时许,濬儿来,十一时偕予及漱出散步,由西石槽出,遂安伯胡同穿至红星胡同,(旧名无量大人胡同,今改。)到东四南大街,就乳品公司各啜乳酪一杯而行。遂由干面胡同等处步归。午即与濬、漱同饭。午后,士歟来,偕濬、漱同往军事博物馆参观。傍晚,濬、汉、漱、滋、琴、佩及弥、元、宜、铿皆归,文权亦至,乃同进晚餐。夜九时,濬归去,士歟及汉皆留。昌孙今夜回太原。十时予就寝。

夜饭前后滋、歟、弥曾两次往车站为漱结行李。

1 月 29 日(正月初九日 戊子)**星期六**

晴寒。

晨六时起。九时半濬儿来,士歟及新孙来。十时半即开饭,匆匆饭已,锴、英、镇、鉴皆集,与元、宜、新等送漱、弥、滋、佩、铿回南。漱、弥将偕至合肥,然后返沪云。锴、英回窦店,即在车站候车。元、宜等送之上车,然后归。濬、歟以须伴予未及送。下午,歟归其家,濬亦归去。数日热闹顿归静寂。

入夜琴媳、元、宜、燕归来,有顷,湜儿归,文修亦归。又有顷,韵启来,遂合坐同餐,仍不失热闹也。漱特嘱韵启将时来伴予云。夜饭后,与韵启看电视。九时,韵启辞归,予亦就寝。两妪看毕电视始由湜儿关机,已十时矣。

1月30日(正月初十日　己丑)**星期**

晴寒。

晨六时起。六时三刻堉孙自车站来,盖已从贵阳省亲安返矣。询悉其家近况安好,并在筑买漆盘瓶杯为献,予转感不安,嘱后弗尔。早餐后,往省其六姨,将赴教育局报到销假,或即返农场云。

琴媳仍上班,为社中劳动(挖防空壕),修媳以值班亦仍于七时出门上班。元孙偕宜、燕两弟妹往省其五姨。湜儿在家为予整理抽屉,包扎积年陈件,十一时往修家,以修下午不值班,十二时可归母家也。

十二时接琴媳电话,谓在五妹家吃饺子,宜、燕皆留住,惟元孙别约同学溜冰,将回家午饭云。

十二时廿分,元孙归,遂与同饭。饭后琴媳归。一时后予就炉边打盹。三时,宜孙、燕孙同归,予亦起。元善来访,谈移时去。新孙来,遂与元、宜、燕同玩。夜与琴、元、宜、燕、新同饭。饭后,汉儿、镇孙来,士勷来,有顷,湜儿、修媳亦归,出春节所摄照片共赏。九时后,勷、新及汉、镇各归,予亦取汤洗足。近日来气喘增剧,两腿亦酸软,腰不能下伛,只得使湜儿为予洗之。洗毕就床,十时后入睡。

1月31日(正月十一日　庚寅)**星期一**

晴寒。

晨六时起。五时半湜儿即出门,径赴香山,修媳亦于七时赴宜武区上班。二人俱须星六之晚始得归来也。七时半,琴媳挈燕孙同赴人教社,有顷,电话见告送托儿所公车已开出,嘱令元孙即往社中单送燕孙入所云。因即命元孙行。慧英之女秋梨来,因留与元、宜两孙同玩,午遂同饭。午后,鉴孙、文权先后来,旋往章家看士敭,元孙亦往看新孙。傍晚,明道接秋梨去。鉴孙、元孙、新孙自章家归,文权则留彼夜饭矣。予即与鉴、元、宜、新同饭。有顷,文权、士敭、镇孙来,叙谈至七时半,权、镇、鉴、元、宜送敭、新赴车站,盖伊父女即夕乘车返太原也。

九时予就寝。越一刻许,元、宜两孙自车站归,十时琴媳乃归。

是日下午三时乃乾夫妇过予谈,至四时半去。

2月1日(正月十二日　辛卯)星期二

晴,寒气稍减。

晨六时起。八时出,步往文学所参加本组组会,到冠英、平伯、默存、子臧、友琴、叔平、念贻、水照、公恃、毓罴、翔鹤、禾生、绍基及予十四人。讨论学习《毛选》,结合吴晗的道德观及古典文学的批判继承问题。十一时四十分散,与默存、子臧同车送归。

午与元、宜两孙及许妈同饭(沈姨昨日起休息三天,须明晚始归)。饭后阅《人民日报》所载其芳(署名云松)评论一篇:《田汉的〈谢瑶环〉是一棵大毒草》,颇深刻,直将吴晗、孟超与田汉所编三剧之毒害揭发尽情矣。

早七时,琴媳交到润儿一月廿八日林县信。自所中归,又接漱、滋、佩、弥、铿三十日合肥信,俱已安抵,为之大慰。下午炉边小憩,四时始起。夜与元、宜同饭。饭已,琴媳归,遂及许妈同饭。九时就寝。

2月2日（正月十三日　壬辰）**星期三**

阴，沙霾。黄氛四塞，几致昼晦，寒威大减。

晨六时起。琴媳以社中打扫，六时半即出门。九时元孙陪宜孙至赵家楼医院看病，以右脚底起疱也。元孙又顺为予购信封。予八时写信分寄潄、润（京[丙]一号）及翼之、圣南，凡四通，十一时半乃毕。以黄霾故，开灯为之。近午，元、宜始同归。十二时一刻与元、宜同饭。下午大风作，入夜尤甚，撼户振窗，终宵声不绝。

午后二时民进车来，遂乘以赴辛安里本部，参加第一组学习。到却尘、汉达、纯夫、洁琼、冰心、彬然、文藻、研因及予九人。漫谈最近世界局势，结合越南问题，各抒所见。五时半散，仍与纯夫同车送归。车抵胡同口，为送煤车所阻塞，乃下车步行。适琴媳自社中下班还，遂同归。少顷，与琴、元、宜同饭。八时半就寝。沈姨归（假满矣）。

是日接澄儿贵阳来信，告近状兼贺湜、修结婚。

2月3日（正月十四日　癸巳）**星期四**

晴，仍有风，返寒。

晨六时起。九时镇、鉴二孙来，元孙则今日上学矣。午与镇、鉴、宜三孙同饭。午后二时后，镇、鉴去，予乃就炉边小睡，三时半即起。宜孙在予旁做寒假作业。傍晚，元孙归。入夜与元、宜两孙及沈姨同饭。今日起许妈轮休归其家，恐亦将三日云。九时就寝，琴媳亦归。

2月4日(正月十五日　甲午　立春　元宵)**星期五**

晴寒,夜月甚朗。

晨六时起。七时三刻出,徐步往文学所参加组会,仍续前议。到冠英、平伯、默存、子臧、叔平、念贻、毓罴、友琴、公恃、翔鹤、禾生及予十二人。谈至十一时五十分散。予与默存、子臧同车送归。

午与濬儿、宜孙同饭。盖濬十时即来也,饭后濬即归去。一时五十分老赵车来,乃乘以过接子臧同赴政协礼堂,应本会国际组之招,听我国出席哈瓦那亚非拉三洲人民会议代表团团长吴学谦作报告也。中途过四川饭店,子臧下车入取其昨晚遗皮包。二时半正到礼堂。坐定即开会,明善主席,随由学谦介绍参加各项会议之经过,知与苏修及古修展开坚持原则的斗争,终于挫败了修正主义的阴谋,获得了鲜明反帝的总宣言。讲时极生动活泼,绘色绘声之致。五时五十分始毕,听者终无倦容也。散会后,仍与子臧同乘老赵车送回。夜与元、宜两孙及沈姨同饭。八时半就寝。九时琴媳亦归。

2月5日(正月十六日　乙未)**星期六**

晴寒。夜月好。

晨六时起。八时写信复歘婿、清儿,并将歘等在十三陵摄照片附去。正写信间,镇孙携行囊至,盖今日午后一时乘京广线车转新乡返潞安中学矣。有顷,堉孙亦至,又有顷,汉儿亦至,乃草草具食享之,俾于十二时出门径达车站。宜孙亦同往送之。

午后二时。民进派车来,正跨上而车坏,司机久修不灵,遂电话另易一车为替,以是挫折乃迟到五分,迨入室参与学习已二时卅五分矣。是日到纯夫、却尘、汉达、研因、文藻、彬然、冰心、洁琼及予。仍续前谈，并结合吴学谦报告言之。五时三刻散，仍与纯夫同车送归。

七时后夜饭，琴媳、湜儿、修媳、元孙、宜孙、燕孙皆与，盖又周末矣。九时取汤洗濯，湜儿为予擦背，乃易衷衣就寝。

2月6日（正月十七日　丙申）**星期**

晴寒。

晨六时起。十时，琴媳挈燕孙往游中山公园，午正返，遂与湜、修、元、宜同饭。饭后湜、修偕出。盖将往省修家，并将应伊校阿语专家之邀同饭，晚间且请看电影云。以是今夜即住修家，明晨各自上班矣。

二时，晓先来闲谈，至五时乃去。韵启继至，遂留与共饮，兼及琴、元、宜、燕同饭。饭后看电视转播京剧《红灯记》。九时，韵启去，予亦闭机就寝。

2月7日（正月十八日　丁酉）**星期一**

晴寒。

晨六时起。上午未出，午与宜孙同饭，盖上学后忘带作业，乘午归取也。下午一时，接乃乾电话，约四时在修绠堂相晤。予二时半出，乘廿四路南转十一路无轨到美术馆参观收租院泥塑群象（民进转发之入场卷）。遇轶程，遂同如休息室晤谈，复遇力子及诸熟人。三时半离馆，与轶程同逛隆福寺，旋过修绠堂，乃乾夫妇已先在，正与孙助廉谈，予就架检得王葆心《古文辞通义》等三种。有顷，遇周贻白，二十余年不见矣，因与长谈。五时予与轶程先行，遂雇一三轮携书以归。

夜与元、宜两孙及两妪同饭。饭后,灯下检所购书。九时就寝。琴媳十时半始归。

2月8日(正月十九日　戊戌)**星期二**

晴,寒威少衰。

晨六时起。竟日未出,阅王葆心《古文辞通义》。此书三十年前即为开明图书馆罗致之,以其荟萃众说而又加以排比,殊出时人论文诸作之上。同人展转假观,竟为振甫所借失,厥后阅肆时匙,竟未再遇,能偶得于修绠堂不啻故人重逢,喜可知矣。

午独饭。下午四时锴孙媳来,知即将附车返房山窦店中学,适今日为燕孙生辰,遂先煮面享之,俾六时即启程赴永定门车站。

宜孙、元孙先后归,亦即以面为享。元孙食已即行,持予票偕其同学共往政协礼堂看话剧也。六时半,予与两妪共餐,亦煮汤饼作饭耳。九时就寝,初嗯中未闻琴媳归。十时三刻,元孙归,乃知之。三时起便旋,复入睡,然多梦矣。

2月9日(正月二十日　己亥)**星期三**

晴,较暖。

晨六时半起。八时后看报外都阅《古文辞通义》,其书搜材多分类,细看下,惟觉多采,忘其饾饤矣。

午独饭。下午二时民进车来,乃乘以赴辛安里本部参加第一组学习。到纯夫、却尘、汉达、研因、文藻、彬然、楚波、广平、冰心、洁琼及予十一人。谈时局。五时半散,仍与纯夫同车送归。汉儿来,遂与元、宜两孙同饭。饭后,予与汉谈,孙辈及两妪看电视。九时琴媳归，汉儿去，予乃就寝。

是日，接草桥老同学张絜如七日信，知京周久病，而湖帆再度中风颇笃，因甚念之。

2月10日（正月廿一日　庚子）**星期四**

晴转多云，下午有风，寒却大减。

晨六时起。八时即写信，复絜如，嘱就近慰问京周、湖帆，并遍寄清、澄、漱、润、滋于晋、黔、沪、豫、皖各地，至午方竣，凡六通。午独饭。饭后属沈姨出付邮兼购邮票。予赓点《续通鉴》卷二百，三时乃毕。盖牵于人事，又废置将一月矣。

傍晚，接漱儿八日发返沪后第二号信，详述在京对各人的印象，并附致一信与濬儿。夜与元、宜两孙及两妪同饭。晚八时半即寝，初愡颇酣，琴珠何时归竟未之闻。十二时半起便旋，复入睡。

2月11日（正月廿二日　辛丑）**星期五**

晴寒。

晨六时半起。上午阅《古文辞通义》。午独饭。饭后二时半轶程见过，出所移棋相间法相示，长谈至四时半乃行。

夜与宜孙及两妪同饭。元孙有电话告就浴于其母社中，不归饭。八时半予就寝。琴媳旋归，谓元孙在同学家中治算术不即归云。至十时半元乃归。

2月12日（正月廿三日　壬寅）**星期六**

晴寒，无风。

晨六时起。八时后阅《古文辞通义》。十一时濬儿来，遂与同饭。饭后思出,因于二时偕濬同乘廿四路南转十路到中山公园,再转五路到西华门访乃乾伉俪,同往北海公园,登琼岛,啜茗于揽翠轩。四时半起行,乃乾等径归。予与濬同九路无轨东行,予在小街下,复转廿四路南归,濬则径归小庄矣。

薄暮湜儿及宜孙、元孙、琴媳、燕孙、修媳先后归,乃同进夜饭。晚九时就寝。

2月13日(正月廿四日　癸卯)星期

晴,渐暖。

晨六时起。九时后汉儿、大璐、鉴孙来,汉为予制多福饼。晓先夫人来,遂与汉、湜、修、璐、鉴、元、宜、燕及晓夫人同午饭。饭半,琴媳归,同饭。盖伊听报告方毕也。饭后二时,予与晓夫人、汉、湜、修、璐、鉴同出,乘廿四路北行,湜、修在小街下,转道往省修家。予等五人则至九条下,步往八条。圣陶、满子谈有顷,晓夫人先归,璐、鉴亦行,予与汉则留彼小饮。八时起行,汉侍予乘廿四路归家。

抵家时,湜、修已归。汉少坐便归去。予乃取汤洗濯,仍令湜为予擦背,然后易衷衣就寝。

2月14日(正月廿五日　甲辰)星期一

晴暖,诚有春日载阳之感矣。

晨五时半即起。六时半湜即出门赴香山。七时后,琴、元、宜、燕分头上班上学,修亦径往工作区听报告,然后接办市区选票云。八时,阅《古文辞通义》至午毕之。

沈姨今日休息,九时即去。午独与许妈同饭。饭后写信与清、漱,复寄照片,(漱处较多,分两封。)并复镇孙三孙。亲出付邮,顺购四号小电池。盖所蓄半导体收音机干电已用完。讵知短货无所得,且候它日到较远处访购矣。废然而返,打五关为遣。

夜与元、宜两孙同饭。九时就寝。刚入睡,忽门铃大震,亟起应之,沈姨已开门递入(沈姨归来予未之闻),则高等教育部发来之请柬,订明日下午二时往和平街北京化工学院参观该部直属高等学校科学研究成果展览会也。再就榻而琴媳归。

2月15日[①](丙午岁正月大建庚寅　庚辰朔　二十六日　乙巳)

星期二

晴间多云,向晚刮风,先暖转冷。

晨六时起。十时堉孙来,谓分配工作已大体就绪,即在市教育局直属单位内相宜安排,究竟如何须明日再向局方候信云。即与同进午饭。

饭后,堉孙午睡。予于一时半即乘老赵所驾车(早上与所中联系派来)直驶安定门外和平北街北京化工学院参观高教部直属高等学校科学研究成果展览会。遇政协同人不少,先在休息室听概况介绍,然后导往各室重点阅览,详细讲解,多尖端事物,且有超过国际水平者,所惜基础知识太贫乏,虽经指点仍多茫然。然而讲解员皆由各该校青年学生担任,热情洋溢,真令人感愧交并。五时半离会,仅及其半耳。时已风作,尘土飞扬,幸由老赵车送归家,未感寒冷,到家知堉孙已于四时左右去。

接佩媳十三日来信,知滋儿出差尚未回省也。(另邮廿元属还

①底本为:"一九六六年二月十五日至四月二日日记"。

琴媳，想在京所假。）夜与元、宜两孙同饭，九时就寝。十时后始闻琴媳启钥归。

2月16日（正月廿七日　丙午）**星期三**

晴，薄寒。

晨六时起。阅所中同人胡念贻所作《试论我国古代文学遗产的批判继承问题》，九时始毕。

写（丙）二号信复佩媳。

午独饭。下午二时民进车来，乃乘以赴辛安里本部参加第一组学习。到纯夫、汉达、文藻、彬然、楚波、广平、冰心、洁琼及予九人。漫谈越南近事及苏修动向。五时半散，与纯夫同车送归。

七时汉儿来，因与元、宜两孙同饭。八时琴媳归，未饭，爰再具餐。九时汉儿归去，予亦就寝。

2月17日（正月廿八日　丁未）**星期四**

风霾转晴，料峭之感又增。夜大暖，丝棉被几不能用。

晨六时起，阅朱一新《无邪堂答问》卷二。午独饭。下午炉边小休，二时半即起。三时半志成见过，告陈叔老今日逝世，并与长谈，至五时乃辞去。

夜与元、宜两孙同饭。七时半琴媳即归。晚接絜如十五日复书，知湖帆、京周都好转，君畴亦健旺如昔云。八时半就寝。

2月18日（正月廿九日　戊申）**星期五**

晴，不甚寒。

晨六时起。八时后伸纸为儿孙辈写字幅，至午未毕。十一时基孙来,遂与同饭,饭后伊即去,谓工作中须向派出所了解情况云。盖伊近亦参加社教工作也。下午二时卅分,老赵驾车来,即乘以过接子臧同赴政协礼堂三楼,听积水潭医院院长孟继懋报告。该院近作断肢再植三例,并放电影以资说明。此三例直具回天之功,我国医术又超过国际水平,殊足自豪。而孟院长所谈仍极谦谨,此风度亦可敬佩耳。五时半散,与子臧同车送归。元善附车至锡拉胡同东口,谈次知近曾往香山看颉刚,病气已告痊云。

夜与宜孙同饭,元孙则以就浴未归饭。

是日午前接漱儿十六日来三号信,详告过合肥对滋、佩的观察,并附来在肥所摄照片九张,代配钥匙两枚。因即作复(亦编号为沪三号)告钥匙合适,俾加制焉。

八时半就寝。有顷元孙归,十时后琴媳乃返。

2月19日(正月三十日　己酉　雨水)星期六

晴兼多云,还冷。

晨六时起。竟日未出,为儿孙辈写字幅,都录毛主席诗词以应之。九时半,《文汇报》吴闻来访,谈移时,录予对时下剧本(如《海瑞罢官》等等)的意见所去。十一时半,濬儿来为予取药,因与同饭。饭后濬佐予写字至四时半,乃一一加章竣事,濬亦归去。

薄暮,宜孙及其两同学、元孙、琴媳、燕孙先后归来,同时接文修电话谓手头事尚未了,不及归饭,须八时后返,即在食堂饭而后行云。七时后湜儿始归,乃与琴媳三孙及宜两同学共餐。八时一刻,修媳归。孙辈与两妪看电视,予则九时就寝矣。

2月20日(二月大建辛卯　庚戌朔)星期

雨转雪,气温未降。

晨六时起。八时后元、宜、燕三孙及两同学竞以扫雪为乐,庭中一片喧腾,亦大破岑寂之道矣。午与琴媳、湜儿、修媳、元孙、宜孙及宜同学崔忻、崔恺同饭。饭后炉边小休。三时韵启来,琴、宜送忻、恺姊弟归去。湜、修同出往王府井市物。傍晚琴、宜、湜、修皆归。遂与韵启及元、燕等同饭。饭后雪加密,气亦渐寒。予与韵启谈至九时,韵辞归。予乃取汤洗濯,仍由湜儿为予擦背易衷衣后即就寝。

2月21日(二月初二日　辛亥)星期一

晨起视庭际积雪三寸矣,仍续降微雪。久旱得此皆大欢喜,虽转寒亦所甘也。

七时后,儿孙辈俱各上班入学,予独坐,雪窗下光耀之至,遂展点《续通鉴》卷二百一,至九时半毕。午独饭,以馄饨作餐。餐后炉边小睡。四时起,又展《续通鉴》卷二百二点之,至掌灯乃毕。七时半汉儿来,遂与汉及元、宜两孙同饭。九时,汉儿归去,将予所写字幅携去,由伊分别寄发,除滋儿、镇孙两纸留下,待予复函时径寄。汉行未久,予即就寝。十时后琴媳归。

2月22日(二月初三日　壬子)星期二

晴寒。积雪皑皑,晶光激射,窗儿俱明净也。

晨六时起。八时后写信四封,分寄清儿太原、漱儿上海,(俱告所写字幅已交汉儿寄出。)合肥佩媳,(京丙三号,询滋出差复回省否？并寄为滋所写字幅。）长治镇孙。（复寄为伊所写字幅一纸。）十时乃毕。刚封好，接佩媳来信，即批注封背，并交沈姨持出付邮。

午独饭。饭后小休后，展点《续通鉴》卷二百三，至三时半毕之。又接点二百四卷，至五时半亦竟。薄暮，元、宜两孙放学归，六时元孙先饭之后，持予政协所发票与其旧同学周玉芝偕往民族文化宫看话剧。七时，予与宜孙及两妪同饭。八时半就寝。九时后琴媳归。十一时许，元孙始归，予乃入睡。

2月23日（二月初四日　癸丑）**星期三**

晴寒，雪渐融。

晨六时起，八时为翼之作证明。（昨所中悉交来函属查。）旋点《续通鉴》卷二百五，至十时半毕之。接点卷二百六，至午得二十页。即饭，晓先适来，遂留同饭。饭后晓先去。二时民进车来，即乘以赴辛安里本部参加第一组学习。到纯夫、汉达、文藻、守义、楚波、冰心、洁琼及予，吴贻芳自南京来开会亦与焉。讨论当前国际新局势，纯夫主持。五时四十分散，纯夫有事，留予即独乘送归。

湜儿因公入城，七时归，遂与湜及元、宜同进晚饭。

接廿一日润儿林县来信，复予京丙二号函，知近况甚忙，而事甚艰云。

八时半就寝。九时半琴媳归。十时一刻修媳亦归，盖湜儿有电话告知而伊适开会完竣故也。

2月24日（二月初五日　甲寅）**星期四**

晴寒，午后转阴，积雪仍未融。

晨六时起，九时走访雪村、雪舟昆仲，遇其侄士宋，谈移时归。

展点《续通鉴》卷二百六至十一时毕。午独饭。饭后接点《续通鉴》至四时,又毕二百七、八两卷。夜与元、宜两孙同饭,饭后灯下写京(丙)三号信复润儿廿一日来信。九时就寝。十时后琴媳归。

2月25日(二月初六日　乙卯)星期五

阴转晴,积雪多融,气还暖。

晨六时起。八时接漱儿廿三日发四号信,复前信,告已晤及永宽,仍托带物,惟所寄字幅未提及,或尚未到耳。展点《续通鉴》卷二百九,而新建设社田森来访,谈移时乃去。十一时濬儿为予取药至,遂与同饭。饭后濬替两妪共除庭中积雪,予亦手痒,勉参其役,乃不久即感肩背牵扯渐觉酸痛,不得不休。逾时续点《续通鉴》竟手颤几难落笔,自叹老不中用如此。又休久之,始完卷。只索倔强自持,接点卷二百十,至五时亦完。

元孙以校中练民兵,令下午出发作行军演习,十二时归饭,即捲被作背包负之而趋校。三时半濬儿去。六时宜孙、元孙先后归,汉儿亦至。七时,遂与汉、元、宜同饭。八时半琴媳亦归,复具膳焉。九时后汉儿去。予亦就寝。

2月26日(二月初七日　丙辰)星期六

晴,较昨略暖。

晨六时起,琴媳即出,将随其同事前往房山县河北参加社教运动,对敌斗争大会。八时后,点阅《续通鉴》卷二百十一,至十一时半毕之。

午独饭,饭后接点卷二百十二,至三时半亦竟,又接点卷二百十三,完十三页。刚主来,遂辍工与谈,六时乃去。承不忘贱辰,以寿字蛋糕为赠,至感关切。堉孙五时来,告已分配工作,在延庆县第三工读学校。有顷,永宽来。元、宜二孙以须往首都剧场看话剧《焦裕禄》,六时即先饭而后行。七时,湜儿归,旋得文修电话,知牵事不克归饭,遂邀永宽、堉孙及琴媳、湜儿同饭。(琴媳甫自房山归,携燕孙归来也。)饭后堉孙行,八时四十分,永宽亦行。九时予就寝。十时湜儿往候修媳,未几即偕返。又有顷,元、宜两孙亦归。

2 月 27 日(二月初八日　丁巳)**星期**

晴暖,下午多云。

晨六时起,七时修媳加班,约十一时同赴陈先生之宴。十时,予偕湜儿出乘廿四路南转十路到王府井南口,适文修亦自陶然亭来,遂同行而北,至帅府园。雪融地泞,彳亍而至全聚德,则乃乾伉俪已先在。未几,圣陶、满子至,高谊至,汉达至,最后云彬、蕴庄至,乃合坐开筵。酒肴纷陈,并啖烤鸭子,二时许,尽欢乃罢。此筵为予及湜、修而设,极感老友之盛情。散出,一行联袂南行,过美术工艺服务部及文物出版社略有所购,至东长安街而别。各登近便之车以归。

予与湜归家,修则往二里沟母家省亲。四时后,大璐、濬儿、文权、汉儿、鉴孙、预孙、桂本、堉孙先后来,七时设圆桌与权、濬、汉、璐、鉴、堉、预、桂同饮,盖予明日七秩晋七矣。湜儿以出候修未同饮。元、宜、燕三孙则在东屋食面。七时四十分,湜归,未接着文修,遂啖面。八时,大璐、堉孙去。修媳归,其母坚留晚饭矣。九时半,濬、权、预、桂、汉、鉴皆归去,予亦倦不胜即卧,然竟日栗六,又不免多饮多食,殊不能稳睡也,感燥热身痒,大不舒。

2月28日(二月初九日　戊午)星期一

阴闷,似有重雾。返暖。

晨六时起,湜儿六时即出,赶社车上山。七时后琴媳及元、宜、燕三孙、修媳皆分别上班入学矣。十时半,濬儿来,坚请出拍照,遂偕出,果大雾犹未全开也。先乘廿四路南至方巾巷,转二十路至王府井南口,步往中国照相馆,坐俟须甚久,一再与主事者情商,亦越半小时乃得照。今日为七秩晋七之辰,儿辈坚欲予摄此者,殆所谓恐后无凭,主此存照乎?一笑。十二时始照毕。出门扬长而北至东安门大街浦五房配冷盆数事,旋乘三路无轨到崇文门,初拟在崇文食品商店楼上午饭,适逢休息,只得在彼又配添冷盆及水果,即乘三路还东单,再转廿四路。返家已过下午一时矣。遂与濬及两妪同饭。三时取汤洗濯易衷衣,盖连日无暇及此,乘书间气暖抢而为此。饭后四时,圣陶、满子来,其后文权、汉儿、修媳、基孙、刚主、晓先、雪英陆续至,入暮元孙亦接雪村、雪舟昆仲至,最后堉孙亦来,遂分设两席于南屋、东屋,予与雪村、雪舟、圣陶、满子、刚主、晓先、雪英、汉儿、修媳在南屋,馀在东屋欢饮,至八时乃罢。坐未久村、舟先归,堉、基继行,刚主索观圣陶藏其所书寿予五十诗幅及予属震渊所绘《书巢图卷》,至九时三刻遂与圣陶、晓先、濬、汉等各归去。修媳疑有感冒,留家小休。十时就寝。有顷,琴媳归。

3月1日(二月初十日　己未)星期二

晴,暖。

晨六时起。七时后两媳、两孙皆上班入学。修媳须星六始归云。八时后,写信两封,都寄上海,一(丙)四号,复漱儿四号来信,告永宽带物收到，并顺告昨日吃面情形；一与计圣南，寄春节全家照片与之。午与许妈同饭，沈姨今日休息，早上便出也。下午一时半出，亲自投邮，即乘廿四路南转十路，径到南樱桃园再转十九路出广安门经西便门、阜成门外直达西直门，又转十一路无轨还东单复换廿四路北归。到家已四时半，久不出外逛逛，腿软腰酸，只索独出散步，藉公共交通工具绕西城一大圈，亦松散之一法耳。少坐后便展点《续通鉴》，抵暮毕卷二百十四。

夜与元、宜两孙同饭，饭次，修媳归，与焉，伊所司填写选民榜已贴出，故得归休云。九时，沈姨归。九时半予就寝。十时后琴媳始归。

接镇孙信，知予所寄字幅接着矣。

3月2日（二月十一日　庚申）星期三

先昙转晴，午后风霾。室内有炉，甚见热，室外虽无风，却甚有料峭之感也。

晨六时起，八时展点《续通鉴》卷二百十五，至十时半毕之。濬儿十一时来，遂与同饭。元孙亦归饭，盖下午须去朝阳门车站义务劳动，帮同卸鲜带鱼云。下午一时半偕濬儿出，乘廿四路南转廿路到前门下，缓步前门大街，过珠市口，濬在一家山货铺买得长柄扫帚四把，予亦择购一白鸡毛掸帚，原拟一逛陶然亭，以此累赘，只得乘廿路北归。濬在南河沿换九路径归去，予则至东单换廿四路归家。时大风倏作，卷土扬尘白日为昏，到家后亟拂土洗脸，然后得安坐。

五时一刻元孙归，亦令去尘增衣。

夜与元、宜孙同饭，时琴媳亦归饭，甚欣，乃及两妪共餐焉。

半导体收音机四号电池久缺，今日琴之归也，居然在市场购得之。饭后装入，顿复声响，益快然矣。八时半就寝。

3月3日(二月十二日　辛酉)星期四

阴寒。

晨六时起。八时展点《续通鉴》卷二百十六，逮午毕之。午独饭。饭后接点前书卷二百十七，至二时得十九页。倦眼不能睁，因罢卷作，独出散步。乘廿四路北至东直门小街，转七路无轨出西直门抵动物园换十五路入复兴门，在佟麟阁路转十路回东单，再换廿四路，归家已四时矣。

早上觉室有馀温，恐日出后感热，因暂辍炉火，乃终日阴霾，竟感冷，因出走动，以为可以祛寒，不图春寒俗有砭骨之称，在外大不任，亟还，幸沈姨已为接火，始还暖。少坐后贾馀勇续点前书卷二百十七，逾时而毕。复接点卷二百十八，至晚八时半灯下亦竟之。

是日，先后接滋儿一日来安三号，漱儿一日来五号(附致湜、修信七纸)两信。

夜与元、宜孙同饭。八时半就寝。琴媳何时归竟未之闻，度集体学习焦裕禄，散归必已深夜矣。

3月4日(二月十三日　壬戌)星期五

晴兼多云，较昨稍暖。

晨六时起。八时后写信，抵午得五通，分寄贵阳澄儿、上海漱儿、林县润儿、合肥滋儿。长治镇孙。

是日许妈回家休息，午遂与沈姨同饭。午后沈姨出寄信，予又展点《续通鉴》，至七时连毕二百十九、二十两卷，于是毕书全部阅竟。溯自甲辰六月己未朔始点,中间作辍靡恒,先后历一年有八月十三天,乃克完,亦可见专心读书之不易矣。十年以还,虽时触架书,而翻纸浏览居多,手治句读者仅严氏《通鉴补正》二百九十四卷,粤刻本《四库总目提要》二百卷,《研经室外集》五卷,及毕氏此书二百二十卷耳。其它始终读完之巨帙亦惟有王氏合校之《水经注》四十卷。陋哉!

傍晚元、宜两孙归,汉儿亦至,遂与同饭。饭后汉儿就予案赶工作,予于九时就寝。琴媳亦归。有顷汉儿归去,予乃入睡。

3月5日(二月十四日　癸亥)星期六

晨曾日出,旋阴转雪,垂暮未止,气突加寒。

六时起。九时后雪渐积,遂扫遂厚,较上次特大矣。坐雪无事,翻架书为遣。午与两妪同饭。饭后炉边小休。三时为户外扫雪声喧而醒,见雪飞甚密,深虞今日周末大家归来路滑难行。四时后宜孙先归,元孙继归,湜儿薄暮归,修媳入夜归,始为稍宁。接琴媳电话知托儿所以外间传染症甚剧,燕孙将三周留所不许出,且亦谢绝探望,以此伊亦不归饭,偕同人往看话剧云。予等乃共进晚餐。

夜九时就寝。琴媳之归未之闻,诘旦据告十时许即归,窗外叫呼未应,度已熟睡云。

3月6日(二月十五日　甲子　惊蛰)星期

雪止,终阴,寒气有加。

晨六时起。展阅陈鹤《明纪》,将以谈迁《国榷》参看。午与琴媳、湜儿、修媳、元孙、宜孙同饭。午后,琴媳赴社中开会。湜、修则偕往二里沟省宁。予仍翻检《明纪》及《国榷》,二书详略互异,颇可参订也。

傍晚琴媳、湜儿、修媳先后归来,遂与两孙同进夜饭。沈姨作粉团作餐,有甜有咸,皆大欢喜。九时就寝。

傍晚接黄婿及外孙心侬信各一。

3月7日(二月十六日　乙丑)星期一

多云间晴,积雪渐消,寒气亦少杀。

晨六时起。竟日点阅陈氏《明纪》,毕第一卷,兼及二卷之十页。午独饭。傍晚汉儿来,遂与汉及元、宜两孙同饭。九时汉归去,予就寝。琴媳归来未之闻。大约又在十时以后耳。

3月8日(二月十七日　丙寅)星期二

晴间多云。仍寒。

晨五时半予正倚枕看《草木子》,沈姨亦正在添炉火,觉卧床震荡,头目晕眩,沈姨亦觉之,见围炉小铁屏摇摇作声,始知地震,幸历时数秒即止。因思茫茫大地不知它处成灾否也。六时即起。八时写信复熊婿及心孙,心孙字迹流利,文理清楚,因嘉之。并为查示两典故之出处及意义,以是至十一时乃毕。

濬儿近午来,遂与同饭。饭后雪融,东屋毗连之厢承尘渗漏,乃亟钻三小孔,俾下泄。恐又将雇工修葺矣。

一时半与濬儿偕出,顺将两信投之邮筒,即乘廿四路南转九路到王府井南口下,步往陆和冲晒社,濬取照片,然后过医药公司购得眠而通廿枚,百货大楼购得米蜂糕一小蒸,以路途尚有泥泞处,即乘三路无轨南回东长安街转十路到东单,再换廿四路归。濬儿送予到家后稍坐即归去。

夜与元、宜两孙及两妪同饭。九时就寝。十时后琴媳归。

3月9日(二月十八日 丁卯)**星期三**

晴,雪未尽融,气却回暖。

晨六时起。午前点《明纪》卷二,得十七页。午独饭。元孙以下午劳动亦归饭,遂同餐。午后二时民进车来,即乘以赴辛安里本部,参加第一组学习。到纯夫、汉达、研因、文藻、楚波、广平、冰心、洁琼及予。有顷,东莼亦至。纯夫主持,漫谈国际形势。五时半散,仍独乘送归。

夜与元、宜同饭。八时半就寝。连日以节迩春分,腰胁具酸楚,转侧颇苦。十时,琴媳归。

3月10日(二月十九日 戊辰)**星期四**

浓雾转晴,仍感料峭。

晨六时起。十时濬儿来,即偕之同出,乘廿四路南转廿路到王府井下,步往中国照相馆取相片,因属着色放大一帧,并照添印十四张,备分贻朋好及儿辈云。十一时后,父女联步而北,至东安市场,在五芳斋午餐,餐后在市场中国书店买到上海朵云轩印《吴昌硕篆刻选集》一本,颇可把玩。旋走至东长安街乘十路西行,在中山公园前转五路至西华门访乃乾、芳瑜伉俪。乃乾又感寒发热,今方起床也。谈次高谊来,知伊已将请退休,将返沪寓云。四时半与高谊同行,高谊往南,予仍与濬儿往北,乘五路到地安门转十一路无轨回东单,再转廿四路北归。

五时半濬儿归去。

夜与元、宜两孙同饭。饭后取汤洗濯易衷衣就寝，竟体舒适，惟腰酸仍不止。十时琴媳归，予亦入睡。

3 月 11 日(二月二十日　己巳)**星期五**

浓雾成阴，近午始渐开，终多云，气仍冷。

晨六时起。上午点毕《明纪》卷二。十二时濬儿来，遂与同饭。饭后写京(丙)五号信寄润儿，询林县受邢台地区地震影响否？此次邢台地区有九度左右地震，有三十个公社，三百五十个生产大队受到影响，人、畜、房屋遭遇不同程度的损失(见今日日报)，可见灾区甚广。北京距邢台较远，是日已感到不安，林县距离较近，当更有影响也。以此亟函一询之。四时半，濬儿归去，即以此信交伊投邮。

七时汉儿来，遂与元、宜等同进晚饭。九时，汉儿归去，修媳归来，琴媳亦返。予乃就寝。

3 月 12 日(二月廿一日　庚午)**星期六**

晴，有雾，旋散，气温与昨同。

晨六时起。七时后两媳、两孙俱上班上学去。接润儿十日来信(九日午写)，知此去(丙)三、四号书俱已到，八日地震，当地影响亦较显云。(但云山中轻微地震恒有。)予昨信虽在途中，交午而过，彼此总得安慰耳。又接平伯手片，知所撰《唐宋词选》，顷始决定内部发行，且谓所中通知古代组同人均得一册，询收到未？(想日内当到。)十时，书友刘清源来，以有急用告贷四十金，其人素老实，又初次开口，假之如数。

午独饭，饭后作书(丙)沪七号，寄复漱儿并附元孙慰问弥同信,盖昨晚接漱函也。

五时半前,湜儿及元、宜两孙即归来,六时即先饭。饭后湜儿往美术馆陪同外文社外宾参观上海美术工艺品展览会,元孙则持予票往政协参加晚会看川剧。七时予与许妈、沈姨去旧十三号参加选民会。琴媳七时归,匆匆进餐后亦赶至。七时半,始由召集人宣布开会。介绍候选人六名,推选组长后,讨论通过候选人名单,然后分发选民证,九时许始散。回家湜儿已归,予少坐即就寝。十时后修媳归,盖亦召集选民开会也。元孙何时始归,竟未之闻。

3月13日(二月廿二日　辛未)**星期**

晴,渐暖。

晨六时起。琴媳、修媳均照常加班。午前点阅《明纪》卷三,对看《国榷》,仅得六页。午与湜儿、元孙、宜孙同饭。饭后元孙出就浴于宝泉堂,湜儿挈宜孙往二里沟修家。予独出散步,由大雅宝雅宝路走至日坛公园,徘徊有顷,步出园北门,由神路街到东岳庙前乘十二路接转九路无轨,径达西单商场,满拟有所需求,乃星期,游人特多,每一柜头都排队选购,只得望望然去之。乘廿二路至西单,再转一路至中山公园,因入览唐花坞及兰展。花坞中杜鹃、碧桃、迎春极盛,兰展则真入众香之园矣。梅瓣、荷瓣素芯不足异,所见西藏大兰、云南白兰为仅见,玩赏久之乃出园。乘十路回东单再转廿四路,归家已四时半。锴孙在候我,知昨日来城,今晚七时即乘车回窦店,遂与叙谈至五时半,具饭饭之,俾六时去永定门车站也。五时三刻韵启来。锴孙旋去,元孙亦归。琴媳亦于六时半归。乃与韵启共饮。九时,湜儿归,知宜孙已往首都看话剧。未几,韵启归去。九时半就寝。十时修媳归,十时半宜亦归。

3月14日(二月廿三日　壬申)**星期一**

晴。午后转阴,初温后冷。

晨六时起。八时后写信两封,一京丙六号寄林县润儿,一寄长治镇孙。十二时濬儿来,遂共饭。饭后二时与濬同出,乘廿四路南转一路到中山公园,再转五路至西华门访乃乾、芳瑜伉俪。在廿四路车上遇友琴,伊往所中开会也。乃乾近日时发寒热,故往看之,不敢多谈,四时即行。与濬偕乘五路至地安门换十一路无轨到灯市西口下,在八面槽一家服务社濬儿属修补袜子,继往东安市场五芳斋吃馄饨后,又在一修补皮鞋店濬为硕孙修皮鞋,然后仍走至灯市西口,乘八路无轨回东单,濬乘九路径归小庄,予则仍转廿四路北归。到家已将六时。

夜汉儿来,遂与元、宜两孙同饭。晚九时汉儿归去。予乃就寝。十时许,修媳、琴媳先后归,予竟未之闻也。

3月15日(二月廿四日　癸酉)**星期二**

晴,风吼如虎,日下已感暖,风中则料峭亦殊甚,正是最难将息天气也。

晨六时起。竟日未出,点阅《明纪》卷三,以参看《国榷》,仅讫洪武四年。十二时濬儿自针灸科来,遂与同饭。午后原拟与濬同出散步,以风紧未果,濬亦旋归去。

夜与元、宜两孙同饭。修媳归,以感不适早行,明日且请假休息云。九时就寝。十时琴媳归。

3 月 16 日(二月廿五日　甲戌)**星期三**

多云间晴,仍感料峭。

晨六时起。八时后阅王葆心《古文辞通义》,尽两卷。午与修媳、宜孙同饭,修假休,宜则下午演习行军,归取背囊也。午后宜孙背囊上学,修媳出就医。

予炉边小憩,三时起。少坐便出,乘廿四路南转十路到牛街北口下,西行向广安门,在报国寺乘四路无轨径回王府井,直达东安市场,因过五芳斋吃馄饨后,在稻香春购得文饺半斤,遂于金鱼胡同雇三轮归。有顷修媳自医院归,谓曾转中医,须后复诊云。

夜与修媳、元孙、宜孙同饭。九时就寝。琴媳何时归未闻矣。

3 月 17 日(二月廿六日　乙亥)**星期四**

阴,有东南风,大见春寒。

晨六时起,七时后琴、修、元、宜分别上班上学。予竟日未出,阅《古文辞通义》卷三、卷四。午前书友刘清源来,携到人民美术出版社所出《中国戏曲服装图集》及《杨柳青年画资料集》各一巨帙,予喜其好玩购之。

今日陡冷,先后添衣竟又穿棉裤、棉鞋矣。天气之骤变如此,设在旅中可将感疾乎?

午独饭,夜与元、宜两孙同饭。九时就寝。

3 月 18 日(二月廿七日　丙子)**星期五**

多云,仍刮大风,寒威未戢也。

晨六时起。畏风不敢出,仍阅《古文辞通义》,尽卷五。十时堉孙来,始知到校后一切尚顺利,即与共饭,饭后伊小睡至三时,出访其同学。

火炉烟筒已锈漏,早起滴污几案,拂拭扫除,与沈姨两人足费两小时,甚可厌。每年将拆之际,必有此象,亦北方特征也。

接翼之十六日来书,知返里后街道工作甚忙云。又接十六日漱儿来七号信,并附致汉信,知予十二日寄去七号信亦收到。五时元孙归来取衣,仍回其母人教社晚饭兼就浴。琴媳七时归。汉儿亦至,遂与宜孙同进晚饭。饭后琴与两妪往东邻参加选民会,予惮夜出未往,即与汉儿谈家常,并以漱信与之。堉孙亦来。至九时琴等散会归来,汉儿去,予亦就寝。堉孙留宿。有顷元孙归。

3月19日(二月廿八日　丁丑)星期六

晴,风稍息而寒弥增。

晨六时起。八时半堉孙去。九时本有政协报告会,以畏寒未果往。写信两通,一复漱儿(丙)沪八号,一复翼之,近午始毕。

濬儿、韵启先后来,遂与同饭。韵启即将随刘主席出国,因来辞行。饭后即行。濬亦旋归去。元孙亦归饭,盖下午听报告,先顿放书包,并告予十三日即偕老师同学下乡劳动,出学校通知呈予。如此锻炼甚好,予赞成之。

午后阅《古文辞通义》,至晚尽卷六。今日周末,燕孙仍未放归,以时病未解除故。琴媳、湜儿俱归夜饭,元、宜同与焉。饭后与湜儿闲谈。

九时就寝。十时后修媳始归。

予临睡时选民会小组长持本区候选人名单来征意见,以予昨晚未参会也。予深赞其作事认真,因于候选人之被介绍亦信任无异论云。

3月20日(二月廿九日　戊寅　春社)**星期**

晴,较昨稍暖。

晨六时半起。阅《古文辞通义》卷七,至午得三十七页。午与琴、湜、修、元、宜同饭。饭后举家出散步,扬长而南,直抵新车站,即在其东首徐悲鸿纪念馆参观,凡八室,至四时乃出。乘廿路到方巾巷转廿四路,绕东单回禄米仓步归。琴、元、宜从,湜、修则往王府井购物兼在永仁堂取代煎之药。元孙归后,在北屋炉边酣睡移时。薄暮,湜、修归,遂与家人同进晚饭。

饭后取汤洗濯,仍令湜为予擦背易衷衣,就寝已九时。夜半所蓄猫在院中跃扑玻窗,为惊醒,颇不舒。

3月21日(二月三十日　己卯　春分)**星期一**

晴兼多云,气仍料峭,下午转阴发风。

晨六时起。九时阅毕《古文辞通义》卷七。

接润儿十八写十九寄信,知予(丙)五号已到。(六号则未提及。)附致琴媳信,言工作甚忙,据告当地物候似较北京早半月,或兼旬也。十一时濬儿至,遂与同饭。饭后一时半偕濬出,乘廿四路南转一路,西达公主坟,其地正在营建地下铁道,树多伐去,茔亦平除矣。稍一驻足,仍乘一路东行,在西单下,步往桂香村及西单食品商店购少物,以风起天寒,即乘四路环行至南河沿再转十路到东单,仍换廿四路归。

到家感寒,喉哮鼻塞矣。五时后两孙放学归,文权来,七时汉儿来遂同夜饭。九时濬、权、汉皆去,予亦就寝。有顷琴媳亦归。

3 月 22 日(三月大建壬辰　庚辰朔)星期二

晴间多云,兼有风,仍感料峭。

晨六时半起。八时后阅《古文辞通义》卷九。宜孙又患扁桃腺肿胀,十一时沈姨伴往赵家楼医院诊治,注射服药兼行,下午四时又往注射,势已少退。午独饭,元孙归同饭。四时一刻,正伏案写字,忽觉坐椅震动,停笔注意,则挂灯皆摇宕,约半分乃停。四时半如厕大解,地又动,较前更烈,急拭秽起,出屋头晕矣,亦分许始止。近日世界多地颇有震灾,今晨见报邢台地区前晨又两次地震,有九个公社部分房屋倒坍,幸鉴于上次事故警惕深切,人畜无伤亡。而非洲乌干达亦剧烈地震,竟成灾云。方引为异,不图北京又遇此事,不识震源所在,又将如何? 不免殷忧耳。

五时许,宜孙归,知正在注射前在医院亦感震动。有顷,元孙归,谓正在骑车,奔驰中竟未之觉。所中有电话通知,今晚或将再有地震,属注意警惕。入晚鉴孙亦电告此事,汉儿亦以此下班后即归,未再开会。街道工作者亦叩门见告,足征各方关注之切。予亦分电乃乾、圣陶询其知否。夜与元、宜两孙及两妪同饭。八时琴媳亦归,盖半为宜孙半为得到地震预警耳。家人以是,颇为紧张。九时修媳亦归,其领导亦受提示之故,暂停开会,属令回家省亲也。据告沿途所见路上人多俱不敢宁居家中者,天安门广场竟有人携衲被在彼坐待,且设置消防器械以备万一。诚有大祸将临,人人自危之象。十时,鉴孙又有电话,谓得通知可以解除严警,惟睡眠不宜太熟云。有顷,街道工作者亦叩门相告。予等乃各就寝。予本患失眠,今乃大甚,刻刻警醒,至晓,幸无恙。

3月23日(三月初二日　辛巳)**星期三**

晴间多云,向晚风作,黄尘匝地,气则较暖于昨。

晨六时起。各人仍照常上班入学,惟宜孙初愈,仍令在家休息。八时予出,步往建国门文学所参加全所干部大会。书铭主持,先传达两三文件后,由所长其芳作学习动员报告,于当前国内国际形势加以阐述,落实到各人工作,定廿五日起每人上午都展开讨论与学习,时间将自一星期或至十日云。十二时散,与平伯、冠英同车送归。

饭后二时半,民进车来,遂乘以驰赴辛安里本部参加学习。一、二两组合开,到恪丞、汉达、研因、文藻、青峰、鹤亭、麟瑞、志成、广平、洁琼、纯夫及予十二人。纯夫主持,讨论苏修召开廿三大问题。六时散,与纯夫同车送归。

夜与两妪及宜孙同饭,元孙今日上午已偕同老师同学前往王四营公社参加劳动矣。为期将一个月。

八时半听广播中共中央给苏共中央复信,严斥苏修蓄意反华联美分宰世界种种劣迹,拒绝派代表参加彼廿三大。中苏关系至此始明白显露,不再容隐矣。接听新闻,知昨日地震中心仍在邢台、邯郸、衡水一带,范围较八日更广,山西、河南、山东诸省连界地区均有程度不同之灾害发生云。今年三月中何频震如是耶?

九时后就寝,修媳未归,琴媳则十时前归。

3月24日(三月初三日　壬午)**星期四**

晴,微有风。风中仍料峭。

晨六时起。宜孙照常入校,午后归,谓喉仍疼,其母属令归休也。八时后写信三通，一复清儿，一复漱儿，（顷接八号来书，予即编九号复之。）一寄润儿。（编为丙七号，询当地地震影响。）午饭后乃毕，即属沈姨出付邮。

二时半民进车来，即乘以赴辛安里本部参加学习。到纯夫、汉达、研因、文藻、彬然、守义、楚波、广平、冰心、洁琼及予十一人。讨论中共中央拒绝苏共中央请派代表参加廿三大信。六时散，纯夫有事未同行，予仍独乘送归。

夜与琴媳、宜孙同饭。宜孙休息后已小痊。九时就寝，修媳归。

3月25日（三月初四日　癸未）**星期五**

晴，稍转暖，晓仍见薄冰。

晨六时起。八时出，步往文学所参加本组学习，亦讨论中共复苏共信。到冠英、平伯、叔平、默存、子臧、友琴、毓罴、念贻、绍基、公恃、禾生、德政等，书铭仍莅席。十一时四十分散，与默存、子臧联步至宝盖胡同、赵堂子胡同东口而别。走归与宜孙同饭。以宜孙今仍在家休息也。午后本有政协报告，以所中车抽不得空，遂未往，在家阅王晦堂《古文辞通义》卷十，毕之。

夜与宜孙及两妪同饭。九时就寝。十时半琴媳归。

3月26日（三月初五日　甲申）**星期六**

晴。还暖，不耐炉火矣。

晨六时起。八时出，徐步往文学所继续学习，到者与昨同。十一时四十分散，老赵驾车送予及平伯、冠英归。

十二时濬儿为予取药来，遂与同饭。饭后与濬同出，乘廿四路南转廿路到王府井，在中国照相馆取得生日所摄放大设色照片及晒印各片。遂过百货公司礼品部配得镜架，装好后由濬挟之同乘三路无轨南至长安街缓步还东单，乘廿四路北归。濬儿送予到家，小坐便归去。

阅《古文辞通义》卷十一。夜与琴媳、湜儿、宜孙同饭。饭后琴、湜偕两妪参加选民会，予惮出，灯下续阅前书，至睡得廿四页。八时一刻修媳归，有顷参加选民会者皆归。予亦就寝。燕孙仍未能接归，该所坚持尚须再隔两周云。

十一时半睡中觉床动，疑为地震，开灯揉眼察之，似无动静，乃起溲复睡。

3月27日(三月初六日　乙酉)**星期**

多云间晴，向晚微雨。仍未见暖。

晨六时起。十时与湜、修偕出，乘廿四路南转十路到中山公园，再换五路到西华门访乃乾、芳瑜伉俪。以最近所摄照片三帧赠之。谈至十一时半，辞出。三人仍乘五路北至地安门转十一路无轨还东单，再转廿四路北归。午与琴、湜、修、宜同饭，琴上午仍加班也。在乃乾家知昨晚确又地震，琴归亦云。社中俱传昨晚地震也。然则予之感觉非诬，于以知近日河北地震频作，殊令人懔懔焉，有祸至无日之概耳。

下午湜、修去二里沟，大璐、鉴孙来，知濬、权、汉三人往翠微路访问丁、宋、傅诸家，将来小雅宝夜饭云。傍晚濬、汉、权至，大璐返校。六时半与濬、汉、权、琴、鉴、宜同饭。饭后权等看电视。九时权等去，予即闭机就寝。十时，湜、修归，盖七时半在政协视川剧(持予票)，休息时便返云。

3月28日(三月初七日　丙戌)星期一

晴,较昨稍暖。

晨六时起,湜儿即出门赶班车上香山。七时后两媳及宜亦先后上班入学。八时后阅《古文辞通义》卷十一毕。宜孙上学后,十时许归来,谓喉又痛,且发烧。今日沈姨休息,家中只予与许妈在,一时无措,电话告琴媳令归视。待有顷,琴媳归,遂雇车与宜同乘前往东单三条儿童医院就诊,十二时半归,谓仍是扁桃腺化脓,心始稍松。(近日脑炎流行,颇不敢少忽,因思燕孙所中措施真可感佩。)乃与琴媳同饭,饭后煮粥饲宜。琴仍上班,五时即返。盖社中知其有事,嘱伊携件归治也。

夜与琴及许妈同饭,宜仍在床啜粥,热已退矣。予下午续展《古文词通义》卷十二,阅之至晚九时就寝前,阅四十二页。九时半沈姨归,有顷,修媳亦归。

3月29日(三月初八日　丁亥)星期二

薄雾转多云,晚阴有雨,气渐暖。

昨夜炉自灭,今晨未再升火。六时起,即阅《古文辞通义》卷十二,八时廿分毕之。写信与长治镇孙及屯留心孙,与心孙信中为解答列子《汤问》篇中愚公移山所及字义、地名等十事,十一时一刻始写竟。宜孙已就痊,仍令在家休息。午独饭。饭后独出寄信,乘廿四路至东单换购四月份月票,旋乘十一路无轨往美术馆参观上海市工艺美术展览会,品种繁夥,题材新颖,仍不失为曩日五都之市特色。在小卖部购得纪念章一枚,并图片说明书等即匆匆出馆,乘四路无轨出前门至广安门内牛街,换乘十路还东单,再转廿四路返禄米仓,顺在储蓄部取款以归。

天色渐阴,又有风,乃重生炉火。夜独饭。鉴孙来,谓将介绍一人为予修电视,乃留同啜粥。七时,有李姓、柳姓两人者至。柳为鉴友,而李则所介来修电视者也。据初步检阅,看不出病在何处,约过日再来拆视寻其换件,然后配购易置之庶可云。不半时,两人者即去。有顷,鉴孙亦归去。

八时半取汤洗濯,越半小时易衷衣就寝。十时许琴媳乃归。

3月30日(三月初九日　戊子)**星期三**

阴,气较冷于前昨,惟午间仅微露日色而已。午后乃放晴。

晨六时起。上午阅毕《古文辞通义》卷十三。午刻濬儿来,遂与同饭。饭已,伊即归去,谓本周内不能再来云。

下午二时出,独自散闷,乘廿四路南转廿路到人大会东首,转五路直往陶然亭。公园花木充然,而东湖正在深濬,男女中小学生数千人从事于此,挖泥抬土杂然并作,以予对之,唯有赞叹而已。未及坐便从西湖南滨绕西边过抱冰堂,仍出园北门。复乘五路西达南樱桃园换十路径回东单,再转廿四路北归。到家已将五时,宜孙仍在家休息。

傍晚汉儿、琴媳先后至,遂与同饭。八时半汉儿归去。予亦就寝。

接湜儿电话,知颉刚为予题《书巢图卷》已属草,周末入城可以携归也。

3月31日(三月初十日　己丑)**星期四**

晴。风急,陡有料峭之感。

晨六时起。宜孙试上学,不识能免复发否。阅《古文辞通义》卷十四。接漱儿廿九日来复予九号去信(伊信亦适九号)。又接润儿廿九日林县城所寄信(以在城内开会)。甚慰。近午阅毕《古文辞通义》卷十四。午独饭。饭后接阅前书卷十五。

五时许宜孙挟书归。并与同学偕嬉戏庭中,跳跃如常,知已复健,为之大慰。夜与宜孙、两妪同饭。八时琴媳归,未饭也,因再具餐焉。接湜、修两次电话,知修媳以办理选举,星期整天值班,星六、星期两天皆不归。今晚当回家云。九时就寝。十时三刻修始归。

4月1日(三月十一日　庚寅)**星期五**

晴兼多云。

晨六时起。七时后,两媳及宜孙皆出。予阅毕《古文辞通义》卷十五。

午前接晓先在乃乾家来电话,约下午二时在中山公园来今雨轩茶叙,又接汉儿电话,谓午后须往中山公园听报告,即将来饭。因速之来同饭。饭后偕出,乘廿四路至方巾巷转一路到中山公园,径如来今雨轩。乃乾、晓先已先在,予坐下,汉即往中山堂听报告。三人谈至三时半,芳瑜来,既而汉儿偕蕴庄自中山堂来会。五时许起行,同出南门,分别乘车,汉儿偕予上十路至东单,送予转上廿四路,伊再返新华书店。予归时宜孙已放学归,遂与同进晚饭。饭后宜孙出理发,予展阅《古文辞通义》卷十六至九时,阅廿二页。宜归,予即就寝。十时许琴媳乃归。

4月2日(三月十二日　辛卯)**星期六**

晴间多云,有风颇烈。

晨六时起。八时写信三通,分寄漱儿上海,润儿林县,滋儿合肥,写毕封好日已卓午矣。

午与两妪同饭。饭后濬儿偕顥孙来,盖顥下厂劳动告一段落,得假来京省亲也。少坐便归去。以濬新当选民小组长,立须到场服务云。顷写三信即属以付邮。

续阅《古文辞通义》卷十五及十六,抵暮皆竟。

湜儿六时归,携回颉刚所提《书巢图卷》,凡八十三行,直写至卷尾,于五十年来两人之交谊嗜爱及性格异同畅乎言之,情辞并茂,读之至感,况在养疴中竭数日力为之,尤切不安也。

有顷,琴媳亦归,遂与琴、湜及宜孙同饭,汉、鉴亦于饭前至,乃共与此餐。饭后九时就寝。汉、鉴亦归去。

4月3日①(丙午岁三月大建壬辰　庚辰朔　十三日　壬辰)**星期**

晴,较暖,早晚有风,仍感薄寒。

晨六时起,七时半偕琴媳、湜儿、许妈、沈姨同往大雅宝胡同十二号参加普选投票,开国以来已第六届选举区代表矣。归后阅《古文辞通义》卷十七。

今日北屋停止升火,南屋、西屋则均拆除火炉矣。为此扰之至午,予仅看到第七页耳。

午与琴、湜、宜及两妪同饭。饭后予与湜儿挈宜孙出,乘廿四

---

①底本为:“一九六六年四月三日至五月十三日日记”。

路北转九路无轨,西南直达广安门,又转卅九路往卢沟桥,以宜孙从未去过,特携往指示一游,兼讲日寇侵我发动全面进犯之历史。略一徘徊,仍乘卅九路回程车,复返广安门,再转十九路入城。在报国寺换四路无轨径返东长安街。三人徐步到东单,乘廿四路归家。至则农祥在,言已陈情退职,尚未批下,大约不去山西终得去职云。宜孙得其姨丈所赠戏票,独往吉祥戏院看话剧。琴媳与沈姨去教育部托儿所探燕孙并送衣物,亦于此时归。据云燕孙及同学都安好,惟仍不能领出耳。

七时,遂与农祥、琴媳、湜儿同饭,饭后琴、湜往小庄看昌顯,农祥则谈至九时辞去。予亦就寝。十时三刻宜孙先归,近十一时琴、湜始归。

4月4日(三月十四日　癸巳)**星期一**

晴,时而多云,气温如昨。

晨六时起。八时廿分出,步往文学所参加全所干部大会,书铭主席,其芳又作动员报告,学部布置再学习突出政治两星期。今后趋势,我所亦将渐成为半农半研、半工半研之局云。十一时四十分散,与冠英、友琴同车送归。到家濬儿、顯孙、预孙、桂本在,遂与共饭。饭后濬等皆去,予家小黄猫送与桂本,即抱去。

阅《古文辞通义》卷十七,至卅七页已薄暮矣。此卷甚长,有五十二页,尚有五之一未竟览也。

傍晚修媳归,为普选事积疲已甚,明日得休息一天云。夜与修媳、宜孙、沈姨同饭(许妈今日回家休息)。夜饭后,修媳出就浴于宝泉堂。九时予就寝。九时三刻修归。十时半琴归。十一时许许妈始归。

傍晚接元孙王四营公社来信，稍慰。

4月5日(三月十五日　甲午　清明)**星期二**

多云转阴，微有风。

晨六时起。八时十分出，乘廿四路北转九路无轨到北海，度积翠堆云桥，由琼岛东路上慧日亭，径造白塔揽翠轩瀹茗，以待乃乾，至九时十五分乃乾偕其女来，有顷，芳瑜亦至。谈至十一时，同下山出园，予即乘九路无轨东还朝阳南小街，再转廿四路南归。

午与修媳同饭。晓先至，遂共小饮。下午三时许寿白来访，遂与晓先三人闲谈。五时所中送工资来。寿白、晓先乃辞去。修媳四时往二里沟宁家。

夜与宜孙及两妪同饭。九时就寝。九时半修媳归。十时后琴媳乃归。是夕就枕之初，颇觉睡意甚浓，因未服药，冀便入睡。讵入衾后转为清醒，竟致失眠。寐扰不安至翌晨四时，只索枕上听时钟待晓矣。苦甚！是晨又污染衬裤，炉已停火，不得不忍寒易之。

4月6日(三月十六日　乙未)**星期三**

阴雨。

俄延至六时起，困倦之至。七时桂本至，邀偕往动物园候濬、顯同游颐和园。时尚未见檐瓦水也，予感地滑且雨或加大，遂电话知照昌顯(公用电话传呼之)告以罢行。桂本在，留待早餐后亦行，将去小庄，予属其传语：如明日不雨当照原约前往。炉已停火，而天雨骤冷，乃添衣加帽复穿棉裤，但坚持不复升炉火也。十时，阅毕《古文辞通义》卷十七。

午饭时，宜孙归取书物，乃与同餐。午后写信三通，一寄太原清儿，一寄潞安镇孙，一寄上海曾沛霖，俱复信也。四时三刻宜孙放学归，复出看电影，乃属以此三信付邮筒。六时半湜儿归，宜孙亦归，遂同进夜饭。九时洗濯并令湜为予擦背易衷衣就寝。修、琴二媳仍于十时左右先后归。

4月7日(三月十七日　丙申)星期四

雾，终阴，气温复降。

晨六时起。七时半与湜儿偕出，乘廿四路北转一路无轨，到西郊动物园，再易卅二路趋万寿山，复转卅三路往香山，展转易车，途又匪近，到山麓已将十时矣。湜儿侍予径造枫林村一〇五室访颉刚。坐定，朴初、熙修闻声来会。盖二人者亦在彼养疴也。湜儿先赴校销假，然后再来。十一时十分，予父子偕颉刚步往香山饭店同进午餐。餐后湜上课去，予与颉刚即静宜园门首茶点部啜茗长谈。缔交六十年，转于此半日间中，娓娓溯其平生，诚难得之良会矣。四时许，湜儿课罢寻来，乃三人同行下山，颉刚与湜儿送予上卅三路车始别。予乘车到颐和园即转卅二路径回西直门，转乘十一路无轨往东单，再转廿四路线北归。到家已将六时。

夜与宜孙同饭，啖葱饼两张。八时修媳归。九时半予就寝，不久入睡。琴媳何时归竟未之闻。

晚间先后接桂本及昌顯电话，谓明日天气或更坏，颐和园之游作罢云。

4月8日(三月十八日　丁酉)星期五

晴转阴，午后竟未见日，气温与昨略同。

晨六时起。阅《古文辞通义》卷十八。近午濬儿、顯孙来，遂与同饭。饭后修媳以有两时休息赶归,以网线袋假与琴媳也。伊今晚有开会事未能归,明日将于下班时赴香山(因湜儿星期值班不入城,约伊前往乘便游览),后日入城即宿二里沟母家,星一径赴宣武区上班云。适濬、顯在,乃晤谈,移时而去。濬、顯亦旋行。予仍阅《古文辞通义》卷十八。

接漱儿上海信(十号),滋儿合肥信(四号),俱六日发。夜与宜孙及两姬同饭。灯下阅毕《古文词通义》卷十八。九时就寝。

4月9日(三月十九日 戊戌)**星期六**

多云,偶晴。

仍未辍火。晨六时起。八时写信复漱、滋两儿(沪十一号,皖六号),近午始毕。属沈姨出付邮。午独饭。午后二时一刻,民进车来,即乘以赴辛安里本部参加学习座谈会。是日一、二两组合开,到志成、纯夫、吴容、祖璋、彬然、研因、汉达、幼芝、国光、德赓、鹤亭、洁琼、平章及予十四人。由志成主席,传达本年度学习新布置并讨论如何进展等问题。五时四十五分散。主席宣布下星期起,政协学委会将召开扩大会议,例行座谈暂停两星期,俟学委会决定后再通知云。散会后,与纯夫同车送归。

六时五十分汉儿来,遂与宜孙同饭。饭后与汉儿长谈,盖伊甚忙,一星期未来省予矣。九时琴媳归,汉与久话,以明日下午八时琴即去长沙,汉不及走送也。十时许汉儿归去。予亦就寝。

4月10日(三月二十日 己亥)**星期**

阴。入夜雨,旋止。仍冷。

晨六时起。阅《古文词通义》卷十九。竟日未出,至暮始毕之。午与琴媳、宜孙同饭。饭后濬、权、顯来,坐移时去。盖伊等约昌、预、桂本在北海荡舟也。

下午三时三刻锴孙来,因与长谈,及暮与琴、宜等同饭。饭已,琴即负背包行,宜孙送之往车站,偕社中同事六人前往长沙。知到彼后将转湘阴蹲点云。八时半宜孙归,谓俟其母所乘火车开出始回。锴孙即归去。予乃就寝。南北两屋只有予祖孙两人遥居耳。况味可知。

4月11日(三月廿一日　庚子)星期一

晴,偶多云,气尚温和,下午起风。

晨六时起。七时接芳瑜电话,谓乃乾原约来看我,同访高谊,以高谊不即行,而已颇思一往万寿山看花,询予亦能同至颐和园一游否?予诺之,期十时会于鱼藻轩茶摊。八时半予出,乘廿四路北转一路无轨,到动物园,再换卅二路直往万寿山,经乐寿堂前入邀月门,白玉兰已渐放,有几枝已盛开矣。惟去年见赏之最大一树则敷荣莩甲,未臻漫烂之境耳。至长廊西段,山色湖光共一楼前。觅座茶憩,未几乃乾、芳瑜及其女同至,坐至十一时一刻,伊等出所携牛肉、鸡蛋、面包等共享之。十二时起行,由画中游越至后山,东行松柏间,过须弥灵境寅辉,沿路有老梅可看,北地气候较迟,红梅绿萼犹缀枝,未泛开也。曩闻轶程言北地仅见盆梅,野生殊不多见,惟万寿山后山有之,今乃亲见而立赏之,殊得意。嗣至偕趣园,由岚沿山梁下,惜水枯,玉琴峡竟无滴水,遑论飞泉,不免减兴。旋出园,过赤城霞起到德和园看大戏台后,于玉澜堂西侧摄一景,遂茶于知春亭畔茶点部。其地新辟,与耶律祠打通,茶座即设乾隆诗碑之四周,居然成一山圃,非同昔之畅豁矣。耶律像设已撤除,祠匾亦取去,此殆受近日文史批判之影响,不当突出帝王将相之故乎?啜茗未久,风起沙扬,三时半遂行。出东宫门遇刚主伉俪携其外孙女正入园。立谈片晌,予等四人乃雇一出租汽车径回动物园,转乘一路无轨东入城。车至北海,乃乾等三人下,予则径至朝内南小街再转廿四路南归。到家未及五时也。

六时半,宜孙自校归,乃祖孙同进夜饭。许妈与焉。宜孙昨送其母,归途中丢失乘车月票,今日傍晚本里邻舍有拾得者,识为宜物,特来送还。新风尚真可感耳。九时即与宜孙各就寝。沈姨今日休息,夜九时半始归来。

4月12日(三月廿二日　辛丑)**星期二**

多云偶晴,气仍如昨。

晨六时起停炉火。八时阅《古文辞》卷二十,至午毕之。于是全书又重读一过矣。是书罗列众说,衷以已见于文家派别原委、利病得失,颇言之成理,而尤详于清代评文诸家,不但治古文辞者有所取,则即读书门径亦得隅反,轶事遗闻亦错列行间,洵有用之书也。

午与两妪同饭,饭后独出散闷,随步至禄米仓乘廿四路北行,在东四十条换十三路无轨到宽街转四路无轨南达王府井,在医药公司买安宁片,(即眠而通或安乐神别称。)居然购得一整瓶。(内装百片。)自转同仁医院后,每次只可配十片,不胜麻烦,今能如此,便利多矣。继过百货大楼在茶叶询新碧螺春到否,据答已卖完,又至茶叶公司一问,亦云售罄,明日或可续到。因思西单食品商场或尚可得,乃南走东长安街乘四路环形以往,至则依然失望,遂废然而出。乘九路到北海,既入又觉无聊,乃度陟山桥东出陟山门在西板桥乘五路南抵中山公园转十路回东单,复换廿四路。返家未及五时也。薄暮汉儿来,宜孙亦已归,遂与共饭。八时半汉儿归去。予就寝。九时许修媳归来。

4月13日(三月廿三日　壬寅)星期三

晴间多云,气暖于前昨。

晨六时起。十时昌顯来,谓今晚十一时偕其母动身去青岛,不再来辞云。因留与同饭。饭已,元孙负背囊归,欢跃之至,予亦幸其提前归来也。亟具饭饲之。午后一时昌顯辞去,予属元孙好好休息,而身自外出,乘廿四路南转九路到王府井,北行至百货大楼一询茶叶部,居然新碧螺春到矣,遂购二两,即北行至灯市口乘十一路无轨回东单,复转廿四路北归。到家未及四时也。视元孙蒙被睡,谓喉痛且发烧,两颊绯红,予为大惊,知尚未能强持以起,即令多穿衣服,属沈姨陪往赵家楼医院诊视。六时修媳归,亦以积劳不舒早归耳。七时后元孙与沈姨归,谓仍系扁桃腺肿胀,打针而还,其疾若失。其时宜孙亦放学归,乃与修、元、宜同进夜饭。饭后少坐,便令修等早息。予亦于八时四十分就寝。

4月14日(三月廿四日　癸卯)星期四

阴,午前微雨,午后雨渐大,傍晚天色黄漫,恐有大风,气温如昨。

晨六时起。修媳十时出,诣骑河楼北京市妇产科医院诊视,以昨晚发热,今且腹痛也。午间基孙来,遂与元孙等同饭。元孙上午往宝泉堂洗澡,体气已复,至慰。修媳未归饭,却在医院来个电话,说要候诊,并说已电知湜儿,俟伊到家即属来院云云。颇为墨念。

下午二时许，湜儿从香山归，即令前往探视。基孙辞去，予与元孙偕出，伊往赵家楼医院打针。予则步往文学所参加组会。到冠英、绍基、默存、子臧、友琴、叔平、念贻、水照、毓罴、公恃、德政、翔鹤、禾生及予十四人。传达所中决定学习制度，并劝予酌量情形不必逢会必到云。予真惭感交并矣。四时半即散，与冠英、友琴由老赵同车送归。

午前接十一日润儿信，即以京(丙)九号信复之。傍晚又接漱儿十二日来十一号信及十日镇孙来信。七时，湜儿伴修媳归，盖以流产故，院中为施手术，至是乃得雇小汽车归家也。院中开休息两星期证明云。少坐，治膳享之。令先归寝，予乃与湜、元、宜同饭。其时黄沙落地分许厚，且大风撼户矣。饭后八时半即寝。

雨中带沙，着身如泥点，殆史所谓雨土乎？

4月15日(三月廿五日　甲辰)**星期五**

晴。风寒，偶多云。北方天气之忽变，真令人难测也。

晨六时起。八时写(丙)沪十二号信复漱儿，告濬去青岛，琴去湘阴，修患流产，元孙劳动回家患病已痊等事。十一时许汉达见过，长谈，因留饮，饭后复谈，二时半乃行。承关心见存，至感。薄暮鉴孙至，有顷其母亦至，盖为修媳而特来探望者。入夜遂与汉、湜、鉴、元、宜同饭。九时，汉、鉴归去。予亦就寝。是日接滋儿蚌埠十三日发安五号信，知出差推售土产，将去滁县、浦口、南京，转道马鞍山市、芜湖市，再去铜陵，返芜湖经巢县返合肥，预计此行至少须半个月云。

4月16日(三月廿六日　乙巳)**星期六**

晴间多云,风中仍有料峭之感。

晨六时起,以北屋撤火炉,七时半即出,乘廿四路转十路到中山公园,先入唐花坞,各色杜鹃花正竞艳斗胜,而园中榆叶梅盛开,与黄色连翘花相间并放,牡丹、芍药俱抽条发蕊矣,丁香亦已开者,春色如许,坐赏久之。忽里急,即匆匆起行,以无三轮可雇,只得仍乘十路转廿四路以归。到家炉方撤去,正在打扫,予乃亟如厕,时未及十时也。

平伯见过,长谈至十一时半,看颉刚为予新题《书巢图卷》而去。

午与湜儿同饭。修媳仍偃卧将息,就榻进餐。饭后二时半偕湜儿复出,乘廿四路南转十路,到王府井,自南口步入,先过美术服务社,购得毛笔五枚,然后过百货大楼及稻香春等处为修媳买食饵。再北走,在灯市西口乘十一路无轨回东单,再换廿四路北归。到家已四时半。

夜与湜儿及元、宜两孙同进晚餐,吃沈姨手制荠菜猪肉包子三枚。八时半就寝。

4月17日(三月廿七日　丙午)**星期**

晴,较温。

晨六时起,试昨日所购吴兴善琏湖笔厂所制七紫三羊毫作日记,尚佳。十时半修媳之父母弟妹来省伊,因留与同饭。下午三时,湜儿送其外舅姑往王府井买物(其内弟文杰则回厂)。傍晚,文权来,言濬、顯已安抵青岛,接得来信云。入晚,遂与文权及修妹文萃同饭。饭毕，文萃返校，湜始归。盖陪其外舅姑在奇珍阁晚餐也。元、宜两孙下午往省其五姨家，夜饭而后归。八时半文权去，予亦就寝。

4月18日（三月廿八日　丁未）星期一

未晓前雨，檐溜有声，晓后阴，微雨，午后渐晴，仍感冷。

晨六时起。湜儿上山销假，修媳仍卧床静养，元、宜两孙照常上学。予展阅连日报刊批判吴晗诸人文章，兼听广播择要，浏览已尽半日之力矣。若辈平日以进步自诩，辄向青年炫弄，究其实欺世盗名而已，人皆以专家或权威等等视之，信矣。一经剥除外衣，丑态毕露，即以学术论，亦复可怜可笑，况又别具肺肠，有政治阴谋乎。

午独饭。午后写信五通，一复苏州王翼之，一寄合肥佩媳（京七号），一复湘阴琴媳，（昨夜接信，知派在湘阴濠河公社黄花大队蹲点。）一复长治镇孙，一复屯留心孙，抵暮始了，适元孙自校归，乃命持出付邮。

夜与元孙两孙同饭，饭后勉自修脚，目既不济，腰又难伛，出血多处，趾甲毛锋仍未见平，殊苦。休息移时乃取汤洗濯易衷衣，就寝已十时矣。

4月19日（三月廿九日　戊申）星期二

晴。较昨稍暖，棉衣裤未能脱卸也。

晨六时起。上午间翻字帖，午与两妪共饭。下午一时半独出散步，乘廿四路南转廿路到前门下，由珠宝市步向大栅栏，拟在张一元茶叶店一问有无新茶，讵大栅栏一带大商店大都轮流休息，该店适在休息中，只得望之然而去之。在前门大街乘四路无轨入城，径达王府井东安市场，遂扬长而南，过文物出版社，见有影印《唐高闲上人草书千字文》（辽宁省博物馆所藏）、《宋徽宗草书千字文》（上海市博物馆藏）墨迹，结习难忘，都购了来，费十五元五角，挟之南走，在东长安街乘廿路至东单，再转廿四路北归。正三时，即将两本摊观，赏玩久之。

宣武区四清工作队特派一女同志来家慰问修媳。

夜与元、宜两孙及两妪同饭。九时就寝。

4月20日（三月三十日　己酉　谷雨）星期三

晴。较和。

晨六时起。七时半外孙婿张桂本来请同出一游，于是八时偕出，乘廿四路北转一路无轨，到动物园，本拟入园看企鹅，以见卅二路车站人尚不多，遂改变计划即乘卅二路径造颐和园德和宫前，两树李花正盛开，霜姿雪芬，延赏久之。继入宜芸馆及乐寿堂后赏辛夷（俗称紫玉兰）亦正怒放，千百霞光杯缀枝，招邀不啻也。庭前海棠已繁英遍敷，待时吐艳，不出三五日，必将漫烂照灼耳。惟玉兰已渐见凋萎，非复日前所见之态矣。既入邀月门，进长廊，小学生之结队来游者已遍布廊内外，遂就对鸥舫后茶摊酌茗小坐。予忽里急，如厕方解，桂本则独游意迟云在、佛香阁等处而还。十一时乃与循长廊西至石舫饭庄午饭。饭已，坐渡船南至涵虚堂，就东厢茶憩，桂本则独游龙王堂、十七孔桥、铜牛等处，复返涵虚堂已三时。于是作归计，仍附渡船北登排云门前码头，循长廊东出，再访辛夷及李花，然后出东宫门，乘三十二路，回程径达西直门，转十一路无轨回东单，再转廿四路北归。在车上遇琢如夫人，至禄米仓而别。到家正五时。少坐接水照电话，知明日上午九时所中开组会。

在涵虚堂登舟北渡时,偶见阁子下两旁石镌一联云:列岫展屏山云凝罨画,平湖环镜槛波漾空明。园游屡矣,向不注意及此,今因彼渡乃得赏其写景之贴切,缘录存之。

傍晚汉儿、湜儿皆归(汉儿午间亦来饭)。入夜遂与汉、湜、桂本及元、宜同饭。修媳已起床,惟三餐两点仍在房中吃。湜明日上午无课,故请假进城一视之也。九时汉儿、桂本皆归去。予亦就寝。

4月21日(闰三月　庚戌朔)**星期四**

晴,偶多云,较湿。

晨六时半起。八时半出,独行往文学所。湜儿亦随离家入山教课。九时走至所在二楼会议室参加组会。到冠英、翔鹤、默存、叔平、子臧、友琴、平伯、毓罴、水照、德政、禾生、念贻、公恃及予。绍基则初时一到即以他会引去。冠英主席,讨论吴晗问题。十一时四十分散,与冠英、友琴、平伯同车,由老赵驾驶送归。到家汉儿在,修媳亦起,坐在北屋,乃同进午饭。饭后汉仍上班,修乃归房休息。予得追记昨日日记。

三时独出散闷,乘廿四路南转十一路无轨到北海后门,拟在五龙亭畔附渡船南达琼岛,乃因浚治湖身,水位颇低,仅湖心可以划小艇,渡船不能拢岸而停止。于是只得沿东岸南达至濠濮间,坐栏上少息。桥下水亦涸,真成其为枯坐耳。有顷起行,度桃林之陇(花已尽),南过陟山桥更度堆云积翠桥而出前门,乘九路无轨还朝内北小街,转廿四路南归。

到家正五时,韵启已先在候我,盖昨前已随刘主席自东西巴基斯坦、阿富汗、缅甸诸国访问归国,特来省予也。因接谈甚欢,畅聆此番在国外备受热烈欢迎之盛。七时与韵启、修媳及元、宜两孙同进夜饭。八时半韵辞归。予亦就寝。

4月22日(闰三月初二日　辛亥)**星期五**

阴,曾见细雨,较昨略为降温。

晨六时半起。七时写(丙)沪十三号信,复漱儿。(昨接伊十二号信。)九时后阅报披览批评吴晗、翦伯赞诸文章。接锴孙朝阳医院来电话,知其妇即将分娩,已由窦店假得部队汽车送来待产云。十二时锴孙来,又四十分汉儿亦至,乃与修媳等同饭。饭后汉儿往中山堂听报告,予与锴谈,近时学习诸事。三时接鉴孙在朝阳医院来电话促锴即往,云不甚稳。予等只能再等电话才得分晓矣。

晚七时与修媳及元、宜两孙同饭。饭后候汉等电话,久不至,乃由元孙两次电医院询问,皆以时晏未得通,颇悬悬也。九时就寝。

4月23日(闰三月初三日　壬子)**星期六**

晴。

晨六时起。七时五十分得汉儿电话,谓翠英昨夜十时分娩,产一女,现皆平安云。九时,本所有组会,未往,伸纸写信,分复濬儿青岛,润儿林县,以昨日同时接到伊等来信也。并检出批判吴、翦诸文,另寄润儿参考学习。午与修媳及两姬共饭。下午一时,文修之姨母携小女小彤来,文苹亦偕至。盖来慰问文修者。予出寄信,顺乘廿四路南转廿路出前门至大栅栏,过张一元茶庄一询,新龙井仍未到,即转身由门框胡同出廊房头条回前门,乘九路到东单,再换廿四路归。

傍晚湜儿、元孙、宜孙、燕孙俱归，修弟文杰亦来，遂同进夜饭。饭后文杰、文莘偕其姨母及小同归去。九时就寝。

4月24日(闰三月初四日　癸丑)**星期**

晴。

晨六时起。七时半偕元孙携干糇出。在禄米仓口候所中春游车，同赴十三陵。盖昨日予出时，所中有电话来，沈姨接悉，谓今晨七时四十五分在道口相候也，乃一再等候未见所中同事有一人来，直至八时，竟未见车来，方悟沈姨必讹听七时十五分为四十五分耳。予与元孙到道口车已早过矣。于是废然而返。九时许版本图书馆王淄清来访，谓方自林县参观四清归来，晤及润儿，见伊工作认真，身体亦好，并属带口信宁家云。因接谈良久，然后送之行。

午与湜、修、元、宜、燕同饭。饭后二时与湜儿同出，乘廿四路南转一路到西单，步往桂香村食品公司等处买得儿饵、果品，旋乘四路环形往王府井，湜儿为修媳取衣，然后沿东长安街缓步回东单，乘廿四路北归。东长安街路北地高筑短垣范之叠石植花木，于是衢路为园林矣，今日行此间丁香夹道，芬芳抱袖，甚快。锴孙五时半来，将濬家存此之帆布床取之，盖明晨即将接其外姑来照料产妇也。未坐久即行。知汉儿亦正在家忙于缝制抱裙等物，待迎归婴儿(予为取名迎红)耳。

夜与湜、修及三孙同饭。饭后九时取汤洗濯，并命湜为予擦背，然后易衷衣就寝。

4月25日(闰三月初五日　甲寅)**星期一**

阴有细雨。下午略霁，气稍转冷。

晨六时起。湜儿即出门赶车上山。七时元孙送燕孙入院,顺与宜孙上学。翻阅《清史列传》中《儒林》、《文苑》两部传略。午与修媳同饭。下午三时出,乘廿四路南转十路到中山公园,再转五路到西华门访乃乾,谈至五时行。仍乘五路北至地安门转十一路无轨返东单,再换廿四路归家。到家文权及许彦生在,彦生以开会来京,特来访问云。谈至七时,彦生去,文权则留与修、元、宜同饭。饭后文权去。

八时半就寝。是日沈姨休息,夜十时许始归。

4月26日(闰三月初六日　乙卯)星期二

晴,不甚朗,气则转暖。

晨六时起。九时,新建设社田森来访,谈移时去。午与修媳同饭。饭后接乃乾电话,约出游,询予以何处为宜?予漫以紫竹院应之。一时半出乘廿四路北转七路无轨,径出西直门,抵白石桥,复步往紫竹院,在茶点部坐定,乃乾、芳瑜即至,遂共茗,谈至四时起行,略一徘徊,复走至七路无轨电车站,共登以行。乃乾、芳瑜在北海后门下,予则径至东直门,复转廿四路南返禄米仓,走归已五时半。

夜与修媳、元孙、宜孙同饭。九时就寝。

4月27日(闰三月初七日　丙辰)星期三

阴,午后微晴,气凉于昨。

晨六时起。上午翻阅架书。午与修媳同饭。永宽来辞行,谓明日下午即动身返沪。盖得准调至上海新华分社云。下午一时许去。二时半微露晴色。修媳去医院复查,予亦同出,乘廿四路到东单，修转三路往骑河桥。予则步至王府井，购得苹果二斤，适四路无轨北来，因附之以行。出前门经珠市口西达牛街下，再转十路还东单，即转廿四路。归家刚五时。六时，元孙归，先饭，饭后便行，校中组织伊等往中宣部看两部电影，预供学习批判者。修媳亦自医院归。

六时三刻，湜儿归。七时，宜孙归，亦因准备五一节园游时集体歌唱而加紧排练也。七时十分，汉儿来，乃共进夜饭。八时半，汉儿归去。（锴孙妇昨已出院矣。）予亦就寝。十时后元孙始归。

4月28日（闰三月初八日　丁巳）**星期四**

晴。稍暖于前昨。

晨六时起。八时半出，步往建国门文学研究所参加本组组会。到余冠英、陈翔鹤、钱默存、范叔平、吴子臧、俞平伯、王水照、蒋禾生及予九人。冠英主持，传达文化部副部长石西铭关于文化大革命报告及提出纲领性文件，《解放军报》社论《高举毛泽东思想伟大红旗积极参加社会主义文化大革命》加紧学习。十一时四十五分散，适阿尔巴尼亚部长会议主席谢胡来我国访问，自昆明飞来，十一时到达，北京夹道欢迎者近百万人，本所大门适当其冲，车不能行，乃沿院墙之侧皆步行各归。

午接满子电话，圣陶约予在松竹园洗澡，并夜饮其家。予与修媳同饭后即收拾干净衷衣携以独出，乘廿四路到东单，转六路无轨北行，到魏家胡同下，径入松竹园。晤其警卫老高，圣陶则浴后往理发室理发矣。予乃解衣就盆浴，由服务员为予擦背，修脚。圣陶亦理发毕，于是穿衣茗谈。有顷，三人同行返圣陶家，正四时半也。予与圣陶已两月不见，不觉话长，直谈至六时半乃同饮。满子先饭,饭后即往文化部看电影《桃花扇》(亦准备展开批判者)。予与圣陶且饮且谈,近八时乃罢。元孙来叶家接予,九时乃行。祖孙二人乘廿四路归家。到家少坐即寝。

4月29日(闰三月初九日　戊午)**星期五**

晴和。

晨六时起。八时半雪村见过,告知高谊即将回沪,拟约稔友为之饯行,坐不多时即去。接湫儿廿七日发第十三号信,内附复元孙、硕孙两信。午与修媳同饭,宜孙归来放书包,饭后即回校练歌唱。七时,予偕修媳出,乘廿四路北转九路无轨,到景山公园,见有学生多批正在练习表现及歌唱,满拟可以看到宜孙,乃绕山一周竟未之见,在少年宫内练歌乎?因在花圃一探牡丹花信,蓓蕾已遍敷,三五天内必将盛开矣。芍药亦茁壮,随后亦将怒放焉。少坐便出乘三路无轨到王府井,先过百货大楼买得糕饵,再过市场东来顺啜核桃酪,修啜小豆粥,然后在稻香春买得苹果,仍乘三路无轨至东长安街换十路回东单,再转廿四路归家。

接镇孙潞安来信,知山西省天主教徒暴动,颇有骚乱,近已平息,且开办巡回展览,普加教育云。

夜与修媳、元孙、宜孙同饭。九时就寝,睡尚好。

4月30日(闰三月初十日　己未)**星期六**

晴和。

晨六时起。八时后写信,一复上海湫儿(丙)沪十四号,一复林县润儿京(丙)十一号,一复长治镇孙,抵午方毕。

汉达十一时许来访,顺以其乡所产新茶见贻,虽少许而其谊不菲矣。谈文史革命近状致慨于欺世盗名之流之顽强无耻为始料所不及,留饭未果,去。午与修媳、宜孙同饭。宜孙午后偕其同学往游动物园,予亦出寄信,顺乘廿四路至东单购换五月乘车月票。遂附十路车西迈,本拟往中山公园一探花信,乃以明日五一节,各园皆布置园游大都停止入览,于是随车而行,至牛街北口下,转九路无轨还朝内南小街,再转廿四路南归。

五时半,琴媳同事叶桂萱来访,代表其社相问慰,言琴在湘阴甚好,惟时间尚须延长,或将于五月底返京云,谈不多时,辞去。宜孙适自动物园归。有顷,湜儿归,元孙亦携燕孙归。入夜与湜、修、元、宜、燕同饭。八时三刻就寝。

小马送明日晚八时天安门晚会请柬来,予以目眊惮夜出辞。

5月1日(闰三月十一日　庚申　国际劳动节)**星期**

阴,午前濛雨绵绵,午后阵雨转多云,入夜晴,有风,气又转冷。

晨六时起,宜孙赴校取齐在景山表演大合唱,参与节日园游会。予本拟偕湜、修等往看锴孙妇,因雨见阻,且耽心今日参加园游之诸人,尤注念小学生。十二时十分,予先与湜、修、元、燕午饭,一时许,宜孙始于雨中归,亟令易衣履,具汤饮,然后进餐。午后二时后,似有晴望,乃令宜、燕在家休息,予与湜、修、元出,乘廿四路南转九路直达针线路下,走往汉儿家,一视翠英健康状况,并看新生外曾孙女迎红。其家除翠英之母及侄女新自南京来看护产妇外,大璐、元鉴及亲戚诸人,凡大小十许人。文权亦闻而来会。一时颇见热闹。五时吃点心后,即偕湜等归。元孙骑车先行(日前鉴孙借去)。予与湜、修仍乘九路西行,因天安门即将有晚会及焰火,九路仅止于方巾巷,予三人步至外交部街东口,乃乘廿四路北及于禄米仓走归。家中元孙已先在,且有同学多人正约伊明日再去王四营公社劳动并探望老师。伊即先进晚饭,偕同出去共商明晨集合之方。七时后,予乃与湜、修共饭,宜、燕亦先与元同饭矣。七时半,宜孙独出,去方巾巷口观望焰火。九时许即归。予俟宜孙归(元孙八时即归)后乃就寝。

5月2日(闰三月十二日　辛酉)星期一

晴,大风有声。

晨六时起,又以大便不禁,故及裤褥,亟就铺便,旋洗濯易裤始安。老境颓唐至于如此,不得不有嗟耄之感耳。

九时许正在记昨日日记,而祖文见过,老友关注,乘休假来存问,至可感也。谈至十一时去。予乃记毕昨记。修媳之大弟文豪来,湜儿、修媳遂同归二里沟省亲。元孙五时即出,云六时集合后各乘骑车联镳同赴东郊,以糇自随,不及归家午饭也。午饭后湜儿电话转陈其岳丈意,邀予晚饮,予允之,属伊在动物园相候,拟一看新展出之企鹅及新产熊猫仔,然后赴之。二时许即出,乘廿四路北转一路无轨,到西郊动物园则湜、修及修弟文杰、修表弟妹苏晶、小彤俱在,遂相携入园。是日节假,游人之多,倍于常日,但企鹅、熊猫仔都见到,形态俱可爱。移时出园,径行至二里沟修家,晤孝达、柳瑛两亲家,及修之姨丈、姨母、文豪、文苹与豪之未婚妻小莪。薄暮小饮,直谈至晚九时乃偕湜、修同行。乘一路无轨回朝内南小街转廿四路南归。到家已将十时,元孙早归,宜、燕两孙亦尝往省其五姨,俱于晚饭前归矣。并知韵启来过,未晤为歉。十时半就寝。

5月3日(闰三月十三日　壬戌)**星期二**

晴和,入夜有风。

晨六时起。两孙上学,湜儿、修媳明日亦将上班,坚请予偕伊二人同游十三陵。八时同出,乘廿四路南转十一路无轨,至地安门,转五路到德胜门再转四十四路径往定陵道口。车中之挤,几难植足,予勉得一坐,亦四围紧挨,头亦不易转动云。从道口走往定陵已十一时,即觅座茶憩,予以里急,且乘间如厕便旋焉。坐定后,就小卖部购得面包、鸡蛋等为餐。十二时后入玄宫一览,从左后门新辟盘道转梯直上,陡极,中间小休两次始得出口。已在宝顶之北,倚近宝城矣。又坐休良久,乃登明楼,一眺群峰,环拱中遥见水光则十三陵水库也。徘徊良久下,复参观东西两陈列室,然后出,复至道口候车过,又附以上长陵,予坐茶摊小休,湜、修乃乘时一瞻祾恩殿,三时三刻就汽车站排队挤过两车始得上,亦甚挤,较去时稍松。四时二十分开车,六时方到德胜门,随即转五路到地安门,又转十一路无轨到东单,再换廿四路归家。

知高谊见过,未晤为歉。

七时与湜、修、元、宜同饭。饭后,拭身易衷衣,以汗湿贴肉不舒故。九时就寝。

5月4日(闰三月十四日　癸亥　中国青年节)**星期四〔三〕**

晴,微有风。

晨六时起。湜儿即行,将至局乘车上山,修媳亦上班去。元、宜都入学。予又一人守局矣。九时,高谊见过,长谈至十一时,辞去。许妈今日回家休息。午与沈姨同饭。饭次,元孙归,以五四,下午放假,因亦归饭也。

下午二时,予独出散步,乘廿四路南转十一路无轨,往景山一探牡丹畦,已开十之三矣。徘徊花间一周,乃绕出山前,出原北上门,乘一路无轨还朝内南小街,转廿四路南归。到家正三时半。

夜与元、宜两孙及沈姨同饭。九时就寝。许妈十时始归。

5月5日(闰三月十五日 甲子)星期四

晴和。傍晚转多云,兼有风。

晨六时起。八时出,步往文学所。八时半参加组会,讨论四月十八日《解放军报》社论。到冠英、子臧、默存、叔平、友琴、翔鹤、绍基、毓罴、水照、禾生、平伯及予十二人。十一时三刻散,顺领工资后,由老赵驾车送回,与平伯、冠英、友琴偕。

午与元、宜两孙同饭,以今日起校中改定作息时间,须午睡也。一时四十分,唤起两孙,俾入学。二时半,独出散步,乘廿四路南转廿路到王府井南口,见稻香春分号已开张,入门一览,气象焕然,货物则远不逮老号之多也。复北行,在百货大楼购得饼干一斤,遂乘四路无轨南返东长安街,转九路东还东单,再换廿四路。归家正四时一刻。

午前接滋儿二日来安六号信,知上月廿四日始差竣返庐云。汉儿下班后来,遂与元、宜等同进夜饭。八时半汉归去,予亦就寝。是日接琴媳信,知将去长沙易地调查云。归期亦将推迟。

5月6日(闰三月十六日 乙丑 立夏)星期五

大风扬沙,午后渐转晴。

晨六时起。八时后阅报,关于批判吴晗之文件盈版,满幅一一披览,累日不能尽。接汉达电话,谓高谊在彼处,约同午饮。予阅报至十一时得一段落,遂起行。风沙正大,冒之以出,乘廿四路北转九路无轨到西城甘石桥,步往辟才胡同汉达家,晤林、陆二公及其夫人,遂留午饭。谈至下午三时三刻,高谊伉俪先行,予少顷亦辞归,仍循原路归家。

接漱儿四日来十四号信,复予去信十四号。

夜与元、宜两孙及两妪同饭。九时就寝。

是日下午五时许颉刚见过,盖三日前自枫林村返城矣。谈移时去。

5 月 7 日(闰三月十七日　丙寅)**星期六**

晴较和。

晨六时起。七时半写信,分寄上海漱儿(丙)沪十五号,合肥滋、佩(京八号),十时携出付邮。顺访雪村,告以九日为高谊饯行事,约届时予将往迓同去。坐有顷,出,乘廿四路南转十路到中山公园,入门,刺梅盛开而艳花亦遍布矣。先过唐花坞饱看各色杜鹃,然后在社稷坛墙外赏牡丹,魏紫姚黄弥望皆是,新品种亦不少,惜多巧立名目转有有意骇俗之感。又紫藤亦盛开,正与畦中牡丹掩映成姿,流连久之,乃出园乘十路回东单,转廿四路北归。

午与元、宜两孙及两妪同饭,饭后两孙小睡,二时俱入学矣。二时半民进车来,乃乘以赴辛安里本部参加学习座谈。二十馀天未往,与诸同志却有久违之感矣。三时开会,第一组到杨东莼、王却尘、林汉达、吴研因、吴文藻、徐楚波、梁纯夫、谢冰心、雷洁琼及予十人。纯夫主持,讨论日前刘述周部长在政协所作之报告。六时散,与纯夫同车送归。

到家坐定,书友刘清源送赵万里所辑《元一统志》两册来,少坐便去。知其家乡迄今地动未止也,奇哉。有顷,修媳、湜儿、元孙、宜孙、燕孙陆续归。七时同进晚饭。九时就寝。

5月8日(闰三月十八日　丁卯)星期

晴,较暖。

晨六时起。元孙早出,又骑车偕同学直往白鹿司王四营公社探访老乡,并帮同操作。宜孙亦往景山少年宫与同学集体练习歌唱,将于六一少年节演出云。十一时,修媳之同学徐燕芬及其妹蕙芬、其夫婿俞宝发来访修,因饭之。元孙在乡,宜则归饭。

午后二时二十分,宜孙持予票往政协礼堂看科教影片,予则独出散步,到日坛公园一转。无所可观,即南走至建外汽车站,乘九路西至方巾巷,易乘廿四路,绕由东单还禄米仓,步归于家已四时半。徐燕芬等去未几,宜孙、元孙相继归。六时汉儿、鉴孙来。七时与汉、湜、修、鉴、元、宜、燕同饭。八时半,汉、鉴去。九时予就寝。以暴暖衾厚,颇不宁贴,睡眠遂不甚安。

5月9日(闰三月十九日　戊辰)星期一

晴转阴。

晨六时起。湜儿即行,去香山。七时,元、宜孙同出,顺送燕孙返托儿所。修媳亦去宣武区社教工作队上班。

昨天《北京晚报》今天八时后才送到,晚报却变成晨报矣。盖半年以来,批判吴晗问题都有邓拓关系,而其所管领之《北京日报》、《北京晚报》却力图掩盖,近日形势亟迫,邓拓无法隐遁,不得不转载他报所揭邓拓罪状,故赶排需时,并添印两面致此笑柄耳。

十时过雪村,偕其伉俪赴南河沿恩成居,各乘三轮以行。坐待久之,乃乾伉俪至,有顷,汉达伉俪至,近午高谊乃至,谓其外孙正发高烧,故其夫人不能来云。十二时,八人合坐开饮,至午后二时始罢。予仍雇三轮三乘送雪村伉俪归遂安伯,予即步归。到家已将三时。

元孙归后即饭之,俾持票往政协礼堂看四川省凉山彝族自治州文工团演出话剧《奴隶之歌》。七时,予先晚饭。宜孙近八时始归。盖校中令伊等同学在先农坛练习歌唱,延迟放学也。予即令具膳享之。九时就寝。元孙十时三刻归。

5月10日(闰三月二十日　己巳)**星期二**

晴间多云。

晨六时起。九时出散步,乘廿四路到东单,转四路环行到西单,兴尽而返。乘十路回东单,再转廿四路归家。待报纸久不至,殊焦灼,因今晨五时半听广播知昨日下午四时我国西部地区上空进行含有热核材料的核爆炸成功,故特别奋兴,急欲阅报耳。近午报仍未至,而晓先闯然来,盖在中山公园茶散也。有顷,元孙、宜孙皆归,遂与晓先及两孙同饭。饭已,晓先去,两孙午睡。下午二时两孙同出上学。予于十二时半乃接到报纸,悉我国第三次核爆炸试验成功,质量又进一步,国防更加巩固,欣忭无已。乃同时揭露邓拓、吴晗之流之讥嘲污蔑材料。恰是无情对照,不亦快哉!二时半独出,乘廿四路北至东直门大街转六路无轨,直抵天坛,本拟入探月季花,以日烈未果,即乘十五路入宣武门,在西单换九路无轨回朝内南小街,再转廿四路南归。到家正四时半。

夜与两孙及许妈同饭,宜孙明晨五时半须在校中取齐,同赴飞机场参加欢送阿尔巴尼亚党政代表团谢胡团长等人，遂令其及早就床，俾足睡眠。九时予就寝。九时半修媳归。

是日，沈姨休息，夜九时乃归。

5月11日(闰三月廿一日 庚午)星期三

晴兼多云，午后大有夏意。

晨六时起。宜孙四时半即独自出门，步往学校，伊初次参加光荣任务，宜其倍加兴奋也。九时后听广播，姚文元《评“三家村”》一文，盼报仍未至。十一时许，接景山学校电话，关照宜孙等都到机场，不及回家午饭，即下午亦将甚晚始能归来，请放心云。

十二时一刻，元孙归饭，报纸亦至(但《北京日报》仍未能得到)。十二时半乃对照报载姚评开收音机且饭且听，直至二时十分始毕。元孙已早入学。予亦准备赴民进中央学习矣。二时半民进车来，即乘以往。三时开会，一、二两组合开，到却尘、纯夫、广平、冰心、洁琼、幼芝、青峰、研因、文藻、彬然、楚波、守义、志成、汉达、麟瑞及予十六人。纯夫主持，漫谈姚评“三家村”邓拓、吴晗等人罪行。六时散，当夜同志等尚有时事坐谈，予以不便夜行，仍由本部派车送归。

七时，又接景山学校电话，谓顷得机场消息，阿尔巴尼亚贵宾动身时间须推迟，参加送行之列者将于十一时才能返回，请勿焦急云。予乃与元孙及两妪同饭。九时，修媳归，予就寝后，终以挂念宜孙未能入睡，至十一时半仍无消息，乃属元孙电校一询，知即将返校。元孙即骑车往迎之。十二时三刻始同归。一时后予始入睡。

夜饭后周振甫来谈，告已迁居中国青年出版社新建大厦，在十条东豁口外。

5月12日(闰三月廿二日 辛未)**星期四**

晴兼多云,气仍如昨。

晨六时起。七时,修媳上班,元孙入学,宜孙上午休息,听其酣睡。十一时始叫起。上午予写信两封,分复太原清儿及长治镇孙。

午与元、宜两孙同饭。午后,两孙上学,予即以所写两信交元孙携出付邮。报纸午后一时始送到。二时予以昨夜欠睡,就榻假寐,未入睡,雪村见访,乃起与谈,移时乃辞去。有顷,元孙、宜孙亦先后归来矣。

夜与元、宜两孙及两妪共饭。饭后取汤洗濯,易衷衣,棉毛衫不能御,换着汗衫矣。两妪同两孙看电视,十时令闭机,予乃得就寝。

5月13日(闰三月廿三日 壬申)**星期五**

阴。气较暖。

晨六时起。上午写信复漱、润两儿。刚主来访,谈移时乃去。

午汉儿来,遂与两孙同饭。饭后,续写信毕。堉孙饭后来,即去。三时始自出付邮,顺乘廿四路去东单邮局取回书报退款,遂走往王府井,拟买水果,乃只有王府食品店一家有苹果,而排队甚长,未果买,遂乘三路无轨至灯市转十一路无轨,回东单,再转廿四路归。

夜与两孙、两妪同饭。伊等仍看电视。九时就寝。

5月14日[①](丙午岁闰三月廿四日　癸酉)星期六

晴暖。

晨六时起。八时出,步往文学所参加本组组会,讨论当前文化革命形势。到冠英、默存、翔鹤、平伯、禾生、毓罴及予。十一时半散,仍由老赵驾车送予及平伯、冠英、默存归。

午与两孙、两妪共饭。饭后两孙小休,一时三刻起即入校。下午二时半民进中央放车来,遂乘以赴辛安里本部参加本组学习座谈会。到杨东莼、林汉达、王恪丞、吴研因、吴文藻、傅彬然、梁纯夫、董守义、谢冰心、雷洁琼及予十一人。讨论情形与文学所学习者略同。六时散,与纯夫同车送归。

到家修媳已归,基孙亦在。有顷,元孙归,湜儿亦归。七时晚饭,汉儿、宜孙、燕孙始自外来,遂与同饭。饭后元孙去同学家。九时,汉、基皆去,予乃就寝。元孙十一时始返。

5月15日(闰三月廿五日　甲戌)星期

晴暖。

晨六时起。九时,湜儿、修媳去二里沟宁家。十时半,升埥、升基两孙来。午与埥、基及元、宜、燕三孙共饭。饭后,埥、基皆去。予小睡。下午三时,元、宜、燕三孙往汉家看小迎红,六时半归。四时,农祥见过,谈至近六时去,留饭不果。

七时半湜、修尚未归,乃先开饭。饭半,湜、修至,仍得与予及三孙同毕晚餐。

---

①底为本:"一九六六年五月十四日至六月三十日日记"。

九时抹身，易汗衫就寝。连日各报皆满载批判邓拓、吴晗文字，大有目不暇接，晷不给用之感。只见文化大革命风潮之急且溥矣。

5月16日（闰三月廿六日　乙亥）**星期一**

晴暖，午后大风。

晨六时起。湜儿即出上山教学。三孙亦相继入学。七时，修媳亦上班去。家中顿归寂静。上午听广播，戚本禹评《前线》、《北京日报》、《北京晚报》的资产阶级立场。（标题虽无此四字，文中当然连及。）近日以来，因刊载批判文字较多，各报大都须午后始能送到。以此，上午只能恃收音机耳。

午与元、宜两孙及两妪共饭。饭后两孙少休后即入校。下午二时半，予赴辛寺胡同民进中央参加组织生活，例无接送车，乃乘廿四路北转七路无轨，到鼓楼下，步至本部已三时馀。到杜仁懿、雷洁琼、陈慧、顾均正、谢冰心、梁明、葛志成、范志甫、张志公、巫宝三、柴德赓、吴文藻及予十三人。漫谈当前文化大革命形势。六时散，予乘五路南至地安门，换十一路无轨到东单，再转廿四路北归。

以风尘大，到家亟加拂拭，且盥漱焉。北地春杪风沙为一年中最足取厌之气象，宜乎当地人有宁雨弗风之祝也。

夜与两孙、两妪同饭。九时就榻对照报纸再听广播戚文，听毕已九时三刻。修媳晨出时告予，晚当归家，乃十时后犹未闻声息，想又牵事开会等等，不及乘车而仍回宿舍耳。十一时后渐入睡。

5月17日（闰三月廿七日　丙子）**星期二**

晴，傍晚南风大作，气仍暖。

晨六时起。八时半出，乘廿四路到东单，步至公园，一探月季花信，见花墩上已有若干开放者，乃在公园东门口（苏州胡同西口站）乘六路无轨，拟往天坛看月季畦，甫上车遇乃乾夫人芳瑜，坚邀往其家，遂在崇文门下车，转三路回王府井。再换十路到中山公园转五路，径到西华门晤乃乾。长谈至十一时半辞归。乘五路到地安门转十一路无轨回东单，再换廿四路归。

午与元、宜及两妪同饭。饭后小休。两孙于二时前出赴校。予三时半起，阅当日报章，抵暮未能尽也。夜与两孙、两妪同饭。饭后元孙、沈姨往中山公园音乐堂看电影。九时予就寝。十时后修媳归，有顷，元孙、沈姨亦归。

5 月 18 日（闰三月廿八日　丁丑）星期三

晴，有风，暖。

晨六时起。上午听广播阅报。午与两孙、两妪共饭。下午二时半民进车来，乘以赴辛安里本部参加学习座谈。三时开会，一、二两组合并举行。到葛志成、董守义、许广平、谢冰心、雷洁琼、贾祖璋、吴文藻、吴研因、陈麟瑞、严幼芝、林汉达、王恪丞、柴德赓及予十四人。麟瑞主持之，讨论文化大革命形势，批判邓、吴、廖等狂诞言行。六时散。梁纯夫以事未到，故予仍一人乘车送归。到家文权在，云已电约汉华来晚饭云。有顷，汉儿来，两孙亦早放学在家，遂合坐同进夜饭。

饭后，汉、权即去。九时就寝。十时半修媳归。十一时湜儿亦归。以在二七剧场看电影，（社中组织伊同人等入城观看，预备批判者。）不及还山故耳。

5月19日(闰三月廿九日　戊寅)**星期四**

晴暖,仍刮大风。

晨六时起。七时后,儿孙俱分别上班入学矣。八时半,予独出散闷,乘廿四路至东单,转六路无轨径到天坛。先看芍药,尚未全开,牡丹则零落殆尽矣。月季亦错落吐艳,迎风嫣然。惜风大,恐不能久持耳。徘徊有顷,循杨林出坛北门,乘六路东行,达龙潭(即有轨电车原路今已全部拆除,代以六路公共汽车由龙潭到天桥。)转八路入崇文门,回东单。在文具店购得信笺两本,浆糊一瓶。仍乘廿四路归。

午与两孙及两妪同饭。接润儿十六日来信,知月尽月初可以返京矣。为之大慰。午后小睡,四时乃起。夜与两孙、两妪共饭。饭后孙等看电视《东方红》,十时各就寝。

十二时睡中忽感喉痒大咳,吐痰不少,坐起良久,便施而后复入睡。

5月20日(四月大建癸巳　己卯朔　日环食)**星期五**

晴兼多云,气颇闷热,入夜雨,檐溜有声。薄暮日蚀时竟不可见。

晨六时起。八时半出,乘廿四路南转廿路到天安门,再转五路直达陶然亭,入园后径往西南部月季花坪,至则坡上芍药犹盛。登坪一览,弥望皆是。月季花五色纷披,香风四袭。徘徊其间良久,不忍去。遇园中管事人询西南山坡玫瑰花情况,据云者边虽尚有,而慈悲庵北土山新植较多,今已名之为玫瑰山,刻下花正盛开,可一往赏之。予遂循湖过云绘楼度桥,径上玫瑰山,果如所言,直上山巅亭子小坐,时方初夏,绿荫四合,鸟语啁哳,又寂无人声,悠然独坐。十一时始下山,出门乘五路西至南樱桃园,转十路还东单,再转廿四路归。

午与两孙、两妪共饭。饭后小休。两孙先后入校。三时接昌颉电话,谓方自上海归京,星期天当来看我云。盖返沪结婚归来矣。有顷,接芳瑜电话,谓乃乾约在中山公园来今雨轩候予茶叙云。予稍坐即行。乘廿四路转一路,径往赴约,至则乃乾方与青峰谈起迎予,遂共叙话。有顷,芳瑜亦至,坐至六时始起行。予仍循原路转车归家。沈姨出看电影,乃与两孙及许妈同进夜饭。饭后,取汤洗濯易衷衣,就寝已九时,庭中雨声四洒矣。十时半沈姨始返。

5月21日(四月初二日　庚辰　小满)**星期六**

阴,气温下降,晨且有雨。

晨六时起。竟日未出,下午民进中央学习亦未往。午与两孙、两妪同饭。饭后小休,三时起。天气影响精神。打五关数局以遣之。薄暮宜孙先归,元孙偕燕孙继归。有顷,湜儿归,又有顷修媳亦归。七时同饭。饭后孙辈看电视,予以惮于添衣,九时即就寝。元孙言晤人教社人云,其母廿五日左右便可返京。

5月22日(四月初三日　辛巳)**星期**

晴间多云。气仍不暖。

晨六时起。竟日未出,俟昌颉、永周来饭不至,湜、修十一时出购物,一时始返。予与两妪及三孙待至一时乃开饭。饭后小睡。

三时,晓先来访,谈至五时去。送伊出门而永周、昌颉夫妇适至。七时乃与湜、修、永、颉、元孙同饭。宜、燕则别座以处之。八时三刻,永周、昌颉辞归。予亦就寝。

5月23日(四月初四日　壬午)**星期一**

多云间晴。气温与昨前大同。

晨六时起。八时写(丙)沪十七号信复潄儿。今日沈姨休息,即以信交伊携出付邮。五时三刻,湜儿即出门往香山。七时三孙齐出,元顺送燕入托儿所,修媳旋亦上班去。十时许刚主见过,谈移时去,邀予出饭未果。

午与元、宜两孙及许妈同饭。饭后小睡。二时,两孙俱上学去。二时半独出,乘廿四路北至九条,走访圣陶于八条,晤谈至四时即行。仍乘廿四路南归。圣陶家方修缮房屋,土木纵横,恐尚须受累一时耳。

夜与两孙及许妈同饭。九时就寝。寝后不多时,沈姨、修媳先后归。

5月24日(四月初五日　癸未)**星期二**

多云间晴,晚阴。气与昨同。

晨六时起。修媳七时上班去,两孙亦同时入学。十时出,乘廿四路南转十路,到南河沿再转四路环行至西单商场下,先过桂香村欲购前所买到之冰洁凌饼干,已无售。再过食品商场遍看亦无之。偶遇李平衡,立谈久之,乃在茶叶专柜一问新龙井有无?却一索即得,遂以二元三角购一两归。乘九路无轨回朝内南小街后转廿四路南归。午与两孙、两妪同饭。饭后小睡,三时起。六时前两孙先后放学归。六时三刻汉儿至,遂同夜饭。

饭后，颉刚见过，谈移时，九时，颉刚辞归，汉儿亦归去，同道顺送之。予亦就寝。

5月25日(四月初六日　甲申)星期三

晴间多云。气不甚爽，夜深雨。

晨六时起。上午阅报、听广播。午与元孙、宜孙及两妪同饭。午后二时半，民进中央车来，即乘以赴辛安里本部参加学习座谈。一、二两组合开。到雷洁琼、谢冰心、陈麟瑞、吴文藻、葛志成、董守义、巫宝三、柴德赓、傅彬然、贾祖璋、吴研因、张志公、林汉达、王恪丞、严幼芝、杨东莼、梁纯夫及予十八人。讨论文化大革命形势，批判邓拓、吴晗等人罪行。六时散，纯夫留部有事，予仍独乘送归。接人教社电话，知琴媳已在湘动身，明日可以回京云。为之大慰。

夜与两孙、两妪同饭。饭后宜孙出理发。九时就寝，宜孙旋归。

5月26日(四月初七日　乙酉)星期四

晴间多云，气不爽，入夜雷雨，终夜有声。

晨六时起。听广播。十时琴媳自湘归。十一时汉达见过，近午去。

午与琴媳、元孙、宜孙同饭。饭后小睡，三时半乃起，始阅报。盖近日报纸印材多辄迟出，午后送到，竟为常事也。六时，文权来，遂与琴、元、宜等共进夜饭。饭后雷雨作。九时许，文权乘雨隙归去。予亦就寝。深夜二时、四时犹掣电大雨焉，诘旦乃止。

5月27日(四月初八日　丙戌)**星期五**

晴兼多云,欲雨未果。

晨六时起。八时半步往文学所参加本组组会。到冠英、翔鹤、默存、子臧、友琴、平伯、叔平、念贻、禾生、国政、公恃及予。传达学部正展开批判杨述,并动员全部投入文化大革命运动。十一时四十分始散,雇三轮归饭。元、宜皆归饭。饭后小睡,三时半起。阅报,听广播。

接漱、润信,漱以未能准时接予复信而致念,润则报工作近况,归期又将推迟云。

夜与元、宜两孙及两妪同饭,饭后沈姨出,琴媳即归。九时就寝。修媳九时半归。十时湜儿归。沈姨十一时后方归。湜、沈之归,予竟未之闻。

5月28日(四月初九日　丁亥)**星期六**

晴。较暖。

晨六时起。午前阅报,听广播。上海周信芳编演《海瑞上疏》一戏竟是吴晗《海瑞骂皇帝》的先导,幕中幕后皆有人指纵或支持,牵涉之广,上关中央,下及各地,将来揭晓之后,始可得其原委。幕外人则仍处五里雾中耳。

午与元、宜两孙及两妪同饭。写信复漱、润两儿。下午二时半,民进中央车来,乃乘以赴之。三时开会,仍两组合开。到纯夫、恪丞、汉达、幼芝、克光、研因、文藻、彬然、楚波、德赓、守义、志成、平章、冰心、洁琼、祖璋及予十七人。志成主持,仍讨论当前揭发形势,颇多猜测。六时廿分始散。予与纯夫同车送归。元孙早吃夜饭,往政协礼堂看电影。七时琴媳携燕孙归,遂与宜孙同进晚饭。九时就寝,看所中送来批判参考材料。十时,湜、修自二里沟归。十一时元孙始归。

5月29日(四月初十日　戊子)**星期**

晴暖,入夜雨。

晨六时起。上午琴媳仍入社开会作总结。十时,湜儿出外为予购物。十一时许,汉儿、大璐、元鉴、翠英抱外曾孙女迎红来,翠英之助及侄女阿定偕来。修媳下午值班,十一时先饭即行。午饭在南屋行,用圆桌。琴媳十二时三刻始至,已将饭罢矣。下午三时半,汉儿一行俱归去。四时,予与湜儿出散步,由大雅宝城豁口外迤逦北行,循城河西岸直达朝阳门,然后西行,步至朝内市场,购得金奖白兰地两瓶,乘廿四路南归。

夜与琴、湜、昌、预、桂本及元、宜、燕同饭。盖予与湜出后,预、本即来我家候予也。饭后,微闻雷声,恐有雨,预、本即归去。

是日午前接濬儿廿七日青岛来信,知昌顯婚事已定(对象名殷植明),七月初结婚,伊将俟姻事完成乃返京云。

八时取水洗濯,并命湜儿为予擦背。九时就寝。修媳亦归矣。

5月30日(四月十一日　己丑)**星期一**

晴转阴,午间雷雨间雹,午后霁,旋阴。入夜转晴,气温变动颇剧。

晨六时起。湜儿即赴香山。七时后,修媳、琴媳、元、宜、燕三孙亦先后上班入学。上午,所中组会未往,元孙大雨中归饭,遍体淋湿,亟换干衣,始令就饭,宜孙今日起仍在人教社食堂午饭,俾就近午睡。下午二时，元孙乘雨隙上学。予就榻假寐，梦魇颠倒，近五时始醒。转较不睡为劣，神思懒倦，殆于小病矣。

夜与两孙、两妪共饭。元孙饭罢即往政协礼堂看电影《红日》，本备展开批判，予以目力不济，且久不夜出，故令元孙往，亦所以资其学习耳。九时就寝。十时半闻琴媳归。十一时后，元孙始归。

5月31日(四月十二日　庚寅)**星期二**

晴和，微风。正雨后大好天气也。

晨六时起。忽动独游之兴，七时半出，乘廿四路北转一路无轨，直达动物园，再转卅二路西行，八时五十分即抵颐和园。先至知春亭小坐，忽里急，乃如厕，然后往偕趣园，岚沼已放水，小坐槛上，一赏之。循山梁转出后湖，沿南岸经寅辉到须弥灵境，择座茶憩。十时一刻起行，由湖山真意越至长廊，遂循廊东出，园中花事虽阑，而后山松桧并茂，浓荫密翠，间见太平花及玫瑰残英，亦殊值得留恋也。出园即乘卅二路还动物园，换乘十五路到虎坊桥湖北餐厅，午饭已十二时半。午后一时廿分离餐厅，乘十一路无轨到宣武门，又转九路无轨到西单商场，在桂香村购得饼饵，即乘廿二路到人大会堂转十路回东单，再转廿四路北归。到家已二时半，知元孙归饭后入学未久也。予就榻小休，阅报，近四时起，听广播。待两孙不至，七时半乃独饭。八时，两孙始先后归。

九时就寝。十一时始闻琴媳归。修媳先于十时归，竟未之闻，翌晨始知之。

6月1日(四月十三日　辛卯　国际儿童节)**星期二〔三〕**

晴和，夜深雨。

晨六时起。九时接芳瑜电话，刚购到新鲜蚕豆，乃乾盼予往饭，俾共享之。予少坐即起行，乘廿四路南转十路到中山公园，再换五路到西华门径造乃乾家。晤其伉俪，长谈至午，共饮啖豆，直至下午三时半，始行。乘五路到地安门转十一路无轨回东单，在精美文具店买练习薄两本，再乘廿四路北归。

七时，琴媳、元孙、宜孙皆归，遂共进夜饭。琴将练习薄接去，所有家用账目仍由琴管理。五十天来，予管琐屑账务略有头绪，今得仍卸仔肩，亦可一松耳。九时就寝。翌晨二时起如厕闻雨。

6月2日（四月十四日　壬辰）星期四

宿雨连晓，转晴，入夜又雷雨，馀沥彻宵未已也。

晨六时起。上午听广播外写信两封，分寄青岛濬儿及上海漱儿。今日起两孙又就其母午饭（在人教社食堂）。十二时卅五分，汉儿来，遂与同饭。饭已，即赶回新华上班。予即以写就两信令伊携出投邮。二时，予就榻小睡。三时半，志成见过，因起与接谈，谈移时，辞去。予阅报迄晚。

夜与两孙、两妪同饭。八时，雷雨大作，九时就寝，雨不止，电掣不已。正耽心琴媳之归，正十时半，接伊电话，谓大雨难行，社中同事留伊过宿云。遂渐入睡。

6月3日（四月十五日　癸巳）星期五

阴晴间作，时有雨，傍晚大风。

晨六时起。自来水管渗漏，电东城营业所派人来修，午后一时半乃来。据云，须拆去水盆，重换新管，约后日来修。又须大动一番，且砌好必须另找瓦工也。此真包袱矣，恚甚。

十时半,东莼见访,谈移时去。午与两妪共饭。先后接润儿一日信,清儿二日信。润儿似有即归之讯,但尚难确定。清则忙甚,竟抽不出时间写信云。

听广播知北京市党委改组,及北京大学撤去党委书记、副书记,另派工作组进行领导文化大革命,并着手改组该校党委云。乌云久罩,或将转为明朗耳。

夜与两孙及两妪同饭。饭后,元孙携毯仍返校,据云,伊校问题亦甚大,恐有非常,同学中组织护校队,轮流值夜,是以今晚不回宿。九时,予就寝。未几琴珠归。

6月3〔4〕日(四月十六日　甲午)**星期六**

晴,午后转阴,有风。

晨六时起。七时一刻即出,乘廿四路与宜孙偕至东单,伊转三路赴校,予转十一路无轨到灯市西口下,步往首都剧场,参加本院哲学社会科学部、政治部主办之声讨反党反社会主义分子杨述大会。杨述原市委宣传部长,前年调来学部任党委副书记,曾长期撰写《青春漫语》在《北京晚报》发表,与邓拓等人之《燕山夜话》、《三家村札记》等杂文互相呼应,并与邓拓往来甚密,经学部同人揭发核实,爰有此会。予坐楼上三排二十号,与平伯、冠英、子臧等联号。主席台上熟识者为张幼渔、潘梓年、刘导生、何其芳、刘大年及党委书记关君(忘其名)。先后登台发言者近十人,只识丁声树一人,馀皆青年。开至十一时,有新建设社诸青年临时上台抢先发言,秩序颇乱,主席乃宣布休会,俟下午二时续开,遂散。离场走至灯市西口,本拟待车,适遇旭生、厚宣、子臧,遂与子臧、厚宣联步东返至史家胡同东罗圈而别。到家已十二时。许妈回家休息,独沈姨在,乃与同饭。

午后一时接所中电话:学部大会不举行。

修水管工人刘姓、张姓今晨来换新管,厨房水盆已撤毁,人则归饭矣。午后二时半复来将新管换上,毕工已将五时。予与接谈,其人皆和蔼,较昨来看活之青工之生硬不啻倍蓰,可见生活态度亦须历练而后可也,坐有顷,乃辞去。

七时,琴媳及三孙皆归,遂同饭。八时三刻,湜儿、文修归,已在二里沟晚饭矣。九时就寝。阅报兼听广播。

6 月 5 日(四月十七日　乙未)星期

晴,暖。

晨六时起。十时半汉达来,十二时许,孝达伉俪及其子文杰来,遂就南屋设圆桌与湜、修及元孙共进午餐。琴媳上午携宜、燕两孙入人教社,伊本人加入写大字报,两孙则在景山公园嬉游,近一时许,母子三人乃归饭。饭后琴媳再入社。汉儿、大璐、锴孙来。三时许汉达去。四时湜、修偕孝达去王府井。五时半汉、璐、锴归去。

六时半琴媳归,遂与三孙同饭。九时就寝。九时半湜、修始归。琴媳、元孙夜饭后同出,为予捡出应洗刷棉服等件,送往王府井中央普兰德洗染店饰理,排队成交近十时始得归。

5〔6〕月 6 日(四月十八日　丙申　芒种)星期一

晴,暖。

晨六时起。八时后正在写信,所中忽派车来接,谓组中开紧急会议,已接有平伯、友琴在车矣。遂收拾纸笔随乘以往。九时半开会，到钱默存、吴子臧、俞平伯、陈友琴、范叔平、余冠英、许国政，王水照、徐公恃、胡念贻、曹道衡等，讨论星六学部大会情况，据传达已决定大会无期休会，由各所各单位分别展开声讨杨述并进行社会主义文化大革命。十一时许散。通知下午三时开全所大会云。出所遇三轮即雇乘以归。

元、宜两孙俱回家，遂同进午饭。下午二时半出，步往文学所参加全所大会，张书铭主席，何其芳作动员报告，积极投入文化大革命运动。江西丰城县办四清之同人全部调回共同进行，并介绍本所新设之副所长袁君。（原住南昌地委副书记，此次学部添设一文学所副所长，遂调来北京，即日莅事。）六时许散。予与冠英、友琴同车送归。

夜与两孙及许妈同饭。（是日沈姨休息。）接湜儿电话，谓今晚入城听报告，不及还山，将归宿。九时就寝。九时三刻沈姨归，十时半琴媳归，十一时湜儿归，予始入睡。

5〔6〕月7日（四月十九日 丁酉）星期二

多云转晴，颇暖。

晨六时起。七时湜儿还山教课。有顷，琴媳及两孙亦上班入学。八时后写信，所中有组会请假未往。先续完复清儿信，再写两信，分复镇孙、心孙，近午乃毕。琴媳及两孙都归午饭。饭后，伊等仍入学、上班。予乃小睡，至四时方兴，连日开会，殊感积倦耳。起后阅报，听广播，知北京新市委近日新措施，批判杨述亦已见报。

夜与两孙及两妪同饭。饭后，取汤洗濯，九时易衷衣就寝。换薄被。十时琴媳始归。闻汉儿言，文化部去河南一行人今日均将返京,予谓润儿当不例外,但直至深夜仍属空盼。琴媳据出版局版本图书馆人云,润等将于十一或十二日返京。未知孰是也。

接滋儿六日发安七号信。

6月8日(四月二十日　戊戌)**星期三**

晴,暖,有风。

晨六时起。九时平伯见过,谈移时去。十时半接琴媳电话,谓顷承版本图书馆知照,润等一行明晨五时后可以返抵永定门车站。至此,始得明确。望远人归来之难有如此。即写京九号信,复告滋、佩。午汉儿送其亲家母上车返南京,顺来小雅宝,遂与同饭。饭后上班,即以京九号书属其付邮。

二时半民进中央车来,即乘以赴之,三时开会,仍一、二两组合开。到东莼、恪丞、幼芝、研因、文藻、彬然、德赓、守义、楚波、志成、汉达、冰心及予十三人。志成主持之,讨论文化革命形势。六时一刻乃散,予仍车送归家。连日来颇感头眩耳鸣,到家即服萝芙木药片。

夜与两孙、两姬共饭。饭后孙辈看电视,予即就寝。十时许琴媳归。

5〔6〕月9日(四月廿一日　己亥)**星期四**

晴,暖。

晨四时五十分,琴媳即往版本图书馆附车去永定门车站接润儿。六时予起。七时前润儿、琴媳偕归。两孙犹未早餐,遂同餐。餐后琴仍上班,两孙亦入学。润儿以车上欠睡,就榻休息。十时后，锴孙夫妇抱迎红来，因今日下午即须返窦店，故在我家午饭，俾就近上车云。十二时后，宜孙、琴媳、汉儿先后归来，遂与润、琴、汉、锴、翠、宜等同饭。饭后琴媳、宜孙上班入学。二时一刻，润儿去永定门车站为同人取行李。三时廿分，汉送锴、翠、迎红等去车站。

接所中电话，五时召开会议，予四时半往，仍在三楼会议室举行。何所长作传达报告，传达上级对此次的态度及如何安排行动等问题。六时散，老赵车送予及平伯、子臧归。七时，润儿始归，盖一切行李分送到家，颇费时间也。遂与润及两孙同饭。饭后，元孙往人教社助其母巡守社中所贴大字报，即留宿在彼云。

接漱儿七日来返沪十九号信，畅述文化大革命运动意义之重大。九时就寝。十时琴媳归，谓元孙安排妥帖，可放心云。今日为珏人逝世十一周年，汉儿之来，买鲜花作供，伊等孝思固可嘉，而予却又钩起无限惆怅耳。

6月10日（四月廿二日　庚子）星期五

晴，暖。

晨六时起。七时后，润、琴、宜皆出，润即向馆报到照常工作，且投入文化大革命运动矣。八时写（丙）沪二十号信复漱儿。午与润儿同饭，元孙亦归与焉。饭后元孙上学，即令以寄沪付邮。

报纸午后始到，主要新闻已在广播中先听矣。二时小休，三时半即起。夜与润儿、元孙、宜孙共饭。九时就寝。十时半琴媳始归。其社中亦正展开运动，开会、写大字报，致为忙碌也。

6月11日(四月廿三日　辛丑)星期六

晴。日中热,入晚始渐凉。

晨六时起。九时出,乘廿四路南转十路到中山公园,复换五路至西华门访乃乾。谈至十一时行,仍乘五路北至地安门,转十一路无轨回东单,再转廿四路北归。

午与润儿同饭,宜孙上午由教师领导练习游泳,下午无课,当归饭,乃一等再等,至一时半始偕其同学同来,谓已在同学家饭过。当代儿童迥非昔比,生活能力十倍于予,幼稚时宜可放心,然囿于成见,终不免牵萦耳。

下午润儿休息,三时后,予乃与之同出散步,乘廿四路到东单,走往王府井阅市,虽赤日悬空,而绿荫掩映,殊可忘热。在盛锡福购得一塑料丝制凉帽,价一元,又在医药公司购得安宁片一瓶(内装一百片,价四元馀)。复过百货大楼略遍三楼,为孙辈购饼饵,然后入东安市场,在荣华斋冷饮部小憩进冷饮。五时许始起行,步至灯市西口乘十一路无轨返东单,转廿四路北归。久不与润同出,今得侍行,心有所恃,不觉行路之长矣。心理之作用有如此者。

薄暮,元孙归,修媳归,琴媳携燕孙归,独湜儿以电话告知,山上师生皆停课,投入文化大革命运动,忙于开会,写大字报,今晚、明日都在山不归云。

夜在庭中设圆桌共饭。饭后,取汤洗濯,润儿并为予擦背,九时半就寝。

元孙夜饭又往人教社参加值夜班守护。

6月12日(四月廿四日　壬寅)星期

晴,暖,早晚凉爽。

晨六时起。润、琴乘星期难得有空清除屋内杂物,元孙七时归卧。十时许,雪舟见过,谓今日倪喆生夫妇来雪村家,午饭邀予作陪。十一时,予乃如遂安伯七号赴约,至则晤雨岩、翊如诸人,知今日为雪村伉俪重偕花烛之辰,设家宴会在京戚属,藉志喜庆也。午正喆生夫妇至,遂开饮。凡两席,予与雪村伉俪。喆生伉俪、雪舟、雨岩、翊如同座。喆生已二十年未见,知在沪教书,已退休,此次来京探望子女,会逢其适耳,日内即须返沪云。席终闲谈,三时半散。予乃独步归家,至则晓先在。修媳已往二里沟省其父母。

五时后文权、汉儿、鉴孙、硕孙先后来,入晚,设圆桌庭中,与晓先、文权、汉儿、润儿、琴媳、元孙、宜孙、燕孙、鉴孙、硕孙同饭。九时许,晓、权、汉等皆去。予亦就寝。

6月13日(四月廿五日　癸卯)星期一

晴,暖,微有风。

晨六时起。上午盼报不至,观画自遣。十一时汉达见过,谈至午,留饭不果,辞去。午与润儿同饭。饭后小睡,三时起,阅报学习时论。薄暮与润儿、元孙、宜孙同饭。夜浴身洗足就寝。十时半始闻琴媳启门归。

6月14日(四月廿六日　甲辰)星期二

晴,暖,傍晚有风。

晨六时起。八时半出,乘廿四路北转九路无轨到北海公园,径上白塔,在揽翠轩后茶棚候乃乾,盖约定九时晤叙也。讵一再盼望直至十时半始见乃乾、芳瑜及晓先三人来,以晓先往访,久谈不行,遂偕与俱至耳。十一时半四人下琼岛,如漪澜堂仿膳午饭。饭后乘渡船至北岸,就原仿膳茶棚茗憩,三时半始行。出后园门,乘十一路无轨回东单,转廿四路归。

到家已四时一刻,家人已告所中有电话召开组会(下午二时),已无及,遂未往。五时半接陆永品电话,谓明晨八时半有会,望到会云。

夜与元、宜及两姬同饭。润儿馆中有会,九时半始返。予九时就寝。十时许修媳、琴媳先后归。

6月15日(四月廿七日　乙巳)**星期三**

晴,热。薄暮有风阵。

晨六时起。八时出,步往文学所参加组会。到余冠英、吴子臧、俞平伯、范叔平、钱默存、胡念贻、张锡厚、邓绍基、许德政、陆永品、白鸿、乔象钟、蒋禾生、陈友琴、陈毓罴、王水照、董乃斌、吴赓舜、刘世德、曹道衡、徐公恃、梁共民及予二十三人。永品主持。开会始知所中党领导已改选,予参加之新学习组由陆永品、白鸿为主副组长。会上发言多揭发所领导错误,并鼓励大家贴大字报。十时半休会,旋由正副组长及象钟特召冠英、平伯、子臧、友琴、叔平、默存及予七人,所谓老先生者,再开会,希望多多揭发。予自悬疏逖,平日除开会公见外绝少往还,竟不能置一词,转在会上听到若干事例,在我却是新闻矣。十二时五分散,仍步归。

与润儿、元孙同饭。元孙以下午同学皆习游泳,伊以体不适,未参加,故归饭休息也。

下午二时半民进车来，遂乘以赴本部参加学习。到葛志成、董守义、徐楚波、傅彬然、许广平、吴研因、王却尘、谢冰心、顾均正及予十人。人数寥寥，亦都因各人工作本位皆已投入文化大革命运动，不暇葱顾云。志成主持开会，各人反映本单位运动概况。六时十分散，由小刘驾车送予归。

夜与润儿及两孙同饭。饭后九时浴身就寝。十时许，修、琴两媳仍先后归。

6月16日（四月廿八日　丙午）星期四

晴暖。

晨六时起。八时出，步往文学所，白鸿谓予：今起每日改在九时开会，九时前为学习或看大字报。予乃坐会议室休息。至九时开会，仍到廿三人。永品主持，会上董乃斌、许德政等颇有揭发，张书铭亦莅场，十二时散。定明晨八时到所举行全体大会。雇三轮归。到家润儿已归，遂与同饭。饭后小休，三时廿分起。夜与元、宜两孙同饭。饭后小坐，拭身就寝。

九时许润儿归。十时琴媳归。

6月17日（四月廿九日　丁未）星期五

阴，时有阵雨，向晚晴。气转凉。

晨六时起。八时半出，步雨往文学所。九时参加全体大会。会上多人发言，批判揭发何其芳、毛星诸人走修正主义路线，群情激昂。十二时散，仍雨中走归。

午与汉、润同饭。汉儿来省予，饭毕即行。二时润儿上班，少顷，予仍冒雨赴所，途遇友琴、白鸿，知下午大会改在历史所礼堂举行,遂行将往礼堂。登楼入堂,俱披揭大字报而后得行,足征参加运动之热烈。三时开会,继续批判其芳、毛星、卓如等人,直至七时十分始散。由楼梯上摸索而下,老赵驾车送予及冠英、默存、子臧归。

夜与润儿、元孙、宜孙同饭。九时就寝。十时前琴媳归。

6月18日(四月三十日　戊申)星期六

晴转阴,午后有雷阵雨,晚晴。气又还热。

晨六时起。八时四十分正伸纸作家书,接赓舜电话,谓九时在所开组会,望即去。予遂收拾纸笔,抽身便行,步往文学所。在二楼会议室举行组会。除绍基未到外,全组皆出席。仍由永品主持,属大家准备材料,俟大会召开时分别发言。既又组织年老同人发言。众推冠英、友琴为代表,集中各人意见,综合发言。至十一时半散,仍步归。

与润儿同饭。饭后小休。勷婿来,盖出差来京,接收北京图书馆复本书刊携回山西大学,今晨方到也。因起与接谈。润儿往西直门外北京展览馆参加文化部欢迎在外四清同志归来大会。傍晚雨后汉儿来,以士勷电话约来者。湜儿适归,途遇汉儿,遂同入家门。有顷,润儿挈宜孙、燕孙同归。云散会后径往人教社候到燕等,偕返已七时五十分矣。遂与勷、汉、润、湜、宜、燕等同饭。元孙亦方至也。

九时,琴媳归,重具餐。近十时,勷、汉各归去。予亦就寝。十时半修媳始归。盖伊等所处工作队今晚将行李搬至西城党校,重新集训,再行分派工作也。明日即在彼正式上班云。

6月19日(五月小建甲午　己酉朔)**星期**

多云。

晨六时起。修媳即往西直门党校上班。元孙四时三刻即赴校取齐,与同学骑车往东郊白鹿司公社参加劳动,协助麦收工作。予竟日未出,待汉儿等亦未至。午晚均与润、琴、湜及元、宜、燕同餐。(元午在乡,晚乃归饭。)修媳未归来,当为学习及工作忙迫之故。夜九时半浴身就寝。

6月20日(五月初二日　庚戌)**星期一**

晴间多云。较热。

晨六时起。八时写信复堉孙、锴孙。所中无电话至,想无开会事,因再写一信复滋儿。九时,沈姨出。(今日休息。)乃以三信交伊投邮。仍未见所中电话,复写信复漱儿,盖四五天无暇写信,不得不乘时后出也。十时一刻出付邮。顺乘廿四路南转九路到王府井南口,信步北行,在东安市场西门乘四路无轨北至灯市口,拟转十一路无轨回东单。有顷,三路无轨至,予以为加车,乘至东单,车直放崇文门,询诸卖票者,知三路从灯市口改道东折,不复通过王府井矣。(已二十馀天云。)予走至廿四路车站,女学生游行方毕,待车者众,予勉登之,及开车经由米市大街、东四南大街折朝内大街,直抵朝内北小街站始停,予莫名其妙,(何以忽又改道不走南小街?)只得再往南小街候南行廿四路车,乘返禄米仓走归于家。一时间连值两次改道车,奇矣。

到家已十一时半。有顷,宜孙归,为取墨水故,适接润儿电话,有事不归饭。遂与宜孙同饭。饭次,汉达见过,乃留饭。午后一时五十分,汉达去。予乃小休,三时起。接所中电话,明晨八时半有会云。

夜与润儿及两孙共饭。九时浴身就寝。十时琴媳归。

6月21日(五月初三日　辛亥)**星期二**

晴,热。

晨六时起。八时出,步往文学所,张伞蔽日而行。八时半开全所大会,领导小组传达昨日下午陈伯达、陶铸(代表党中央及新中宣部)在哲学社会科学部发动彻底放手群众展开大民主并宣布关山复、刘导生、张幼渔、杨述四人停职反省云。十时后即分组酝酿改选本所领导小组事宜。十一时一刻散,予与平伯、冠英、友琴同车送归。

午与润儿、宜孙同饭。下午二时半,复步往文学所。三时开组会,批判邓绍基,他组有来参加者。揭发不少,本人交代有隐藏,将再开会续判。七时始散。予与冠英同乘九路到方巾巷,转廿四路绕由东单回禄米仓下,别冠英而归。

夜与宜孙及两妪同饭,润儿在馆开会,元孙在校参加运动,俱未归饭。

九时,予取汤浴身,润儿归,琴媳亦旋返。予未几即就榻,竟挥扇良久始得宁。十一时,元孙始归。

6月22日(五月初四日　壬子　夏至)**星期三**

阴,有雷雨。

晨六时起。早餐毕,本拟赴所参加组会,乃八时以后霹雳交加,大雨滂沛,竟不得出,遂不果往。

午与润儿同饭。午后得白鸿电话,谓下午不开会,明日上午九时开全所大会云。二时后小睡,四时起。夜与润儿及元、宜两孙同饭。

九时取汤浴身即寝。十时琴媳始归。

6 月 23 日(五月初五日　癸丑　端午节)**星期四**

阴,有时多云,颇燠闷。

晨六时起。八时半步往文学所参加大会。九时开会,涂武生主席,宣告袁健有病入院,并讨论改选领导小组决定。下午三时续会,举行投票选出五人。十一时半散。予雇三轮归。

午与汉、润同饭。饭后,汉、润皆上班去。二时半,予复步往所中参加投票,主席宣布何其芳、毛星、朱寨、陈翔鹤、邓绍基、唐弢、王健、卓如、李邦媛不令参加选票。三时后开始无记名投票,不提候选人,任人自投。初次选出三人:涂武生、袁健、马世龙;第二次投票又选杜书瀛一人,第三次再选,又选出章楚民一人。预定五名始完成。盖当选者须获全场三分之二之票数乃可,故三次始克完成也。选举毕,各组讨论今后进展事宜,五时半散。与友琴、子臧、叔平同行,至方巾巷,予乃与友琴乘廿四路各归。

堉孙放假来城,夜遂与堉、元、宜同饭。润儿例会未归饭。敭婿则邀而未至。(宜孙往请,尚未归家。)饭毕,堉孙去,住同学家。琴媳旋归。再具餐。八时半,予方浴身,敭婿来,备言连日点收图书之忙。有顷,润儿亦归。共谈至十时,敭辞归。予亦就寝。

6 月 24 日(五月初六日　甲寅)**星期五**

阴,有时多云,夜微雨,气较凉。

晨六时起。八时三刻,接白鸿电话,属即到所开会,因即起行,步往所中已九时十分。正在开大会,新领导小组涂武生传达学部新决定:本所所长何其芳停职反省,其他历史所侯外庐、近代史所黎澍、刘大年及哲学所、语言所、民族所各有同样处分云。旋分组酝酿推举一人参加学部社会主义文化大革命领导组。古代组拟出涂武生,提供本所领导小组参考。十一时廿分散。下午大会即进行选举参加学部领导组人名,本组同人象钟及两组长白鸿、永品以予年迈气喘,劝予不必下午再来云。出所门正微雨,与友琴、子臧偕行至玄院西街北口,遇一三轮,予乃雇乘以归。

午与润儿、宜孙同饭。饭后小睡。三时起,报纸刚送到,遂披阅,以证晨间所听之广播。汉达来访,少坐便行。

六时后,宜孙放学归,旋接元孙电话,谓在其母社中帮写大字报,不能归预晚餐。有顷,敫婿来,润儿亦归,遂与敫、润、宜同饭。饭后,汉儿来。九时三刻,敫及汉各归去。予乃就寝。十一时三刻,琴媳始归。知元孙留宿社中矣。

6 月 25 日(五月初七日　乙卯)星期六

阴晴乍忽,偶见微雨。气仍凉。

晨六时起。待至十时,所中无电话,乃抽笔写(丙)沪廿二号与漱儿。盖昨晚接其来信,问予起居也。

午与润儿同饭,宜孙说将归饭,乃至一时始返,亟亟进餐,又偕同学出游矣。近日校中运动多停课,小学生无所事之,遂得集伴游玩耳。下午二时小休,报纸递到,乃起阅之。四时堉孙至。六时,基孙至。农祥来谈,留夜饭未果,去。湜儿归。七时半宜孙始归。近八时润儿始自人教社将燕孙归,琴媳与元孙在社写大字报未归饭,予乃与润、湜、堉、基、宜、燕同饭。九时堉、基皆去。予亦就寝。十时修媳归。十一时后琴媳与元孙乃归。

6月26日(五月初八日　丙辰)**星期**

晴,暖。

晨六时起。琴、修两媳俱加班。九时,予往访乃乾,闻伊左手、左腿酸麻,难行,故先乘廿四路南转十路到中山公园,换五路至西华门径造其家。晤其伉俪,知施打金针后已能在室中行动,为之大慰。谈至十一时起行。乘五路至地安门,转十一路无轨到东单,再换廿四路北归。

到家基孙在,湜儿已出,润及宜、燕在,迓歞婿不至,命基、燕往邀,归报,伊正与客小饮,不能来饭云。遂与润、基、宜、燕同饭。饭毕,琴媳、元孙归,再具餐。盖伊母子俱在社中开会、写大字报也。

午后予小休。三时歞婿至,基孙去。湜、修偕归。四时半汉儿、鉴孙来。李妈来望宜、燕两孙,修媳去二里沟宁家。傍晚在庭中设圆桌与汉、歞、润、琴、湜、鉴、元、宜、燕共饭。饭毕,湜儿去二里沟,明晨径赴香山云。元孙复往人教社写大字报,兼与同学开会。九时半歞、汉、鉴分别归去。予浴身就寝。十一时三刻元孙始归。

6月27日(五月初九日　丁巳)**星期一**

晴兼多云,夜阴有雨。日中颇热,早晚凉。

晨六时起。接所中电话,九时召开大会,予八时半出,步往所中参加。十时开始,由何其芳作检讨交代问题。十一时半各组讨论其芳问题。定下午三时各组继续讨论。十二时散,雇三轮归饭。

濬儿、润儿同餐，盖濬昨已由青岛归来矣。饭后，濬去王府井。润上班。予于二时半出门，行至北总布胡同遇熟三轮，乃乘以赴所。

三时，小组开会，准备明日大会推出发言人，并因杜书瀛行为恶劣，有大字报揭发，本组公决建议领导小组暂时停其职任，调查处理。六时散，与冠英、默存偕行步归。

修媳以肠胃炎请假在家。入晚与润、修、宜同饭。饭已，润儿仍入馆工作。九时，予取汤浴身就寝。十一时琴媳归，又越半时元孙始归。

6月28日（五月初十日　戊午）星期二

阴，时有雨，气闷燠。

晨六时起。八时廿分出，张伞步往文学所。九时在学部大食堂开会，声讨何其芳、毛星、邓绍基等人。本部各兄弟所及新建设社亦派一代表发言。上午不及了，下午三时继续举行。予饭后仍往参与。去时皆步行，归时上午乘九路转廿四路行，下午雇三轮行。

晚与宜孙及两妪同饭。九时就寝。有顷，润儿归。十时半，琴媳归。十一时半元孙归。俱参加文化大革命故。

6月29日（五月十一日　己未）星期三

多云间晴。气仍闷塞。

晨六时起。八时半走赴文学所。九时在后楼组长办公室开组会，讨论陈翔鹤问题，决定下午三时仍开组会，先令陈自己交代。十一时半散，乘九路转廿四路归。与润、元、宜同饭。午后二时半再步往所中。三时在二楼会议室听陈交代,颇展狡辩,四时即令退之,定明日下午三时开会批判,复进行准备。五时,予与平伯、冠英、子臧先退,由所中派老杨驾车送返。

夜与润儿、宜孙同饭。饭后,润复入馆写大字报。歖婿来言,明晚即动身返太原。有顷,润归,遂共谈。九时半,歖去。予即浴身就寝。十时,琴归。十一时后元孙始归。

6月30日(五月十二日　庚申)**星期四**

阴兼多云,时有小雨。气仍不爽,夜晴,月尚好。

晨六时起。所中无会,十时半,歖婿来,本约同游北海,以恐值雨,未果。留谈至午,与润儿、宜孙共饭。饭后,歖去。即于二时半步往所中,参加本组批判陈翔鹤大会。陈态度极恶劣,以讼师口吻嬉笑出之,全场大愤,群起驳诘,终于无言。二时宣告散会,定期再判。散后,与冠英、友琴、世德乘九路转廿四路各归。

七时,与宜孙同饭。歖婿来辞行,适濬儿来谈,有顷而别。九时,濬儿去。予浴身就寝。九时半,元孙归,有顷,琴媳归,又有顷琴媳亦归。近日伊等未及十时即归,真稀有之事也。

7月1日[①](丙午岁五月小建甲午　己酉朔　十三日　辛酉)**星期五**

晴,暖。

晨六时起。候至九时,所中无电话,知无会,乃独出散步。在禄米仓口及史家胡同口候廿四路车,良久,南北都无往来,想有事故阻塞,路人亦云,乃废然而返。午与润儿、宜孙同饭。饭后小休,

①底本为:"一九六六年七月一日至八月三十一日日记"。

阅报听广播。晚与润、琴同饭。元、宜皆以校中开会庆祝中共建党四十五年,未归饭。九时,予就寝。十时半,元孙先归,宜孙继归。接潄儿廿九日发第廿二号书,复此去廿一、二号信。

7 月 2 日(五月十四日　壬戌)**星期六**

晴暖。

晨六时起。八时写(丙)沪廿三号书,复潄儿。九时半所中无电话,乃出散步,顺便投邮。乘廿四路南转十路到东长安街王府井,缓步北行,到帅府园西口,适四路无轨自北来,遂附以行,出前门经珠市口等处,至广安门内牛街,换乘十路还东单,再转廿四路北归。到家正十一时半。

宜孙近午归,谓今起即放暑假矣。十二时元孙携燕孙归。有顷润儿归,汉儿亦来,遂同午饭。饭后汉、润上班去,予小睡。元孙同学二人来,与宜、燕等同嬉。四时,予起阅报,刚听广播始知党的文艺路线十馀年来都为周扬等人所把持,致阻碍无产阶级文化大革命云。傍晚,接湜儿电话,知运动,星期不休息,今明皆不归家矣。

夜与润、元、宜、燕同饭。九时,琴媳归,予已就寝。十时半修媳归。

7 月 3 日(五月十五日　癸亥)**星期**

晴热。

晨六时起。润儿挈燕孙去通县一游,俾尝试乘火车。宜孙入校排练节目。七时修媳出,仍上班工作云。大概本星期未必能归宿也。八时半独出,乘廿四路南转十路到中山公园唐花坞,正在修葺,花都撤去。坞前水榭池内则翠荷万柄迎风斗姿而已。在柏荫下小坐久之,出园西门,步往西华门访乃乾,知腿疾又有好转。方与其伉俪晤谈间,振甫至,共谈,近午乃偕振甫行。共乘五路至地安门而别。伊乘十三路归去。予则转十一路无轨回东单,仍换廿四路北归。

午与润、琴、元、宜、燕同饭。饭后小睡,四时起。琴与元往省慧英家。予与润挈宜、燕偕出散步,由干面胡同西出大街南行,至大华隔壁德昌厚饮冰,再步往东单公园小坐。六时乃起行,乘廿四路归。少顷,便进晚餐。九时濯身后卧听广播《红旗》杂志社论,十一时乃入睡。琴媳与元孙九时归。

接歙婿一日信,知已安抵并垣。

7月4日(五月十六日　甲子)**星期一**

阴闷湿阻。

晨六时起。竟日未出,所中亦无电话。阅报听广播外,午后小睡至四时。午间汉儿来,遂与润及元、宜同饭。知汉昨去窦店探望锴等,迎红托养均好。下午,元孙即去校,及晚电话来告今夜在人教社帮写大字报,即宿同学家矣。

夜与润儿、宜孙同饭。九时就寝。琴媳八时三刻归。许妈是日休息,晚十时始返。

7月5日(五月十七日　乙丑)**星期二**

阴,时有雨。气凉而不爽。

晨六时起。八时着履携伞出,步往建国门文学所参加组会,陆永品传达工作组统一布置,三日内一体学习文件,(即当前报端及广播所及诸事。)定期召开讨论会,年老者可在家自学,听信再来云云。予与冠英、平伯、默存诸人先退,出门乘九路西至方巾巷转廿四路,绕道东单回禄米仓,然后步归。

午与润儿、元孙、宜孙、许妈同饭。(沈姨今日休息出外。)饭后小睡。二时半纪元见过,乃起与酬,谈移时乃去。

夜,润儿馆中有会未归饭。予乃与两孙及许妈同饭。饭后洗身小坐。琴媳八时半归饭。九时就寝。润儿九时半归。沈姨十时始归。

7月6日(五月十八日　丙寅)**星期三**

晴。傍晚转阴,起风,气较昨爽。

晨六时起。八时出,步往文学所参加组会。八时半开会,到白鸿、平伯、共民、冠英、默存、叔平、子臧、荷生、锡厚、道衡、公恃、乃斌、德政、念贻、友琴、水照、世德、赓舜及予十九人。白鸿主持,讨论最近《红旗》杂志所载文件。十一时后永品至,越半时,定明晨八时半续开,即散会。雇三轮归。

午与润儿及两孙共饭。饭后就榻偃卧,阅毕《红旗》杂志第九期。五时乃起,接听广播。入晚与润儿及元、宜两孙同饭。饭后,元孙去人教社参加学习。八时,予偕润儿、宜孙出,在禄米仓遇琴媳骑车归来,予三人仍步往王府井儿童用品商店为宜孙购衬衫。并在王府果品商店购得鲜荔枝一斤。然后南行,步由东长安街到东单,乘廿四路北归。到家已将十时,乃集家人啖荔。既乃取汤浴身就寝。元孙亦旋返。

7月7日(五月十九日　丁卯　小暑)**星期四**

晴。偶有云翳,风劲,颇凉快。

晨六时起。八时出,步往文学所。八时半参加组会,到白鸿、永品、德政、荷生、积厚、世德、公恃、赓舜、共民、冠英、平伯、叔平、子臧、默存、道衡、念贻、乃斌、友琴、象钟、水照及予。学习并讨论文件。十一时半散,乘三轮归。下午仍有会,予以累告假。

午与润儿、元孙、宜孙及濬儿同饭。予二时许倚枕小睡,四时起,濬儿已去。

夜与元、宜及两妪同饭。九时浴身就寝。九时半琴媳归。十时半润儿乃归。

7月8日(五月二十日　戊辰)**星期五**

晴,较昨前为热。

晨六时起。所中无电话,予亦竟日未出,阅报听广播,足消永日矣。

午与汉儿、润儿、宜孙及琴媳同饭。饭后小睡。傍晚起阵未果,无风而闷。夜与润、宜、同饭。九时取汤浴身就寝。琴媳旋归。十一时元孙始归。积极参加文化大革命运动,殆于废寝忘食矣。少年锐气有足多耳。

7月9日(五月廿一日　己巳)**星期六**

晴,时有云翳,傍晚起阵不果,闷热之至。

晨六时起。所中无电话通知,予亦竟日未出。午与润儿、琴媳、宜孙、燕孙同饭。盖一早宜即去养马营幼儿园将燕接归也。琴在冶金部礼堂参加伊社批判戴白韬大会,故散后就近归饭。元孙则饭后方归耳。

午后,润、琴仍上班,予乃小睡,四时方兴。宜孙以今晚须参加接待亚非作家紧急会议成员之歌舞演出,四时即携糇赴校,俾与同学共往焉。夜与润、琴、湜、修、元、燕同饭。饭后元孙入校开会,九时归。八时三刻,予取汤浴身就寝。

7月10日(五月廿二日　庚午)星期

阴。偶见小雨,气闷湿,蒸热。午后多云转晴。

晨六时起。七时,宜孙归。九时,润、琴携元、宜、燕三孙往西郊游动物园。予则伸纸写信,分复歘婿及漱儿。

十二时半,润等归,遂与湜、修同进午饭。下午二时三刻,予偕湜儿、修媳、元孙出,乘廿四路南转十路,到王府井,自南口入,先后在稻香春、美术用品服务部、百货大楼等处购饼饵、衣着及湖笔。旋往东安市场荣华斋凉棚下各进冷饮,然后在中央普兰德洗染公司取前送托洗之衣件(前由琴媳送去)。时,晚风送凉,乃徐步由东长安街林荫下走至东单,乘廿四路北归。

六时半,汉儿来(为予负米),即庭中设圆桌与汉、润、琴、湜、修、元、宜、燕共进晚餐。九时,汉归去。予乃取汤浴身就寝。

7月11日(五月廿三日　辛未)星期一

阴,时有阵雨,午后显晴,忽霹雳交加,澍雨有顷,过又放晴。深夜又有雷雨,气温乍升乍降,殊未宜人也。

晨六时起。竟日未出。傍晚接水照电话,告明日上午九时开组会云。午与润儿、元孙、宜孙同饭。饭后小睡四时乃起。夜仍与润、元、宜共饭。饭后，润儿出看电影。元孙去人教社参加运动工作。九时就寝。九时三刻润儿归，十时半琴媳归。知元孙在社过宿矣。

7月12日（五月廿四日　壬申）**星期二**

阴，多云，有雷阵雨，气较凉而不爽。

晨六时起。八时廿分出，步往文学所。九时参加组会，对刘世德提意见，兄弟组室亦有前来佐说者，势颇锐，但世德态度尚好，表示接受。十二时乃散，予得三轮雇以归。午与润儿、宜孙同饭。饭后小休。得圣陶电话，谓即来看予。因起待之，三时十分来，有顷，均正亦至，盖二人车上相遇，均正往访仲足疾，未遇，乃亦接踵而来耳。询悉仲足癌病发展，去医院诊治，其家人云，近日胃口大减，时觉痛而日见消瘦，殆将不治。闻之恻然，各默坐久之。予与圣陶、均正已许久未晤，今日见过，不觉话多，六时许乃行。

七时，润儿自文化部归，盖今日文化部召集所属各单位开会一整日，声讨周扬反党反社会主义、反毛泽东思想罪行也。据转述所闻，实属荒唐狂妄之至云。

夜与润儿、宜孙同饭。饭后，宜孙独往儿童剧场看内蒙乌兰牧骑演出，元孙始归饭。九时洗足就寝。十时琴媳归。十时半宜孙乃归。以散戏人众车挤，竟致左手无名指为车门所轧伤，脱皮豆许大也。

7月13日（五月廿五日　癸酉）**星期三**

多云兼阴，时有雨。气仍如昨。

晨六时起。闷坐至十时，遂出门散步，乘廿四路南转十路，到南樱桃园，再转十九路出广安门，径达西直门，换乘十一路无轨回东单，复转廿四路北归。到家已十二时十分。怅怅而行，惘惘而归，真堪自笑。

午与润儿、元孙、宜孙共饭。饭后小睡。夜汉儿来，乃与润、元、宜等同饭。饭后，元孙往人教社参加红卫兵学习，以学时甚晏，即住社中同学家。润儿亦再去馆写大字报。九时，汉儿携宜孙去，住其家，便明日宜过濬家访小安也。予取汤浴身就寝。十时，润儿始归。十一时许，琴媳归，予未之闻。

7 月 14 日（五月廿六日　甲戌）星期四

阴晴间作，阴时凉，晴时热。一日之间忽而增衣，忽而脱衣，在南方此时已出霉，而北地却转入霉季。地膏壁润，真难受也。

晨六时起。午前阅平景孙《霞外攟屑》第六卷。接漱儿十二日来信，告仍下厂续办四清。午与润儿、元孙同饭。下午二时出，乘廿四路北转九路无轨，到北海公园，应乃乾之约。入门度积翠堆云桥，径趋双虹榭，乃乾、芳瑜伉俪已先在，遂就南窗坐，相与闲谈。有顷，乃乾之友王孝鱼至，经绍介后，亦与谈，谈次知双虹榭、永安寺、阅古楼及团城承光殿额俱已撤去，皆孝鱼言。予出檐验之，果然。想均为封建遗意太重之故耳。五时起行，与乃乾、芳瑜偕出，伊等送予上一路无轨而别。车到朝内南小街转廿四路回禄米仓，步归于家。

夜与宜孙（下午二时自濬家归）及两妪共饭。九时浴身就寝。元孙归，有顷，琴媳亦归，十时半，润儿始归。

7月15日(五月廿七日　乙亥)**星期五**

阴,闷湿。下午有雨转凉。

晨六时起。八时写信,一复翼之,一复潄儿(丙)沪廿五号。午间,汉儿来,遂与润儿同饭。饭后,汉上班,即以二信令付邮。元孙午前偕同学二人归,别具一席为饭于南屋。元、宜二孙与共之。午后小睡。四时起,阅报,见文化部出版局、图、博、文物局、电影局、艺术局四处大字报选登,所揭周扬罪状敷毒之广,殊堪惊人也。

夜与元、宜两孙及两妪同饭。饭后,孙辈看电视,予取汤浴身,偃卧阅《晚报》。九时半,琴媳归,予已就寝。十时四十分,润儿始归。

7月16日(五月廿八日　丙子)**星期六**

晴阴间作,闷热之至,终宵不能盖被。

晨六时起。竟日未出。午与润儿及元、宜两孙同饭。饭后小休。元孙往养马营教育部托儿所接燕孙归,旋往人教社食堂服务。

七时,润儿、湜儿先后归,乃与宜、燕二孙共进夜饭。八时半琴媳归,有顷,元孙归,九时三刻修媳亦归。遂开饭三次供应之。沈姨夜饭后出,往中山公园看电影,十时半始归。予九时取汤澡身,扇凉,然后就寝。

7月17日(五月廿九日　丁丑)**星期**

阴,有时多云,有时小雨,气燠闷蒸湿,难受逾于南方之黄霉。

晨六时起。竟日未出。湜、修上午出,诣二里沟省修父母。汉儿本言来饭,乃待至十二时不至,而晓先来,遂与润、琴、晓、元、宜、燕同饭,饭后,晓先去,予乃倚枕小憩,阅报载批判周扬文件。傍晚湜、修归。入夜遂与润、琴、湜、修、元、宜、燕同饭。而汉儿竟未来。九时浴身就寝,通宵汗沉不止。

7月18日(六月小建乙未　戊寅朔)星期一

多云,偶尔晴,蒸热,通宵浴汗。

晨六时起。八时半出,步往文学所参加组会。因临时接有陆永品电话也。九时开会,到廿一人。漫谈运动以来的成绩。十一时五十分散,乘九路至方巾巷转廿四路归。即与汉、润、元、宜同饭。午后二时半,复往文学所续开组会。直至六时廿分乃散。与子臧偕行步归。适汉达来访,少坐便行。予与润、宜同饭。饭次,元孙归。予等四人往演乐胡同工人俱乐部看电影《东方红》。七时廿分上演,九时半乃散,走归。

是日沈姨休息,十时归。又有顷,琴媳亦归。予到家即取汤浴身,就寝后蒸汗不止,竟失寐,垂明始合眼。

7月19日(六月初二日　己卯)星期二

多云,偶晴,间有小雨。午前发风雨阵,气郁稍纾。

晨六时起。八时半出,步往文学所参加组会。十一时三刻散,雇三轮归。

濬儿偕其外孙女小安在,有顷,润儿归,遂与濬、润、宜孙及小安同饭。下午二时半,复往文学所续开会,以二楼小会议室有故障,改在后楼古代组宿舍举行。讨论十七日《人民日报》社论《我国社会主义革命的新阶段》。六时散,乘九路到方巾巷转廿四路绕东单归禄米仓。

晚与濬、宜、安在庭中进餐。琴媳归，乃同饭。九时许元孙归，又饭。有顷，啖瓜，濬即归去，小安留。遂澡身就寝。十时，润儿始归。是夕睡稍好，然翌晨四时前即醒矣。

7月20日（六月初三日　庚辰　初伏）**星期三**

晴热。

晨六时起。上下午都无会。午与润儿、元孙、宜孙、小安同饭。午后小休片刻。元孙偕同学返校开会。宜孙送小安回濬家。三时后，鉴孙来。五时半宜孙归。六时五十分润儿归。七时，接元孙电话，今晚住同学家，明晨归来，并告下星期校中师生或将下乡劳动云。汉儿来，遂与汉、润、鉴、宜共进晚餐于院中。饭后啖瓜。

九时，汉、鉴归去。予亦浴身就寝。以右手无名指磕伤，即由润儿为予擦背。

7月21日（六月初四日　辛巳）**星期四**

多云，偶晴，亦偶有小阵雨，气热尚不滞粘。

晨六时起。午前听广播外，闲翻架书。午与润儿同饭。元孙偕同学二人十时返，遂与宜孙及其同学别于南屋具食。午后，元孙偕同学去校。三时，所中无电话，当无会，遂独出，访乃乾。乘廿四路南转十路、五路乃达。至则晓先在，闲谈至五时半起行，与晓先同乘五路而北，晓在北海下，予则至地安门转十一路无轨回东单，再换乘廿四路北归。

傍晚，润、琴、元均归，遂与宜孙共饭。明日天安门广场有声讨美帝大会，琴、元皆参加，拂晓便须集会。以是，琴、元俱住入本单位，俾无贻误。

润儿晚饭后仍入馆写大字报。予九时浴身就寝。十时一刻，润儿乃归。

7 月 22 日(六月初五日　壬午)星期五

晴热，有时多云。

晨六时起。十一时元孙归，谓天安门大会及分队游行已告完成。伊列队在南河沿，地远，望不及城楼，惟知参加者近百万人，声势浩大，群情激昂而已。其母则会后仍往人教社工作云。

午与润儿、元孙、宜孙同饭。饭后，元孙补睡，宜孙则去汉家，将邀鉴孙同习游泳。二时半，予步往文学所参加全所大会，陆永品午前有电话告知者。至则晤冠英、默存、子臧、叔平、友琴、晓玲诸位，馀人正在分头开会也。三时半开会，由文化革命小组成员新任副所长袁健传达陶铸、关锋讲话，关于展开运动事项。五时毕，各组分头讨论。六时半散，约明日下午三时本组学习。出所俟九路久之，乘以达方巾巷，转廿四路绕行归。

到家已将七时。唤元孙起，遂与两妪共饭。八时半浴身就寝。有顷，宜孙始归，告知未与鉴孙游泳，乃在濬家与小安同玩云。九时三刻，润儿始归。琴媳有电话来，谓事忙，不及归，即宿社中云。

7 月 23 日(六月初六日　癸未　大暑)星期六

晴热，午后四时大雷雨，晚晴转阴。

晨六时起。七时半房屋修缮机构派瓦工两人来，先在屋面捉漏，谓后天将派四人来砌水盆云。十一时半接白鸿电话，今日下午学习会不举行。三时许予出访圣陶，乘廿四路北行，甫及其门而雨至，因留其家晚饮。与圣陶、至善、满子、三午、永和同饭。圣陶见告谓接京周之女条告京周已于一星期前逝世。闻之悼然,老友日凋,何以为怀!

八时元孙来叶家接予。时已雨过,地燥矣。少顷,即偕元孙行,仍乘廿四路南归。到家知琴媳、燕孙都归。湜儿、修媳已偕出购物,予少坐便取汤浴身,十时就寝。十时三刻湜、修始归。

7月24日(六月初七日 甲申)**星期**

阴转晴。热。

晨六时起。八时与润儿出,步往米市大街宝泉堂就浴,擦背、修脚殊适。以里急,即雇三轮遄返便旋。(今晨已一度污染衬裤,因有戒心,赶归。)润儿往东四为燕孙市物,旋亦归来。

午与润、琴、湜、修、元、宜、燕同饭。午后大璐、鉴孙来,傍晚,汉儿至,乃剖瓜共啖之。旋设圆桌庭中,合坐同进晚餐。餐毕,大璐回颐和园小学,湜儿、修媳亦住往二里沟。农祥来访,谈至九时去。汉、鉴亦行。予取汤拂拭就寝。

7月25日(六月初八日 乙酉)**星期一**

阴转多云,下午阵雨,夜深后有大雨。

晨六时半起。七时后,润、琴俱出上班,燕孙亦送去。宜孙八时往濬家接小安,九时同归。九时,所中无电话来,遂抽毫写(丙)沪廿六号信复漱儿。盖昨日接伊廿五号来信也。十时出寄信,投邮后即乘二十四路南转十路到中山公园,再换五路到西华门访乃乾伉俪。十一时半行,假得平景孙《樵隐昔呓》三册,仍乘五路到地安门转十一路无轨回东单,复转廿四路归。与润儿及元、宜孙、小安同饭。午后,披阅《樵隐昔呓》卷六文椒题辞,是书题辞凡六卷(六至十一),皆平氏所读清初至同光时人文集之简介,以小传形式出之,殊精核,予一气看下,竟难释手,除晚饭浴身外,直至十时,阅六卷完。

元孙午后去汉家,与鉴孙同游泳,傍晚归,以其同学屡有电话来催其返校,即匆匆进食而行。润儿晚饭后仍入馆工作。予十时就卧。琴媳旋归,又有顷,润儿乃归,旋接元孙电话,告留宿在校矣。

今日匠人四名来修屋,连日大雨恐白费物力耳。

7月26日(六月初九日 丙戌)星期二

阴,时有雨,气闷塞。

晨六时起。八时半出,步往建国门文学所参加组合。九时开始,陆永品传达工作组意见,下午三时开大会,将补选成员或且增额云。十时一刻散,乘九路转廿四路归。往返均值细雨。

家中修屋仍来四工,以雨不免更损失,且影响施工也。

午与润儿、宜孙、小安同饭。下午二时半复张盖出,步往文学所。三时参加全所大会,本定投票改选及增选本所文化革命小组(改选一名增选二名,连前共七名)成员,乃人庞言杂,莫衷一是,终于推迟选期再加酝酿。时已六时三刻,遂散会就饭,饭后续开。予往返需时,将赶不及,且上下午植坐六七小时,真不支矣。乃与公侍、德政说明晚上不再参加,离所乘九路转廿四路而归。

入晚与元、宜、安及两妪共饭。八时半琴媳归。九时拭身就寝。有顷润儿归。十时半修媳归。

7月27日(六月初十日　丁亥)星期三

阴,有时多云,有雨,晚晴,有月。

晨五时半起。七时修媳出,告明日即派往皮鞋厂(在德胜门外)参加文化革命工作队,星期日未必休息归家云。元孙明日亦去西山参加劳动,须下月十一日乃归。上午去校洽事,下午复去,垂暮乃决定携带衣物,归治行装。

午与润儿、元、宜、安同饭。下午三时半出,乘廿四路南转十路到王府井南口稻香春购点心,旋由原路归。夜与润儿、宜、安同饭。饭后润复入馆开会。孙辈及两妪看电视。予乃取汤濯身就寝。九时半润归。琴媳亦旋归。

7月28日(六月十一日　戊子)星期四

阴。上午时有小雨,午后大雷雨,因断续不止,通宵有檐注声。气乃闷湿燠躁,至不舒爽。

晨五时三刻起。元孙即袱被赴校,俾集合成行。九时接水照电话谓本组正开会,望即往。遂张伞而行。以宿雨途中颇有积水,每绕行涉浅,到所已九时三刻矣。到即随众学《毛主席语录》并听永品传达文化革命小组转述中央陶铸、关锋讲话,旋展开讨论。十一时半散,约下午三时续开。出所门,有三轮即雇以归。

润儿以雨大及午后晚上均有会,电话告须夜深乃归。因即与宜孙及小安同饭。饭后大雷雨,二时半不止,乃电话水照,竟无人接,逮雨稍过,仍持伞涉浅以往。三时十五分赶到,续上午未完之会,六时三刻始散。约明日上午九时再续云。雨中候九路乘以转廿四路绕道归。

夜与宜、安及两妪共饭。九时拭身就寝。十时半润归。十一时琴归，俱遭雨。下午匠工停。

7月29日（六月十二日　己丑）星期五

阴转多云，湿气弥漫，闷热甚南中霉天不啻也。

晨六时起。八时接毓罴电话，谓九时开大会后且开组会，因通知云云。予八时十分即出，步以往，届时开全所大会，袁健传达两事，旋分组开会，安排运动进行事宜。十时半全所人员将进行透视检查，即散会。予雇三轮归。

午与润儿、宜孙、小安及两妪同饭。下午学部有会，听北大来人作报告，予未往。匠工今日来三人，坐时雨故，白费工料不少也。

夜与润儿、宜孙、小安同饭，饭已，琴媳亦归。九时浴身就寝。终宵有汗，竟不能盖单被也。

是日，接滋儿廿七日发安九号，知参加文化大革命运动，忙甚。一月无信，且告近已迁入土产公司宿舍大楼，一楼六号（十八日迁定）云。为之大慰。

7月30日（六月十三日　庚寅）星期六

阴。晨及傍晚均有细雨。热气较昨稍降。

六时起。八时接白鸿电话，告上午学部仍有会，北大续有报告，询予去否？予以前半未听不接头，托赖将来同仁之传达矣，遂未往。

午与宜孙、小安及两妪同饭。午前写京十一号信复滋、佩。即属沈姨出付邮。

润儿今日往翠微路商务印书馆参加文化部批判陈翰伯大会，

及暮始归。湜儿电话来告,明日在山值班,今明都不能入城来家云。傍晚琴媳携燕孙归,修媳亦归。晚七时半与润、琴、修、宜、安同饭。小燕已饭过矣。

匠工今日结束,以院中西偏重抹洋灰,须抢雨隙故,关姓瓦工及贾姓女工直至八时半后始讫工。时已细雨濛濛矣。两人工作态度之好,殊堪敬佩耳。

十时浴身就寝。幸一宵无大雨,克保连日所施工程矣。

7月31日(六月十四日　辛卯)**星期**

多云偶晴,虽有风,而炎热殆真伏暑矣。初闻蝉噪,入夜四壁有虫声,月亦朗照,气候与前数日迥然不同。

晨六时起。七时后,润儿挈燕孙往故宫神武门楼参观泥塑《收租院群像》。琴媳去人教社加班。宜孙偕小安往游西郊动物园。十时半,予偕修媳乘廿四路南转十路到王府井南口,步往中央普兰德取前送洗涤之衣帽,顺送盛锡福修换帽口,在茶叶公司购得龙井一两。过王府食品公司饮冰,然后乘四路无轨回东长安街,再转十路回东单,更乘廿四路归已十二时十分。润、燕已归。未几,琴媳亦归。遂共进午餐。

下午三时,修媳往二里沟母家,晚即住彼,便明日上班较近云。有顷,宜、安归。予与润儿出,乘廿四路北转九路无轨到东四,走往隆福寺人民市场,阅市气象日新,百货丰盈,顾客亦夥,其中新设新产品展览会尤吸引人,其地占全场六之一,分类陈列各省区市最新出品,有食物,有用具,有衣着,皆富有新型式之新品种,光怪陆离,一一标价,且可随意选购,实一新商场。询诸柜员,知为常设机构藉展览会之名,俾群众公议得失,促造货单位听取改进。(设有意见柜悬挂意见薄,欢迎群众提书面记录。)是诚商业部门之新设施,值得赞美者矣。惜天热人挤不耐久驻,匆匆绕场两匝而出。走东四副食商店饮冰而汗流浃背,少息,即乘一路无轨转廿四路归。到家已五时半。

六时,润儿先饭,以今晚七时半,文化部在西直门外北京展览馆剧场举行京剧晚会(演《沙家浜》),招待林县四清归来之干部,须往参加也。饭已即行。七时与琴媳、宜、燕及小安晚饭于庭中。八时半,予即浴身就寝。十一时半,润儿始归。是日,接漱儿廿九日发返沪廿六号信。

8月1日(六月十五日　壬辰　解放军建军节)星期一

阴,偶多云,午前后有阵雨,气遏塞。

晨六时起。竟日未出,对报听广播。今日《人民日报》、《解放军报》社论。

润儿赴文化部参加大会,上下午俱然。早八时半宜孙送小安返濬家,十一时归。午与润、宜同饭。午前写京廿七号信,复漱儿。午后永品电话通知三时学部有辩论会,可自由参加,予遂未往。

夜与润、宜同饭。饭后,润挈宜往其馆中开会。九时予拭身就寝。有顷,琴媳归。又有顷,沈姨归。(伊今日外出休息。)十时后润、宜始归。

8月2日(六月十六日　癸巳)星期二

晴昙交织,蒸暑。夜绝风,通宵汗滋如浆。

晨六时起。九时与宜孙出,乘廿四路北转九路,西行至隆福寺前街西首下,步往东四人民市场,以须九时开门,立阳照下待之。

入门后径至新产品展出柜,人已挤满,可见骛时之人之多矣。予为宜孙故稍稍立,以热不可当,卒去之,在别柜购得挂衣架四具,宜用布裤带一条而行。在东四副食店饮冰后祖孙沿东四南大街行至灯市东口,乘十一路无轨去东单转廿四路北归。

午前接永品电话谓下午三时学部有大辩论会,予应之。午,元孙自西山归,盖学校召回在校进行学生运动也。匆匆就浴讫,即与予及其父、其弟同饭,以昨宵未睡,饭后即令就卧。下午二时廿分,予即持伞步行,径往学部广场,时正二时三刻。席棚中即坐满,棚外树下墙阴亦皆杂坐错落。遇健吾老、赵赓舜、冠英。有坐沟边垂脚沟中者,有觅凳小坐树下者,有正四处寻凳者,赓舜自沟沿起,为予觅凳,无着,承情极感。予自度无力在日下坚持,遂退出,属赓舜将来为予传述而别。出大门时遇平伯,而尚有大批人流涌入,盖学部所属各所皆来赴会也。悬想平伯亦必先退耳。既出大门,适有九路至,遂乘以到方巾巷换十路往中山公园,再换五路到西华门一访乃乾、芳瑜伉俪。五时行,乘五路到地安门转十一路无轨回东单,再转廿四路北归。

元孙欠困犹未醒,至七时乃唤起,与宜孙及两妪同饭。九时浴身就寝,汗滋难入睡,挥扇几致腕脱矣。十一时,润儿归。琴媳之归已将翌晨一时矣。近日各机关文化大革命运动之烈,概可见也。

8月3日(六月十七日　甲午)**星期三**

拂晓打雷未果雨,八时大雷豪雨,稍歇,又复阵,檐注如瀑,水沫四溅,断续至午始止。终日阴,下午又屡雨,但不大,气乃由燠转凉。

晨六时起。竟日未出。午与润、元、宜同饭。晚与润、宜同饭。

晚八时半琴媳独饭。润又入馆,元亦去社。九时,予拭身就寝。十时,润归。十一时,元始归。壮雨时甚,担心初修屋壁禁不住摧打,雨后检点尚无大损,心为少安。老屋只求蔽风雨,若并此而失之,不将危及安全耶,固非无谓恋惜也。

8月4日(六月十八日 乙未)**星期四**

多云偶晴,蒸暑。

晨六时起。上午九时至十二时十分及下午三时至七时所中召开全所大会,对袁健提意见,揭发事实不少,竟与院部工作组张际春右倾机会主义路线有牵连。七时犹未完,将于晚饭后续开,予以夜出不便,未再往。两度往返,均得三轮以行,仅走少许路耳,然疲累甚矣。午晚均与润儿、元孙、宜孙同饭。润夜饭后复入馆。九时润归。有顷琴媳亦归。予取汤浴身就寝。竟夕被汗,竟不能覆片布也。

8月5日(六月十九日 丙申)**星期五**

晴间多云,仍热。

晨六时起。九时接德政电话,谓即开组会,因即起行,走至赵家楼西口,得乘三轮遄往。未甚晚时也。组会就昨日大会情形讨论袁健是否仍能作本所代表出席学部一事展开辩论,卒以绝大多数建议立即撤销袁健代表职务,并先揭贴大字报。予亦签名其上。运动以来,列名大字报尚为第一遭也。十一时三刻散,雇三轮归。下午三时仍开大会,予以积疲不能支向永品请假。午与润儿、元孙、宜孙同饭。饭后小休,四时起。元孙往教育部听报告(伊母属伊去者),宜孙往看鉴孙,将同去游泳,润儿在馆开会。元、宜亦未归。

薄暮汉儿至,遂与两姬共饭。饭后,元孙归,再具餐,有顷,宜孙亦归,则已买面包充肠矣。九时,润儿归,乃剖瓜共啖。九时半,汉儿告归。琴媳旋返。

沈姨晚饭后往大华看电影,十时三刻始归。予汉儿行后即取汤浴身就寝,终宵裸卧,汗犹不止,蒸暑乃较南中为烈,亦北京今岁奇象耳。

8月6日(六月二十日 丁酉)**星期六**

阴昙兼施,午前闻雷未雨,气蒸湿难变,彻夜浴汗。

晨六时起。竟日苦暑未出。午与润、元、宜同饭。饭后接永品电话,谓三时有会,询去否,予实惮行,以告假复之。元孙饭即出,往小庄访鉴孙,同习游泳。傍晚润、提、修先后归。接琴媳电话,知燕孙染得腮腺炎,所中不让接归云。伊将归饭,但候至八时未见来,乃集家人先饭。饭已,锴孙至,方自窦店骑车来京,已在卢沟桥饭店饭过。径来予家云。宜孙及两姬看电视。九时琴始归饭。十时,锴孙归小庄,又半小时元孙乃归。予草草拭身就寝。

8月7日(六月廿一日 戊戌)**星期**

晴热,入晚雷阵雨,夜深乃止,然雨不大,反致闷遏。四五日来,每夜均不得好睡也。

晨六时起。九时匠工关姓来取水泥袋钱。有顷,平伯见过,出四十馀年前同客沪上时予所书旧笺及颉刚、圣陶、佩弦诸人书笺合装一册示予,兼命留题,以资后念想之。展玩久之,深佩平伯笃旧之谊,因留下,俟异日加识语还之。谈移时去。午与润、琴、提、修、元、宜、燕同饭。燕孙昨未还,今日伊父母得往探视,知病尚未作,只预防而已,遂领回,故及同饭也。

午后二时,予独往西华门访乃乾,还予前借来之书四册。知又感冒,可知近日气候之劣耳。谈至四时半起行,往还皆遵囊经之道路,以星期休假车中都拥挤殊甚,天又炎热,真不好受也。到家,湜、修已往二里沟。

六时,润先饭,即赴文化部看电影,备批判。六时半与琴及三孙同饭。饭后,琴赴北海为其外调同事话别。七时许,汉儿来,谓刚从王府井来,错孙买得小孩竹坐车,已骑车径驰窦店矣。坐雨闲谈至九时,乘雨隙归去。予取汤浴身就寝。有顷,润、湜、修、琴先后归。

8月8日(六月廿二日 己亥 立秋)**星期一**

阴,午前有阵雨,午后晴,夜深震雷,阵雨间作,近晓乃止。气较昨凉。

晨六时起。八时半出,往文学所参加本组组会,十二时归。下午二时半出,往文学所参加全所大会,均为袁健问题。六时返。两度前往皆半途得三轮,两度归皆在所门口即得三轮也。

午晚均与润、元、宜、燕同饭。夜九时,琴媳归。啖瓜后浴身就寝。听广播《中共中央关于无产阶级文化大革命运动的决定》十六条,历时卅二分,从此准则昭垂,运动进行当日趋健康矣。

湜、修仍各去工作岗位,想又须周末方能归省耳。漱儿事忙人困,今日晨曦涵代写一信来。

8月9日(六月廿三日　庚子　三伏)**星期二**

晴兼多云,晚有雷阵雨,气稍爽。

晨六时起。竟日未出,累听广播《中共中央关于无产阶级文化大革命的决定》四遍。润儿早偕馆中同事去北大看大字报,午晚俱未家食,夜十时乃归。元孙适接弥同信,当属复信,顺答阿曦。午与三孙同饭。饭后,元、宜同挈燕孙往陶然亭游泳场同习游泳。五时归。七时,在庭中同进晚饭。饭毕而雨作,琴媳随返,再具餐。九时浴身就寝。

8月10日(六月廿四日　辛丑)**星期三**

晴热。

晨六时起。九时半出,乘廿四路南转十路到中山公园,再转五路往西华门访乃乾。中华书局工作队三人正在劝乃乾去局参加运动,即扶病亦须立行,并促客离去,态甚暴慢,予遂行。仍乘五路至地安门转十一路无轨回东单,复换廿四路归。午与润儿及三孙同饭。饭后小睡,三时半即起。六时,汉达见过,略谈即行。润先晚饭,饭已,去大华看电影。汉儿来,遂与三孙同进夜饭。九时半,汉儿去。琴媳十时归,予已就浴高卧。接润电话,知又返馆写大字报,须迟归。后果于十一时半始返。予为此耽延竟致失寐。

8月11日(六月廿五日　壬寅)**星期四**

晴热。

晨六时起。八时廿分出,步往文学所参加组会。九时开始,展开学习文化大革命决定。十时一刻,忽有人叫斗何其芳,本所各组人员皆往参加，在学部广场席棚内举行。至则哲学、历史、文学三所及《新建设》社、学部政治部毕集。人多，予又坐在后排，前面颇有起立争看者，但闻人声鼎沸，陆续纠出被斗对象，逐一戴纸冠骈立台上，真是白帽如林，实不止其芳一人。听点名宣告，则本所被列者有何其芳、唐棣华、毛星、蔡仪、张伯山、朱寨、孙剑冰、王韦、陈翔鹤、邓绍基、尹锡康、卓如、李邦媛十三人，外文所有冯至、王平凡、卞之琳、杨季康、陈冰夷、罗大冈、戈宝权、李健吾等，其他学部哲学所、历史所关山复、杨述、刘导生、侯外庐、邓家驹、陈冷等凡四五十人之多。可见此次运动范围之广。十二时半散出，雇三轮归。

润儿已返，正与晓先及其外孙女谢学娅晤对，遂留之共饭。饭后，据晓先言，昨日商务、中华开联合斗争会，乃乾竟与其列，于是，恍然于昨日所见之故。午后二时，润儿去文化部开会，晓先挈其外孙女去。

二时廿分，予复往本所参加组会，走至北总布胡同遇一熟三轮，遂乘以往。三时开，永品传达文化革命小组布置事项后，通知明日上午九时续开组会，讨论今日未完事项。三时三刻散，乘九路至方巾巷转廿四路回禄米仓，适遇沈姨在胡同口买瓜，遂与同归。

六时，润儿自文化部归，以七时部中尚有续会，予即与之同饭，三孙亦同餐，俾润及时赴部。八时三刻，琴媳归，未饭，遂再具餐。九时浴身就寝。润儿十时半归。

8月12日(六月廿六日　癸卯)**星期五**

晴，热。终宵浴汗。

晨六时起。八时廿分出，步往文学所。九时开会。昨日行政、图书资料组贴出大字报，指出本组俞平伯、孙楷第、吴晓铃、钱锺书、余冠英及图书组汪蔚林六人须检讨,本组组长陆永品即宣布俞、吴、钱、余四人(孙向不到会)退出,归家写检查报告,并不得随便往来云。形势颇严重,不悉后果如何也。十时许散会,予即乘九路到王府井,在医药公司买得眠即通一瓶,雇三轮径归。有顷,濬儿挈其外孙女小安来,午与濬、元、宜、燕、安同饭。润儿以参加文化部大会未归饭。

午后小睡,三时起,所中无电话来,知无会,四时遂往访圣陶,乘廿四路行,知所任教育部副部长及人教社社长两职已解除云。谈至六时半,至善下班回来,遂与圣、善父子及满子同饭。八时辞归。由老高送予至九条口车站,仍附廿四路南归。

到家知濬、安晚饭后归去。琴媳已归,润则晚饭后又入馆工作云。是日,秋热殊甚,予就浴后即寝,挥扇腕脱矣。润儿十时半归。

8月13日(六月廿七日　甲辰)**星期六**

晴,热。入晚雷阵,大雨断续达旦。

晨六时起。所中无电话召开会。十时出,在南小街盛芳胡同(原什方院)口一小百货店购到四号小电池四枚,归家易置于半导体收音机中,盖旧者已失效矣。润儿早出,去太阳宫体育馆参加文化部斗争夏衍大会。

午与三孙同饭。饭后小睡,五时听广播《中共中央八届十一中全会公报》,大段分三部,一国内,二国际,三更高地举起毛泽东思想伟大红旗。听毕极振奋。六时润儿归来,匆匆饭已,即往馆集合游行欢呼,共往府右街党中央所在地群众接待站致贺。

七时后,湜儿、修媳、琴媳先后归,亦都传述听到公报情形。有顷,共进夜饭。时雷雨大作,初在庭中设席,乃不得不移入屋内,因而大减闷热。

九时浴身就寝,复开听广播公报。十时润儿始归。遍体浴雨矣,亟令就浴易衣。

8 月 14 日(六月廿八日　乙巳)**星期**

阴雨延绵,秋霖景象。

晨六时起。竟日未出,看报听广播,对读《中共中央八届十一中全会公报》三遍,于当前国内国际形势中结合无产阶级文化大革命之开展,显示确切明晰之指针,群众得更觉前途无限光明矣。

午晚均与润、琴、湜、修、元、宜、燕同饭。晚饭后,汉儿、鉴孙来,九时半去。予即浴身就寝。是日接漱儿十二日发廿八号信。

8 月 15 日(六月廿九日　丙午)**星期一**

秋霖延绵,入夜尤见滂沱,檐溜彻宵不止,气转凉。

晨六时起。儿辈皆分头上班去。至十时,所中无电话,遂写(丙)沪廿八号信,复漱儿。午与润儿、元孙、宜孙同饭。饭后,润又赴部开大会,予即以复漱之信交伊投邮。小睡片晌。

四时元、宜孙为予出购物,锴孙偕其妇翠英自窦店来,其校已发动文化大革命,斗争亦甚烈云。

六时半锴、英归其家。元、宜返。七时琴媳归,遂与两孙共饭。润儿以晚上续有会未归夜饭。元、宜夜饭后往校中参加大会。九时,予就寝。十时许沈姨(是日外出休息)归。有顷,润儿归。又有顷两孙归。十一时半修媳归,盖在体育馆参加斗争陆平大会也。

8 月 16 日(七月大建丙申　丁未朔)**星期二**

连宵大雨,晓来不休,檐注至午始停,午后霁。向晚显日,气湿润,凉而不爽。

晨六时起。所中无电话通知,遂竟日未出。修媳昨夜露坐大会中招凉感冒,今日在家休息。午与润、修、元、宜同饭。饭后,润儿、元孙都往太阳宫体育馆参加斗争夏衍大会。予小休至三时半起。夜与润、琴、修、元、宜同饭。饭后,润仍入馆开会。九时浴身就寝。十时,润儿亦归。

8 月 17 日(七月初二日　戊申)**星期三**

晴,西风荐爽,入秋来第一好日也。

晨六时半起。修媳上班销假。润、琴照常上班。元孙上午入校学习《毛选》,在开学前将为常课。十时一刻,与宜孙偕出,乘廿四路北转九路无轨,到北海公园,缘琼岛西侧至漪澜堂前登渡船而北,乃船工替班,坐待半小时之久始得渡到铁影壁下,即沿北岸出园北门,乘十一路无轨回东单,再转廿四路北归。

到家已十二时一刻,润、元皆已归。遂同进午饭。饭后小休,三时起。傍晚与润儿、元孙、宜孙同饭。饭后,润儿复入馆工作,元孙去学校住,满拟明晨参加天安门庆祝无产阶级文化革命大会。闻明日上午七时在天安门广场将有百万人集会云。

八时半琴媳归,再具餐焉。九时半就寝,初御薄被。十时许润儿归。

8 月 18 日（七月初三日　己酉）星期四

晴爽。

晨六时起。六时五十五分起，电视台即播送天安门大会实况，七时半大会开始，陈伯达主持，林彪、周总理讲话后，各地师生来京之代表及红卫兵代表依次讲话。至十时半始告播送结束，会场上人众犹未尽散也，毛主席、刘主席、周总理等党政领导人始终在场，欢颜相照，较国庆日盛况有过之而庄严中又饶活泼之象，则更令人忭舞难忘矣。润、琴及两妪初亦聚观，旋以上班及操作，皆离去。惟予与宜孙终始其事，亦近日稀有之事也。

午与润儿、宜孙同饭。元孙旋亦自天安门游行归来，因及同餐。午后小休片晌，二时三刻接永品电话，谓三时开组会。予亟起行，途无三轮，径步以往，到所已三时十分，人犹未集，仅见永品、德政、白鸿、水照、赓舜、象钟、毓罴、公恃、锡厚、道衡、共民十一人耳。稍坐，永品宣布开会，称上周本组揪出俞、孙、吴、钱、余五人外，又续揪出吴世昌、陈友琴、范宁三人。此八人已停职反省，其他胡念贻、蒋荷生二人亦正令自己检查中。又刘世德顷被他组贴出大字报，情节虽与前列诸人稍有不同，此刻是否听伊参加应先讨论。经众商定，情节究竟如何，应即研究审查决定，当前之会仍应令其参加。永品乃招以来会，忽忽五六天，形势之改观如此，是诚有山中七日之感矣。然则，当下尚无问题者古代组只此十三人耳。会上传达最近情形外，并告明日上午十一时选举本所出席学部工作组临时代表云。五时许散，出行至贡院西街南口得雇三轮归家。

晚与润儿及元、宜两孙同饭。饭后，润仍入馆工作，琴媳旋亦归饭。九时拭身就寝。十时前修媳归，感冒稍愈矣。十时后润儿归。

8月19日(七月初四日　庚戌　末伏)**星期五**

晴爽，傍晚阵雨骤至，风过即停，夜遂多云。

晨六时半起。十时一刻出，步往文学所，行至贡院西街南口，路阻不得通行，盖今日赞比亚副总统卡曼加率政治代表团来京访问，其时正将经此，故欢迎队伍预为戒途耳。予出工作证示之，乃放行。到所已十时五十分。十一时参加全所大会，选举本所出席学部临时代表，投票结果：王保生、涂武生各得选票四分之一以上当选。十一时三刻散。欢迎外宾事已过，大门口适有三轮，乃雇之以归。

午与润、琴、元、宜同饭。饭后，润、琴上班去。予乃小睡，四时始起。修媳今日仍上班，晨去时告知须周末乃归云。

夜与润、琴、元、宜同饭。饭后，润、琴偕宜孙去王府井购物，元孙则入校参加辩论会。九时予就寝。十时许润等三人归。十一时元孙始归。

8月20日(七月初五日　辛亥)**星期六**

晴爽。

晨六时起。竟日未出。午与润、元、宜同饭。汉儿亦至与焉。午后小休，三时半起。下午四时鉴孙来，有顷宜孙接燕孙归。七时，汉、润、湜、琴、修先后归，乃与鉴、元、宜、燕等同进晚餐于庭中。凉飔袭人矣。餐后，润儿入馆加班，琴媳、元孙同出，抱一大瓜归，众剖食之。九时半，汉、鉴归去，予亦拭身就寝。润儿之归何时竟未之闻，想甚晏耳。

8 月 21 日(七月初六日　壬子)星期

晴,暖,向晚转燠,有秋蒸之象。

晨六时半起。十时偕湜儿、修媳出,乘廿四路南转十路,到王府井已南口下,见东长安街路牌已改东方红路,王府井改为防修路,红卫兵棋布道上,有正在将两旁店名之带封建色彩,或洋气,或揭橥个人名目者易成革命意义者,一派破旧立新之气氛。予虽老耄亦感奋赞叹,诚不愧毛主席教导下之革命小将矣。循道北迈至灯市口(已改为卫东路)乘十一路无轨回东单,再转廿四路北归。

润儿、琴媳上午俱加班。午与润、琴、湜、修、元、宜、燕同饭。接漱儿十九日发十九号信,知予十八号已到,告上海亦正欢庆中央八届十一中全会公报,极忙云。下午四时,汉儿、鉴孙来,有顷,鉴孙、元孙同去习泳。

五时予偕汉儿、宜孙同出,见小雅宝已改为援越胡同,禄米仓已改为红旗路。乘廿四路南转九路到针线路下,往预孙、桂本新居。盖预孙新迁往小庄住区,与其母家及六姨家相近,特请予往看,并携同宜孙顺在伊家晚餐也。小夫妇忙于包饺,濬、汉亦帮同办理。七时,鉴孙亦至,谓元孙已径自归家云。有顷,文权及硕孙至,八时乃具餐。九时半,予挈宜孙归。文权、濬、汉送至针线路,扶予上九路车始别。

予与宜孙到东单再转廿四路至红旗路西口步以归。到家已将十时,少坐即取汤拭身就寝。

8 月 22 日(七月初七日　癸丑　七夕)星期一

初晴渐阴,午后有微雨,入夜大雨,淅沥终宵。

晨六时起。元、宜二孙俱出，元往访鉴孙，宜往候其大姑。午，汉儿来，润、元亦归，遂共午饭。皆面，以汉儿今日生日也。下午三时，偕元孙乘廿四路，北访圣陶家。东四八条已改红八条。到其家晤圣陶及满子，五时即归。仍原路行，值雨，到家已微沾衣。

七时接润儿电话，以晚间有会，不归饭。琴媳旋返，宜孙亦于七时前归，乃共饭。饭已，琴媳去教育部开会。

九时予就寝。十一时许润儿归，予未之闻。十一时半接琴媳电话，遂起听之，谓会尚未毕，而大雨不得归，即留宿部中矣。予即呼告润儿。

8月23日(七月初八日　甲寅　处暑)**星期二**

阴转晴，气亦由凉而热，微有风。

晨六时起。八时半出，走往文学所。以昨晚永品有电话，属予就所，知俞、吴等诸人言行揭写成文，并言今晨九时有组会，能否前来云云，因往就之。至小会议室未见一人，乃过组办公室，晤世德，知组会不曾闻，可询之永品，于是复往后楼，晤永品，告予明日下午二时在原吉祥剧场开声讨何其芳大会，并以入场券及对号入座证畀予，予即告归。在门口乘九路而西，到南河沿转四路环行至西单，其街名已改为延安路，沿路北行，情景不亚于防修路(原王府井)。红卫兵正在散发传单及分段演讲，予步至商场北首，乘九路无轨回朝内南小街，再转廿四路归。

午与润、琴、元、宜同饭。饭后，润、琴上班去。元、宜两孙出购物，归来打扫门楣，将旧有陈漆彩画之残迹产除一空，并张贴毛主席语录等等，抵暮乃已。予耄矣，体力殚缓，欲有动作多难实施，往往因循，孙辈乃能响应文化大革命的号召，果敢如此，可慰也。以此推之，学生组织之红卫兵真是推动革命之源泉矣。晚与琴媳及两孙同饭，饭后修媳亦归。

九时半，予拭身就寝。十一时许润儿乃归。盖夜有续会，未及归饭也。

8月24日（七月初九日　乙卯）**星期三**

多云间晴，夜有雨，气闷热。

晨六时起。上午听广播学习文件，写俞、钱等八人材料。午与元、宜两孙同饭。饭后，乘三轮往金鱼胡同原吉祥剧场参加声讨何其芳大会。涂武生主持，学部潘梓年及工农兵代表亦多参与，实际上学部所属各所之被批判者均到场，故台上立满纸冠之人，几达五十人。予坐楼上第七排，竟不辨谁某，此次大会气氛大盛，被斗被批的分子威风扫地矣。全场嫉恶之声四起，与会之人皆称快。六时半散会，予走至旧灯市西口乘十一路无轨回东单转廿四路北归。

夜与两孙同饭，琴媳归。九时拭身就寝。十一时润儿始会罢归来。鉴孙来，九时半归去。

8月25日（七月初十日　丙辰）**星期四**

晴，晚有雨，燠热。

晨六时起。八时半步往文学所，将所写俞、钱等八人材料交与永品，适在开会，予亦参加，十时半散，予乃归，乘九路转廿四路北行。鉴孙在，因嘱陪同元孙同往东四房管所将原住房屋产权契据等交公。因排队过久，不及上而归。遂与三孙同饭。饭后，鉴、元再往，四时半归，已缴讫，甚以为快。

濬儿偕小安来，盖在车站买票送小安还青岛开学，顺来一省也。六时半汉儿来,即与濬及三孙与小安同饭。饭后,汉即行,因晚间尚须开会也。九时半,濬、鉴、安皆归去。琴媳八时后归饭。十时许,予就寝。十一时润儿乃返。

8月26日(七月十一日　丁巳)星期五

阴湿闷热,夜有雷雨,西南风。

晨六时起。写信与永品转请本所文化革命组两事,一请求减薪;一请将本人藏书全部缴纳归公。八时携函出,步往文学所,准备参加斗争陈翔鹤大会,因学部临时有会,遂不果行。即以此函交由德政代转,以不及与永品晤言也。九时半离所,由方巾巷等处徐步归。闷燠,汗湿重衫矣。

午与润儿、琴媳、元孙及许妈同饭。沈姨已与说明,日内资遣回籍,故一早即出访其亲友,至晚十时许乃返。下午,予与元孙裁纸,分写毛主席语录及新联标语等。宜孙午前十一时出购纸,久久不还,直至午后二时半乃归,盖近日红纸各处都有脱售,问至前门外大栅栏始买到,故历时甚久,致劳焦盼也。其父母皆待至二时始上班。宜归,亟具饭饭之。夜与润、琴、元、宜同饭。九时三刻乃浴身就寝。

8月27日(七月十二日　戊午)星期六

多云偶晴,气闷湿。

晨六时起。九时,鉴孙来,午前遣送沈姨,午后办出迁乡户口即别去。汉、润、琴俱归饭,遂与元、宜孙等同饭。饭后,汉等上班去。午后四时,汉来取寄存之物,偕其机关红卫兵同来,盖将以交上本单位处理也。不及三分钟即去。鉴孙因之不安,予为晓譬之。

五时,宜孙接燕孙归。七时前后润、琴、湜、修皆归,汉儿亦至,遂同饭。据汉云,机关上属伊归家,下星期再去上班。饭后未久,即令归去。鉴孙以去车站接其兄,未见,仍来宿。

予九时半浴身就寝。

8月28日(七月十三日　己未)**星期**

阴,闷热,下午转晴。

晨六时起。九时,鉴孙归去。犹接锴孙电话,昨夜到家晤母,刻下大璐亦在,嘱鉴孙归去。因告已行。盖昨夜车站人挤,致相左云。午晚俱与家人同饭。许妈今日归去。夜九时半就寝。

接漱儿返沪廿九号信。

8月29日(七月十四日　庚申)**星期一**

晴间多云,气仍蒸热。

晨六时起。儿辈皆上班,琴媳送燕孙上托儿所,走至里口,久候无公共汽车,只得送还,伊御骑车去。午饭由元孙试制,十二时半,润归,遂与三孙共食之。午后,元孙去学校,鉴孙来,乃属为作夜饭。向晚,元孙归,润、琴亦先后归,遂同鉴孙及元、宜、燕共饭。饭后九时鉴孙归去。予亦就寝。

8月30日(七月十五日　辛酉)**星期二**

多云间阴,夜大雷雨。蒸热。

晨五时起。七时宜孙送燕孙去托儿所。润、琴亦先后上班去。八时半元孙去学校,家中只馀予一人。十时,宜孙归。十一时元孙归,遂煮饭。十二时润儿归,乃同饭。饭已,润即行往体育馆参加斗争林默涵大会。三时半鉴孙来,因属与元孙同往文学所将珏人所遗首饰等件交纳本所文革组。五时半归,谓上级尚无此项收受指示,仍令携回,只得暂存,听候处理。向晚雷雨,润儿雨中归,鉴、元已煮就面条,遂同饭。八时半鉴乘雨隙归去。琴媳归饭。十时半修媳归。遭雷雨淋透矣。予九时即卧。

8月31日(七月十六日　壬戌)**星期三**

阴,时有小雨,午后日出,仍间细雨,入晚乃月出。

晨六时起。十时半,濬儿来,午与濬、润及二孙同饭。饭后,濬归去,润上班。三时后,元、宜料理家务粗毕,为予出购物。五时归,与宜孙协作晚饭。夜与润、琴及元、宜同饭。饭后,修媳归。九时半就寝。